读史衡世·名相篇

李晨◎著

直谏佑苍生 魏徵

华中科技大学出版社
http://press.hust.edu.cn
中国·武汉

图书在版编目（CIP）数据

直谏佑苍生：魏徵 / 李晨著. —— 武汉：华中科技大学出版社，2023.7

ISBN 978-7-5680-9684-3

Ⅰ.①直… Ⅱ.①李… Ⅲ.①魏徵(580-643)-传记 Ⅳ.①K827=42

中国国家版本馆 CIP 数据核字（2023）第 117397 号

直谏佑苍生：魏徵
Zhijian You Cangsheng: Wei Zheng

李 晨 著

策划编辑：亢博剑
责任编辑：孙　念
责任校对：张会军
装帧设计：VIOLET
版式设计：王志利

出版发行：华中科技大学出版社（中国·武汉）　　电话：（027）81321913
　　　　　武汉市东湖新技术开发区华工科技园　　邮编：430223

印　　刷：天津中印联印务有限公司
开　　本：880mm×1230mm　1/32
印　　张：9
字　　数：200 千字
版　　次：2023 年 7 月第 1 版第 1 次印刷
定　　价：49.80 元

本书若有印装质量问题，请向出版社营销中心调换
全国免费服务热线：400-6679-118　竭诚为您服务
版权所有　侵权必究

前言

唐太宗李世民曾说:"夫以铜为镜,可以正衣冠;以古为镜,可以知兴替;以人为镜,可以明得失。"而这位千古明君口中的"人之镜",就是本书的主角——魏徵。

魏徵以敢于犯颜直谏留名千古。他一生刚直不阿,效忠李世民后屡犯龙颜,他对皇帝的逾矩之行处处约束,对皇帝考虑不全之事处处提醒,甚至形成了一种不可思议的"君怕臣"的现象,他不仅自己获得了"千秋金鉴"的誉称,而且给李世民树立了纳谏如流、勤俭治国的英明帝王形象,二人成为明君忠臣形象的代表。

魏徵虽然当过太宗的侍中(宰相之一),但他大部分政治生涯都是以谏臣的形象出现。然而,正是这位"状貌不逾中人"的谏臣,却不畏皇权,倾其一生对皇帝起到了约束和监督的作用。在效忠唐太宗的十七年中,魏徵共提了264条建议,被唐太宗全部采纳。在皇帝的支持下,魏徵很大程度上实现了自己的政治主张,对实现"贞观之治"发挥了巨大作用。他也因此成为中国历史上谏臣的最佳代表。在中国封建专制史上,他的种种事迹,绝对是难得一见的。

魏徵出生于一个落魄的士族之家,魏徵的父亲魏长贤因为犯言直谏，触怒了皇帝，最终黯然离开官场，他也因此受到了魏家其他人的排挤，不得不搬离故乡，几年后郁郁而终，年纪尚幼的魏徵生活顿时陷入困顿之中。

此时的魏徵并没有什么赖以为生的本领，为了活下去，他不得已去当了道士。常言道，天将降大任于是人也，必先苦其心志，劳其筋骨，饿其体肤，空乏其身。年少时的贫困不但磨炼了魏徵的心志，也使得魏徵对于民间的疾苦有了充分的了解，这对于此后魏徵的从政生涯产生了巨大的影响。

大业七年（611年），随着王薄起义在山东爆发，各地起义如星火燎原，举国鼎沸，天下开始大乱。为了实现自己的政治抱负，魏徵毅然投身于这场历史洪流之中，投靠了中原枭雄、瓦岗军首领李密。武德元年（618年），李密被王世充击败，魏徵随李密归降李唐。后魏徵毛遂自荐，请求安抚山东，招降李勣。但是此时窦建德击败李勣，李勣、魏徵等人均被俘虏，魏徵不得不为窦建德效力。

武德四年（621年），李世民率军东征中原，在虎牢关之战中大获全胜，擒获窦建德和王世充，威震天下，魏徵得以再次入唐。

太子李建成听闻魏徵的名声,请他担任太子洗马,礼遇甚厚。

李世民南征北战,立下赫赫战功,威名满天下,他和李建成之间的储位之争也变得日渐白热化。任何一方一旦失败,都将万劫不复。但是魏徵已经顾不得这么多了,常言道"士为知己者死",既然李建成对自己有知遇之恩,自己就要为其付出一切。

最终的结局众所周知。武德九年(626年)六月,李世民发动玄武门事变,诛杀李建成与齐王李元吉,夺取太子之位。李世民看重魏徵的才能和气节,便将其赦免,招至麾下效力。李世民和魏徵这对君臣,至此终于相遇,他们两人将携手,开始共同缔造大唐盛世!

从武德九年(626年)到贞观十七年(643年),魏徵为李世民服务了十七年。这十七年里,魏徵先是担任谏议大夫,后来转任尚书左丞,这都是掌监察的官职。贞观七年(633年),魏徵就任门下省长官侍中,正式成为宰相,参决朝政。贞观十年(636年),魏徵被封为郑国公。贞观十六年(642年),李世民任命魏徵为太子太师,负责辅佐太子李承乾。

在从政过程中,魏徵多次直言进谏,推行王道,提出"兼听则明，偏信则暗""居安思危，戒奢以俭"，主张"薄赋敛""轻租税""息末敦本""宽仁治天下"等，辅佐李世民共创"贞观之治"。

贞观十七年（643年）正月，魏徵去世，李世民亲临其葬礼，痛哭流涕，并为魏徵废朝五日，赐谥号"文贞"。魏徵死后可谓备极哀荣。其去世的次月，李世民命人为二十四位功臣绘像于凌烟阁，魏徵位列其中。

但是随后事情却发生剧变。不久之后，太子李承乾谋反案发生，已经去世的魏徵也受到牵连，再加上其他种种原因，李世民对魏徵心生恨意，于是下令推倒了魏徵的墓碑。贞观十九年（645年），李世民亲征高句丽无功而返，回师之后他慨然叹息说："魏徵若在，吾有此行邪！"于是李世民为魏徵恢复名誉，并重新为魏徵立起墓碑。

魏徵光辉的一生就这样结束了，但是他的威名并未随着他肉体的陨灭而消失，反倒是在千余年后的今天，依然在世上广为流传，时至今日，亿万中国人依然记得魏徵这个名字。

古语有言，文死谏，武死战。直言敢谏本来就是文臣最基本

的品格,中国古代敢于犯颜直谏的大臣非常多,为什么魏徵可以流芳千古呢?原因主要有以下几点:

第一,魏徵的进谏是讲求方法的。魏徵善用对比来彰显道理,他曾给李世民下了"忠臣"与"良臣"的定义,又表明自己誓做与君双赢的良臣,希望皇帝不要把他"逼"成一个愚忠之臣,孰是孰非,一目了然。魏徵的谏言,虽激切,但从不失分寸。在《十渐不克终疏》中,他罗列唐太宗诸多错误,甚至多以诘问的语气,不可不谓尖锐:"何有逆畏其骄逸而故欲劳役者哉","岂曰择善而行者乎",句句直击内心。但他在批评的同时,很好地掌握着尺度。他的每一条批评都不是对皇帝的全盘否定,而是先肯定皇帝的功绩,比如他常将李世民与尧舜等贤王并提;在指出问题与缺失时,实事求是,既不夸大,也不遮掩,但是在用词上十分谨慎,如"稍乖曩志""多所忽略""微有矜放"等,意为皇帝只是稍有疏忽、稍有忽略。言外之意便是这些错误是无心为之,也很容易改正。这让李世民既能意识到问题的严重性,又可以很好地接受建议。

第二,魏徵一心为公。魏徵说话有时候尽管十分尖锐激烈,丝毫不给李世民面子，甚至很多时候让李世民下不了台，但是他毫无私心，所有主张都是为国为民，为江山社稷。魏徵的这份公忠体国之心也得到了李世民的赞赏，因此魏徵的建议基本都能为李世民所接受。更重要的是，魏徵的这份公忠体国之心十几年如一日，从未改变。

  第三，李世民成就了魏徵的千古美名。李世民和魏徵之间是相互成就的关系，魏徵为国家鞠躬尽瘁，为贞观盛世的开创立下了汗马功劳。与此同时，李世民虚怀若谷，对魏徵包容、重用，能够让魏徵充分施展自己的才能。

  今天，我们重读魏徵的故事，不仅仅是为了了解他的生平过往，更重要的是我们要学习魏徵身上的品质。常言道，良药苦口，忠言逆耳。从古到今，不管是哪一个时代，都是曲言附和、庸庸碌碌者多，锐意革新、敢说真话者少，所以像魏徵这样的人才会显得难能可贵。我们当像魏徵一般，能顶得住压力，志存高远、刚正做人，同时也要学习他说话、做事的分寸感——人生艰难，当守正道，道之所在，虽千万人吾往矣……

目录

第一章 世传儒业,交游纵横

第一节 忠正家风,世传儒业 001

第二节 生逢乱世,贫困少年 010

第三节 道士游学,心系天下 017

第二章 乱世落魄,大志难酬

第一节 中原烽烟,群雄并起 025

第二节 投身瓦岗,籍籍无名 031

第三节 初次降唐,劝降李勣 041

第四节 黎阳被俘,二次降唐 051

第三章 太子之争，玄武事变

第一节 入幕东宫 058
第二节 储位之争 065
第三节 喋血宫门 076
第四节 化险为夷 083

第四章 初入朝堂，主圣臣良

第一节 安辑河北，开启新篇 088
第二节 忠良之辩 095
第三节 君臣倾心 107

目录

第四节　十渐不克终疏

第三节　帝王亲情

第二节　封禅泰山

第一节　阻纳郑女，规范后宫

第六章　直谏佑苍生（下）

第四节　选贤能，黜奸佞

第三节　倡导谏诤

第二节　偃武兴文

第一节　力阻分封

第五章　直谏佑苍生（上）

115　123　131　142

151　159　165　175

第三节 千古君臣，国泰民安

第二节 安抚四夷

第一节 编纂《隋书》

第八章 大唐风华，贞观长歌

第四节 严防骄奢

第三节 抑制贪腐

第二节 明德慎罚

第一节 轻徭薄赋，休养生息

第七章 民本思想

183　189　193　200　　209　217　227

目录

第九章 鞠躬尽瘁,至死不渝

第一节 储位之争 236

第二节 太子太师 244

第三节 最后岁月 252

第四节 溘然长逝 259

第五节 身后风云 265

第一章 世传儒业,交游纵横

第一节 忠正家风,世传儒业

关于魏徵的先祖是谁,在史书中并没有直接资料可供查找,《魏书》和《北齐书》《周书》都没有记录魏徵祖先的事迹,不过在唐代李延寿所著的《北史》中有魏徵父亲魏长贤的传,在传中称魏长贤是北魏史学家魏收的族叔。如果这个记载没有问题,那么魏收和魏徵就是同一个祖先了。根据魏收的自序,他的祖先最早可以追溯到西汉时期的高良侯魏无知,所以魏无知应该就是魏徵的先祖。

魏无知，秦末汉初时人，据记载是著名的战国四公子之一魏国信陵君魏无忌的孙子。在楚汉之争中，魏无知投靠了汉王刘邦。魏无知最大的贡献就是向刘邦推荐了陈平。当时陈平逃离项羽，到修武投降汉军，通过魏无知的关系见到了刘邦，随后得到刘邦重用。

后来周勃、灌婴等人向刘邦举报陈平私通兄嫂、收受贿赂，刘邦于是责备魏无知举荐不当，魏无知回应说："我所说的是才能，陛下所问的是品行。现在如果有人有尾生、孝己①那样的品行，但对战争的胜利没有好处，那陛下要这些人又有什么用呢？楚汉对峙，我推荐善出奇谋的人，只关心他的计谋是否确实能够对国家有利。至于私通嫂嫂、接受钱财，那都是私德问题，这又和平定乱世有什么关系呢？"由此魏无知鲜明地提出了自己的观点：乱世用人，应当唯才是举，至于道德品质，可以放在其次。于是刘邦并没有处罚陈平，依然对其重用有加，后来陈平立下了赫赫功勋。

楚汉之争结束后，作为胜利者的刘邦取得了天下，陈平也因功被封为户牖侯。陈平辞谢说："这不是我的功劳。"刘邦说："我采用了先生的计谋，克敌制胜，这不是功劳是什么呢？"陈平说："没有魏无知，我怎么能入仕呢？"于是刘邦又赏赐了魏无知，封魏无知为高良侯。

---

① 尾生出自《庄子·盗跖》，说的是春秋时期有一位叫尾生的男子与女子约定在桥下相会，久候女子不到，水涨，乃抱桥柱而死。后用尾生抱柱一词比喻坚守信约。孝己是中国商朝武丁时期的政治人物，曾劝谏父王武丁，留下孔雀鸣鼎等典故，是当时的道德典范。

魏无知之后，魏家虽然没有出过"三公"这样的高官，但是太守、刺史这样的中级官员还是有不少的，所以一直长盛不衰，到了后来的魏晋南北朝时期也是如此。

魏晋南北朝时期，是门阀士族占主导的时代。门阀士族，指以宗族为纽带所形成的封建贵族特权集团，形成于魏晋之际，鼎盛于东晋，从东晋末至南朝逐渐衰落。士族享有特权，把持政权，世代为官，严格等级，标榜门第，构成了强大的社会政治势力，门阀政治成为魏晋南北朝时期的重要特征。士族不仅在政治、经济上享有特权，在文化上也占据着统治地位。魏晋南北朝时期的士族家学内容丰富多彩，经史子集、科技艺术无所不包，学术盛则门第昌，门第昌则家学传，家学传则学术存。这种家学具体到每个家族则各具特色，如谢氏的文学、贺氏的经学、裴氏的史学、祖氏的天文历算等等。魏徵所属的魏家最大的家学特色就是对儒学的传承，以忠孝节义的儒家处世之道作为立身之本，这在魏家历代先祖的身上都得到了深刻的体现。

魏徵的曾祖父是魏钊。魏钊雅性俊辩，博涉群书，文武双全，是当世奇才，在当时非常有名。拓跋焘南征刘宋政权的时候，听说了魏钊的名气，将他纳入自己麾下。

后拓跋焘进军至淮南，始终无法攻克义阳等城池，大军进军受阻，于是魏钊建议："陛下率百万之军，风行电扫，攻城略地，所向无前，虽有智者，莫能为计。但是我军到淮南已经很长时间，义阳等城池却始终在坚守，这并不是因为他们不怕死，也不是因为他们觉得自己肯定能守住城池，而是另有原因。陛下的军队虽然作战英勇，但是杀掠甚多，淮南百姓震恐，都害怕即使投降了，自己和家人的性命依然难以保全，所以这才迟迟不肯投降。希望陛下整顿军纪，臣愿意入城，向城内守军宣布陛下仁德宽厚之心，向他们保证其生命财产的安全，他们肯定愿意投降。届时陛下再赦免他们的罪过，对他们量才任用，封官拜爵，他们必将感激不尽。其他城池听说陛下的厚恩后，肯定也会望风而降。"

听到魏钊的建议后，拓跋焘非常赞同，依魏钊所言行事。于是当天夜里，魏钊单骑入义阳城，向城内军民晓以祸福，劝说他们投降。守城军民非常高兴，第二天一早，守军就打开城门，投降了拓跋焘。此后果然如魏钊所言，附近的城池全都望风而降。拓跋焘高兴地说："你的一句话，胜过十万雄兵。扬我信义，播于四表，都是你一人之力。"随后任命魏钊为义阳太守、陵江将军。魏钊不仅富有谋略，打起仗来也是屡战屡胜，全军上下无不钦佩。拓跋焘赞赏道："我提拔重用了很多汉人，但是说起文武胆略，没有人能比得过魏钊。"

不过魏钊的命数着实不好，就在拓跋焘对他格外看重并准备进一步重用的时候，魏钊却不幸得了风疾，虽然有御医竭力救治，但是仍然死在征途之中，终年六十四岁。

魏徵的祖父名叫魏彦，也是一时英杰。魏彦，字惠卿，史书记载其"博学善属文"，文采盖世，不过魏彦对于入仕并没有什么兴趣，北魏赵郡王拓跋干、广陵王拓跋羽都曾经邀请魏彦到其幕府内任职，但是都被魏彦谢绝了。公元497年，氐人统帅杨灵珍率部反叛，北魏孝文帝命令河南尹李崇率军前往镇压，李崇邀请魏彦参谋军事。后来中山王元英南征淮南，也邀请魏彦参谋军事，不过魏彦终究志不在此。当时市上的《晋书》种类繁杂，谬误甚多，所以从前线回来之后，魏彦请求朝廷允许自己编纂一部《晋书》，以传之后世。但是彭城王元勰又邀请魏彦担任自己的秘书，魏彦不得已只得再次入仕，他著书立说的理想最终没有实现。彭城王元勰被杀后，魏彦引退回乡，后来曾被任命为光州刺史，在六十八岁时去世。

魏徵的父亲名叫魏长贤。魏长贤年轻的时候，一直在当时的北魏首都洛阳读书。公元533年，北魏将领高欢消灭军阀尔朱氏残余势力，以大丞相、渤海王的身份控制北魏朝政，与北魏皇帝孝武帝之间的矛盾非常尖锐。534年，孝武帝逃往长安，投奔关中军阀宇文泰，535年宇文泰杀孝武帝，元宝炬在宇文泰的支持下登基为帝，建立新政权，史称"西魏"。534年，高欢立元善见为帝，是为孝静帝，并迁都邺城，史称"东魏"，在这一过程中，魏长贤也随同孝静帝由洛阳迁居邺城。

和父亲魏彦一样，魏长贤也是文采盖世，史书记载他"博涉经史，词藻清华"，因此被推举为"秀才"[①]，得以进入淮南王元悦的幕府，担任军事参谋。550年，高欢之子高洋逼迫高欢禅位，自己登基称帝，改国号为齐，史称北齐。北齐建立后，魏长

[①] 这里的"秀才"有别于后世科举制度下的秀才。从汉武帝时期开始，各地要定期向中央推荐德才兼备的人才，然后由中央量才任用，这些人被称为"秀才"，这一做法后来被长期沿用，是科举制度出现之前重要的选拔人才的方式之一。

贤到北齐平阳王高淹幕府任职，担任法曹参军，从事律法方面的辅助工作，后来又转任著作佐郎。

著作佐郎，是著作郎的副手，负责编修国史和皇帝的起居注。著作局的职位是典型的"清要之官"，事情少，名望高，所以世家大族子弟对此心生向往，能够担任著作郎或者著作佐郎的，一般都是当时很有名望的文学之士，这也可以证明魏长贤的名望和才能在当时是得到了普遍认可的。在此之后，魏长贤决定继承父亲的遗志，重新编写《晋书》。

魏家的这一家风后来在魏徵的身上也得到了继承，魏徵曾参与过很多史书的编纂工作。唐太宗李世民在位时期，命魏徵参与编纂《周书》《梁书》《陈书》《齐书》与《隋书》。《隋书》的序论与《梁书》《陈书》《齐书》的总论，均为魏徵亲笔撰写，因为这几部史书质量上乘，所以被当时的人赞誉为"良史"。

之后，北齐的朝局逐渐走向败坏。北齐的建立者高洋在559年因饮酒过度而暴毙，年仅三十四岁。高洋去世后，其子高殷继位，高殷继位不到一年，高洋的弟弟高演就发动政变，篡夺了侄子高殷的皇位，而高演在皇位上只坐了一年就于561年去世。高演去世之后，他的弟弟高湛继位。高湛也不是明君，在位期间他宠信奸小，荒淫无道，肆意诛杀宗室以及大臣，导致朝政日益混乱。当时的北齐，不仅皇帝荒淫无道，官员也是贪污腐败成风，社会风气败坏，国势日益衰弱。

魏长贤担任"清要之官"，基本不参与政务，再加上家世显赫，本人也是名满天下，按理说朝中局势再怎么变化，也基本不会影响到他。所以魏长贤完全可以继续在著作佐郎的位置上安稳地编写他的《晋书》。但是魏长贤不这样认为，他觉得食君之禄，就要为君分忧，自己对于朝政中的丑恶现象不能充耳不闻，于是他给皇帝高湛上了一封奏疏，批评当时一些错误的政策，同时对朝中权贵的种种违法行为进行揭露和抨击。

魏长贤这封奏疏引起了当权者们极大的不满，朝中佞臣对魏长贤群起而攻之，结果高湛下令将魏长贤贬官为上党屯留县令。

不得不说，高湛对于魏长贤已经十分宽容。要知道高湛可是一个杀人不眨眼的皇帝，对于自己的侄子都毫不手软，朝中也曾经有很多大臣因触怒他而被杀，但是高湛不仅没有杀魏长贤，甚至都没有将其彻底免职，仅仅是贬官，这是比较反常的事情。高湛之所以没有严厉处罚魏长贤，有可能是因为魏长贤久负盛名，而高湛继位时间并不长，所以为了收买人心、顾忌舆论，才没有开杀戒，只是将魏长贤贬官了事。

这一事件发生后，几乎所有魏长贤的亲朋好友都责备魏长贤不应该多管闲事。指责他身为著作佐郎，修好《晋书》就是了，朝中的事情岂是他能左右的。但是魏长贤是一个犟脾气，面对周围人的埋怨和责难，他不但不肯认错，反而坚定地认为自己是正确的。为此，他专门写了一封信答复亲友：

"仆虽固陋，亦尝奉教于君子矣。以为士之立身，其路不一。……虽事有万殊，而理终一致，榷其大要，归乎忠孝而已矣。……每一念之，曷云其已。自顷王室板荡，彝伦攸斁，大臣持禄而莫谏，小臣畏罪而不言，虚痛朝危，空哀主辱。"

魏长贤向他们表明，自己饱读圣贤之书，久慕君子之道，君子行事方法有很多，但是"忠孝"二字当放在首位。当今朝政紊乱，大臣尸位素餐，没有人愿意进言，小官则担心获罪，没有人敢说话，他们都只会徒然感叹朝廷的危难，却没有人愿意挺身而出，这怎么能行呢？

"况仆之先人，世传儒业，训仆以为子之道，历仆以事君之节。今仆之委质，有年世矣，安可自同于匹庶，取笑于儿女子哉！……吾子又谓仆干进务入，不畏友朋；居下讪上，欲益反损。仆诚不敏，以贻吾子之羞，默默苟容，又非平生之意。"①

魏长贤再次告诉他们，祖先世代以讲述儒学为业，教导我们为子之道、事君之节，为的就是今日之事，如果和朝中那些匹夫竖子一样对现实无动于衷，是会被后世之人所耻笑的。无声无息地苟且容忍下去，那不是他平生的志向。

在信的结尾，魏长贤说："言与不言在我，用与不用在时。若国道方屯，时不我与，以忠获罪，以信见疑，贝锦成章，青蝇变色，良田败于邪径，黄金铄于众口，穷达运也，其如命何！吾子忠告之言，敢不敬承嘉惠。然则仆之所怀，未可一二为俗人道也。投笔而已，夫复何言！"②

这封信发出后，在当时产生了很大的影响，很多人由衷敬佩魏长贤的气魄和品德，纷纷为他的遭遇抱不平，但是魏长贤对此却泰然自若，毫不在意。魏长贤身上这种刚直不阿的浩然正气，

---

① 李延寿：《北史》，中华书局1974年版，卷五十六，第1899页。
② 李延寿：《北史》，中华书局1974年版，卷五十六，第1900页。

对他的儿子魏徵产生了巨大的影响，魏徵的心性简直和父亲毫无二致。从此后在魏徵一生的为人处世中，我们都可以看出父亲对他的影响是何等的深远。

其实魏家才华横溢或是操守正直的名人贤士，远远不止魏徵的父祖。例如魏徵的族兄魏澹，史书记载其"专精好学，博涉经史，善属文，词采赡逸"，北齐时担任中书舍人，参与修国史，隋朝时任著作郎。此外还有魏徵的族叔魏兰根，"仪貌奇伟，博学高才，机警有识悟"。

家庭是人生的第一所学校，父母是第一任启蒙教师。家庭的熏陶、先人的遗训，对于一个人品格的形成、志向的奠定、情操的陶冶，都会产生相当深远的影响。通过对魏徵家世的讲述，我们可以看出，魏家世代官宦，长盛不衰，是当时典型的门阀士族、豪贵之家。魏徵祖上几辈人都博通经史、学兼文武、直言敢谏、不避艰险，一身凛然正气，这种浓厚的儒家家风肯定会对魏徵产生潜移默化的影响。后来魏徵的心理素质、文史修养、政治节操、从政特色等等，无不受到家风的影响。

魏家这种儒学传家、仁德载物的家风带给魏徵最大的影响是两点：

第一，忠。从此后魏徵的人生经历来看，魏徵一直是一个非常忠心的人。他最早为李密效力，后来李密兵败，魏徵依然不离不弃；投降唐朝后，魏徵进入李建成幕府，为李建成的储位之争尽心谋划，甚至做好了身死殉主的准备；在成为李世民的臣子之后，魏徵更是犯颜直谏、刚正不阿，为大唐盛世鞠躬尽瘁。虽然魏徵屡次改换门庭，但是这都是因为局势所迫，身不由己，而不是因为他投机钻营。魏徵对于每一个效劳的主公都从未生反叛之心，一直保持着自己的忠诚之心。

第二，仁。仁是儒家最重要的思想之一，儒家学者一直主张行仁政以安天下，魏徵正是这一思想的坚定继承者、执行者。魏徵鉴于隋末人口流亡、经济凋敝、百废待兴的事实，力劝李世民偃武兴文，实行有利于国计民生的休养生息政策，表现了他政治上的"仁政"思想。此外魏徵主张明德慎罚，认为治理国家的根本在于德、礼、诚、信，治理国家不能靠严刑峻法，而在于行仁义之道。魏徵的仁政思想，是天下苍生之福。

第二节　生逢乱世，贫困少年

公元580年的一天，魏徵出生了。

魏徵的出生，对于魏长贤来讲，绝对是一个天大的喜讯，因为这确是老来得子。关于魏长贤的出生时间，历史上并没有确切的记载，根据534年魏长贤就随孝静帝北迁邺城这一点推断，此时的魏长贤应已及冠（二十岁），所以魏长贤的出生时间约为515年，也就是说魏徵出生的时候，魏长贤可能已经是个六十多岁的老人了。

魏徵的出生对于魏长贤也是一个极大的慰藉。在被贬为屯留县令之后，魏长贤并没有在这一职务上待太久，就称病辞官回乡，此后再未出仕。后来北周武帝宇文邕为求取贤才，曾经多次下达诏书征召魏长贤出仕，但是都被他以各种理由拒绝。现在晚年得子，家业后继有人，魏长贤内心必然欣慰无比。

不过关于魏徵的籍贯，现在确实很有争议。尤其是近些年来，很多地方都喜欢标榜自己是名人故里，想方设法和历史上的名人拉上关系，就导致这个问题更加复杂了。

《旧唐书·魏徵传》记载："魏徵，字玄成，钜鹿曲城人。"《新唐书·魏徵传》则记载："魏徵，字玄成，魏州曲城人。"两本书的记载很明确，那就是魏徵是曲城人。曲城是现在的哪里呢？据学者考证，应该是现在河北省晋州市。

但是在《太平寰宇记》和《贞观政要》中，都记载魏徵是钜鹿人，此外在明代《顺德府志》和《钜鹿县志》中也都记载魏徵是钜鹿人。所以很多人主张魏徵的籍贯应该是现在的河北省邢台市巨鹿县。

不管是在晋州还是在邢台，这两个地方离得并不算远，所以差距并不大。但是还有一种说法，认为魏徵是剑阁（今四川省广元市剑阁县）人。他们的依据主要有以下三条：

1.剑阁武连镇现存一块清朝石碑，上面有七个大字"唐魏文贞公故里"（魏徵谥号文贞）；

2.《保宁府志》记载，元朝时期武连镇魏徵出生于此，曾经兴建一座文贞书院；

3.明代史学家曹学佺所著《蜀中名胜记》记载，魏徵出生于剑阁武连镇。

在史学研究中，史料的权威性和成书的时间是非常重要的，是决定一条史料是否可信的关键所在。《新唐书》《旧唐书》《太平寰宇记》《贞观政要》，这些史书都是现在史学界公认的研究唐代历史的权威资料，其成书时间也都很早，所以是很值得采信的。支持魏徵是剑阁人的这几条资料，成书时间太晚，也缺乏权威性，所以很难站得住脚。此外，魏长贤和魏徵活动的地区都是中原地区，说魏徵出生在剑阁，这在逻辑上说不太通。

对于魏徵早年的生活地，现在也有争议。之所以有争议，是因为在《贞观政要·任贤》中记载："魏徵，钜鹿人也，近徙家相州之临黄。"唐时相州辖境相当于今河南安阳市周围。这句话中的关键就是"近"这个字，这里的"近"指的是相对于什么的"近"？如果指的是相对于《贞观政要》的成书时间近，那么《贞观政要》成书于唐玄宗时期，距离魏徵去世已经过去了一百年，此时迁居到相州的就只能是魏徵的后人，这事和魏徵就没有什么关系了。如果这里的"近"指的是相对于魏徵的出生时间近，那么魏徵幼年就应该是生活在相州。关于魏徵家是什么时候迁居相州的，由于没有其他资料作为旁证，所以只能存疑。

在579年，宇文赟自称天元皇帝，已将皇位传给了太子宇文阐，即周静帝。宇文赟死后，八岁的宇文阐自然不能治理国事。

这种局面给了一个人机会，那就是杨坚。杨坚的女儿杨丽华是宇文赟的皇后，杨坚也因为这层关系身居高位，被封为随国公。宇文赟病逝之后，御正下大夫刘昉、内史上大夫郑译伪造诏书，让杨坚接受遗命，辅佐朝政。之后北周静帝拜杨坚假黄钺、左大丞相，百官皆听命于他，杨坚自此大权独揽。此时就算是不懂政治的人也能看出来杨坚接下来想干什么了——篡位自立。

有感于此，忠于北周的大臣们开始掀起反抗斗争。大象二年（580年）六月，相州总管尉迟迥首先发难，他占据邺城，起兵反对杨坚，此后郧州总管司马消难、益州总管王谦相继起兵响应，兵马很快就达到十余万，声势浩大。杨坚急忙命令韦孝宽等人率军镇压，结果尉迟迥兵败自杀，司马消难南逃于陈朝，王谦也被杀死，杨坚只用了几个月时间就平定了四方叛乱。随后杨坚将北周宗室诛杀殆尽，彻底扫清了自己改朝换代的障碍。

大定元年（581年）二月，在杨坚的自导自演下，北周静帝宇文阐宣布禅位给杨坚，杨坚正式即位称帝，定国号为"隋"，改元开皇，一个新的王朝诞生了。

开皇八年（588年）十二月，杨坚下令以晋王杨广为主帅，统领五十一万大军，兵分三路，讨伐南陈。此时的南陈皇帝是陈后主陈叔宝。陈叔宝是中国历史上可以与南唐后主李煜和宋徽宗赵佶相提并论的艺术家皇帝，写诗、作词、作曲样样精通，但就是不会治国理政。他在位期间，荒废朝政，耽于酒色，小人当道，南陈国力大不如前。面对隋军的大规模进攻，南陈军毫无抵抗之力，长江防线很快就土崩瓦解。

"王濬楼船下益州，金陵王气黯然收。千寻铁锁沉江底，一片降幡出石头。"开皇九年（589年）正月，隋军先锋将军韩擒虎攻入建康，陈叔宝被俘，南陈政权灭亡。自西晋末年八王之乱开始，经过三百年的乱世，天下自此重归一统！

就在这样的乱世之中，魏徵度过了自己的童年时光。现在天下太平了，人民终于有了安定的生活，这理应是一件开心的事情，可是此时的魏徵却开心不起来，因为他的生活陷入了极度的困顿之中。

关于这一情况，史书中的记载很简单，只留下了三个字"少孤贫"。从这条记载中，我们可以推测出魏徵小的时候父母就都去世了，大概也就是在隋朝统一前后，因为此时的魏徵只有十岁左右。如果父母有一人还在世，那么史书中不会用"孤"这个字来形容魏徵。

在乱世中，幼年父母双亡并不稀奇，但是魏徵的生活是否陷入贫困就需探讨一番。我们前面已经讲过，魏徵家族长盛不衰，出了很多的著名人物，虽然魏家一直都是以文学世家的形象出现，高级官员很少，在当时应该不算是巨富之家，但是几代为官，家产肯定也不会少。所以即使是幼年丧父，魏长贤也应该会给魏徵留下一笔遗产，按照常理应该不至于让魏徵的生活陷入困顿。那么，魏徵的贫困又是怎么造成的呢？原因有可能有两点：

第一，魏家在魏徵出生之前就已经衰落了。

这一观点是由历史学家汪篯先生提出来的。他认为在《魏书》和《北齐书》中都没有魏徵先祖事迹的记载，只有李延寿所撰的《北史》记载了魏徵祖上的情况。《北史》成书于唐太宗贞观年间，当时魏徵是朝中重臣，备受唐太宗宠信，所以李延寿有可能为了讨好魏徵而增加了很多溢美之词。据此汪篯认为所谓的魏长贤是魏收族叔的记载并不可信,魏徵家应该只是一个小宗族,没有什么家产。

汪篯先生的这一主张,应该说在逻辑上是有可能的,但是毕竟没有现实的依据,我们还是应该对李延寿的职业素养有信心,我们也应该对魏徵的人品有信心,魏徵为人正直,又十分忠孝,应该不会容忍李延寿以变更先人的方式来逢迎自己。

第二,魏长贤在尉迟迥叛乱中遭到重大打击。

尉迟迥叛乱的根据地就是邺城,虽然叛乱最终被平息,但是杨坚对邺城进行了疯狂的报复。为了防止尉迟迥的残余势力死灰复燃,杨坚下令"徙居民南迁四十五里,以安阳为相州理所,仍为邺县",然后把邺城焚毁,由此这一座曾经的历史名城成为废墟,消失在历史的长河之中,现在已经很少有人知道"邺城"这个地方了。

东魏刚建立的时候,魏长贤就随同东魏皇帝来到了邺城,到他被贬,出任屯留县令的时候,他已经在首都邺城生活了十几年,所以他的家业重心应该是在邺城。魏长贤在辞去屯留县令一职之后,很有可能回到邺城继续生活。如果是这样的话,那么在尉迟迥叛乱和邺城被毁的过程中,魏长贤的家产肯定蒙受了巨大的损失,由此魏家陷入贫困就说得通了。之所以这么说,还有一个旁证就是前面提到的魏徵家曾经迁居到相州临黄,临黄就在安阳,而杨坚正是下令将原邺城居民南迁到安阳一带。所以如果魏徵家此次迁居也发生在公元580年,那么魏徵家很有可能也在南迁的邺城民众之中。

据此可以判断，魏徵幼年生活贫困，很有可能和尉迟迥叛乱有关。

魏家作为世代官宦之家，魏徵的其他亲人应该有能力帮助魏徵才对，为什么没有人伸出援手呢？其实原因也很好理解：第一，魏长贤已经带着家人迁居到了相州临黄，已经远离魏家世代生活的地方了，所以很可能此时已经和亲戚断了联系；第二，魏长贤曾经上疏得罪了皇帝，险些祸及家人，相信魏家的人对于魏长贤肯定充满了怨恨，所以他们基本不会热心地去帮助魏徵。

不过贫困的少年生活对于魏徵来讲未必就是一件坏事。古语有言，天将降大任于是人也，必先苦其心志，劳其筋骨，饿其体肤，空乏其身，行拂乱其所为，所以动心忍性，曾益其所不能。这种贫困坎坷的生活，使得魏徵养成了节俭、质朴和率真的性格，此后他为官和从政都保持了这种鲜明的特色。

与此同时，生活的落魄也使得魏徵有了和底层平民百姓充分接触的机会，这让他深深感受到了底层百姓生活的艰难，了解到他们饱受官府、地主的剥削和压迫，他们渴望英明的君主和安定的生活环境。有感于此，此后魏徵的政治主张具有鲜明的"民本"色彩，他非常注重"行德政，重教化，无为而治，与民休息"，这对于唐朝贞观之治的出现有着巨大作用。

第三节 道士游学，心系天下

在生活陷入困境之后，魏徵是怎么做的呢？史书记载魏徵"落拓有大志，不事生业"，也就是说魏徵胸怀大志，不屑从事俗事，不愿沦为寻常百姓。这应该是史书中比较委婉的说法，当时的魏徵家道中落，并没有资本做什么营生，而他生在一个文化氛围很重的家庭，自然也不会什么可以谋生的手艺。可是生活总还要继续，于是魏徵作出了决定——当道士。纵观中国历史上的政治人物，曾经当过和尚或者道士的并不多见，最著名的自然是当过和尚的朱元璋，除了朱元璋之外，应该就数魏徵了。魏徵为什么要去当道士呢？结合当时的历史条件，我们可以分析出主要原因有两个：个人原因和社会原因。

首先说一下个人原因，其实这很简单，就是为了活下去。

在隋朝，和尚和道士都是受到优待的，他们不用纳税，也不用服劳役，所以生活负担要比平民百姓轻得多。此外很多道观和寺庙都有自己的土地和产业，这可以带来不菲的收入，更别说道观和寺庙还会收到信众奉献的大量香火钱。当时比较大的道观和寺庙，收入是非常丰厚的，在很多地方甚至成了当地最大的土地所有者，在乱世中仍有财力盖起恢宏的殿宇，塑造金碧辉煌的雕像。如果能够进入这样的道观和寺庙，那生活是绝对不会差的。

南北朝时期，佛教远比道教兴盛得多，"南朝四百八十寺，多少楼台烟雨中"就是生动的写照。至于魏徵为什么不去当和尚，这和北周武帝灭佛运动有关。在南北朝时期，寺庙的土地不用交税，僧侣也不用服劳役和兵役。随着佛教势力的日益扩大，其占有的土地和人口越来越多，这就给国家的财政收入和劳役、兵役的征发带来了巨大的影响。因此，574年，北周武帝宇文邕下令灭佛，佛像全都被毁，寺庙被收为国有，寺僧均被勒令还俗。灭亡北齐之后，宇文邕又在北齐境内大规模灭佛。因此在魏徵年轻的时候，遭受到沉重打击的佛教尚未恢复，寺庙较少，想出家为僧并没有那么容易，所以只有当道士这一个选项。

接下来是社会原因，魏徵之所以要当道士，是因为当时的天下已经逐渐失控了，乱世之象已经初现。根据《新唐书·魏徵传》记载，"隋乱，（魏徵）诡为道士。"也就是说，看到天下将乱，所以魏徵决定当道士。

其实在魏徵二十五岁之前，是不存在"天下将乱"这个问题的。虽然杨坚篡夺了北周的政权，并通过血腥的杀戮坐稳了江山，但是作为一个皇帝，他却是难得一见的有为之君。杨坚继位之后，在政治、经济等制度方面进行了一系列的改革，并多次减税，减轻人民负担，促进国家农业生产和经济发展。在杨坚的治理之下，隋朝疆域辽阔，国泰民安，史称"开皇之治"。

公元604年，杨坚去世，享年六十四岁，庙号高祖，谥号文皇帝，他的儿子杨广继位。杨广继位后，选择"大业"作为自己的年号。"大业"，顾名思义就是宏大的功业，杨广选择这个年号,就是想向天下表明自己要建立一番超越古人的伟业,成为千古一帝。于是,杨广开始了自己"建功立业"的征程。

大业元年(605年),刚刚继位不到一年的杨广就下令营建东都洛阳,历时十个月,每月使用民夫二百万人,在这个过程中死者十之四五,耗费了大量的人力和物力,民怨四起。

同年,杨广下令开凿大运河,大运河以洛阳为中心,北起涿郡、南至余杭,历经六年时间才修建完成。在这个过程中,前后征调民夫数百万人,因为工期紧迫,条件恶劣,死亡的民夫不计其数。

大业元年(605年)八月,杨广率二十余万人巡游江都,共动用船只五千二百多艘,前后绵延两百里,使用纤夫八万余人,所经州、县供献饮食,耗费无数,此后杨广又先后四次巡游江都。

大业三年(607年)七月,杨广第一次北巡途中,"兴众百万,北筑长城,西距榆林,东至紫河,二旬而罢。"次年,杨广第二次北巡途中又征男丁二十万,修筑自榆谷而东,西接朔方的长城,并将朔方以东的城、堑改造为长城,向燕、代一带延伸。

大业五年(609年),杨广率军远征吐谷浑,虽然战事顺利,但是进军途中遭遇严寒,数万大军被冻死大半,损失惨重。

大业八年(612年),杨广下令远征高句丽。他下诏集结天下的军队,无论南北远近,都要会合于涿郡,各路隋军加起来已经超过了一百一十三万,而为大军运输物资的民夫更多。结果隋军先头部队三十万人一败涂地，回来的还不到三千人。次年杨广再次远征高句丽，又一次无功而返。

在杨广的暴政之下，国家开支浩大，征发无度，人民负担沉重，民不聊生。此时的隋朝就如同一个巨大的火药桶，只要有一点火星就会引爆，动乱随时都有可能发生。

那为什么天下将乱，魏徵却要选择当道士呢？除了前面我们讲过的有比较好的生活条件以外，此时当道士还有以下两点好处：

第一，安全。在迷信思想盛行的封建社会，即使是再凶残的强盗土匪，也很少有人敢抢劫寺庙和道观，因为他们怕遭到九天神佛的惩罚，所以寺庙和道观经常成为平民百姓的避难所，在里面是比较安全的。

第二，行动方便。身穿道袍，云游四方，便于掩人耳目，无论去什么地方都不会引人注意，并且还可以到道观投宿，食宿成本都是比较低的，这在当时是一个非常好的便利条件。

在道观的这几年，魏徵并没有荒废时间，史书记载他"好读书，多所通涉，见天下渐乱，尤属意纵横之说"。也就是说，这段时间里魏徵博览群书，诸子百家无所不通，看到天下将乱，他尤其钻研纵横家的学说。

纵横家，指的是战国时期从事政治外交活动的人群。在战国时期，纵横家是一个独特的谋士群体，他们朝秦暮楚，反复无常。出谋划策多从主观的政治理想出发。

关于"纵横"的意思，《韩非子》中说："纵者，合众弱以攻一强也；横者，事一强以攻众弱也。"纵横家崇尚权谋策略及言谈辩论的技巧，他们注重揣摩游说对象的心理，运用纵横捭阖的手段，或拉拢或分化，事无定主，说无定辞，一切从现实的政治需求出发。纵横家在战国时期的政治舞台上非常活跃，其思想和活动对当时的政治、军事局势产生了重要的影响。纵横家的创始人据说是鬼谷子，其代表人物有张仪、公孙衍、苏秦、甘茂、司马错、乐毅、范雎、蔡泽、邹忌、毛遂等。纵横家在战国时期最著名的成果就是家喻户晓的"合纵连横"。

战国时期，齐、楚、燕、韩、赵、魏、秦七雄并立。战国中期，齐、秦两国最为强大，东西对峙，互相争取盟国，其他五国也不甘示弱，与齐、秦两国时而对抗，时而联合。大国间冲突加剧，外交活动也更为频繁，出现了合纵和连横的斗争。合纵就是"合众弱以攻一强"。连横就是"事一强以攻众弱"。合纵的目的在于许多弱国联合起来抵抗一个强国，以防止被强国兼并。连横的目的在于侍奉一个强国以为靠山从而进攻另外一些弱国，以达到兼并和扩展土地的目的。

我们了解了纵横家的主张和行为特点，也就可以大体明白魏徵为什么要研究纵横家的学说了。在天下将乱之时，魏徵肯定也希望自己能够像战国时期的纵横家一样，凭借自己的聪明才智和三寸不烂之舌，游走于各方势力之间，纵横捭阖，实现自己的政治抱负。

魏徵这段当道士的岁月，在历史上基本没留下什么记载。在现存的《魏郑公文集》中，有魏徵所写的《道观内柏树赋》一文,这是魏徵文集中唯一的一篇抒情散文(其他基本都是政论文),这篇文章很可能就是魏徵年轻当道士的时候所写。在这篇文章中,魏徵描写了道观内的一棵柏树,它的枝干稀疏,高不过数尺,笼罩在杂草之中,覆盖在荆棘之下。虽然它的枝干与荆棘杂树纠缠在一起,但没有改变挺拔耐寒的本性。不过因为杂树的遮蔽覆盖,它毕竟不能自由地生长。魏徵惋惜它没有生长在高高的山峰上,下临深谷,笼罩日月,映带云霞,而与杂草恶树混杂在这里,这难道是人们所说的物以类聚、人以群分的道理吗?

魏徵在文章中写道:"原斯木之攸挺,植新甫之高岑。干霄汉以上秀,绝无地而下临。笼日月以散彩,俯云霞而结阴。迈千祀而逾茂,秉四时而一心。"

——这株柏树原来高大挺拔,当初它根植在高山上,高耸入云,树冠茂密秀丽,下临深谷,笼罩着日月,分散了光彩,俯视着云霞,形成了大片树荫,经过千年后越发显得茂盛,承受一年四季的精气,坚贞之心没有变化。

接下来话锋一转,魏徵说:"灵根再徙,兹庭爰植。高节未彰,贞心谁识。既杂沓乎众草,又芜没乎丛棘。匪王孙之见知,志耿介其何极?"

——树根长出新苗,移植到这座庭院里来,高高的树干还没有长成,无人赏识它的贤贞之心。它与杂草荆棘杂处在一起,没有王孙公子的知遇,虽志向正直忠贞,何时才能出头?

在结尾魏徵写道:"顾众类之飒然,郁亭亭而孤峙。贵不移于本性,方有俪于君子。聊染翰以寄怀,庶无亏于善始。"

——环顾周围的杂草树木都衰落凋零，只有这株柏树孤傲地亭亭玉立，忠贞傲寒的高贵品格没有改变，这时才并列于君子之列。姑且提笔写下这篇赋来寄托我的情怀，也许可以不亏损柏树当初的美好品格。

　　在这篇文章中，魏徵以柏树自比，非常清晰地表达了自己的内心所想和人格操守。此时魏徵虽然怀才不遇，对现实的不公平充满了愤恨和不满，但是他依然对未来寄予了厚望。即使是身处困境，魏徵依然明白无误地表示，不管生活如何艰难，自己都将始终不气馁，不随波逐流，坚定不移地实现自己的人生追求。

　　看到这里可能有读者会问，魏徵既然怀才不遇，为什么不去参加科举呢？隋朝的时候就已经创立了科举制度，何不以此入仕呢？

　　关于魏徵为什么没有通过科举入仕，其实原因也很简单，因为魏徵没法参加。

　　隋朝确实创立了科举制度，但是隋朝的科举制度并不完善，因为当时正处于一个过渡时期。在魏晋南北朝时期，选拔人才的方式长期以来是九品中正制，在这一制度下一个人家庭出身越好，其品级就越高，一个人的仕途基本可以和其出身画等号，这就导致"上品无寒门，下品无士族"的现象。到了隋朝，杨坚下令废除了九品中正制。开皇七年，杨坚下令诸州岁贡三人。开皇十八年，杨坚"又诏京官五品以上及总管、刺史，并以志行修谨、清平干济二科举人"。在命令地方官定期向中央推举人才的同时，杨坚在中央对这些人进行考察。杨广继位后，正式下令将各地举荐的人才分科考试，进而量才擢用，这被普遍认为是科举制度的开端。

由此可以看出，在隋朝虽然有了科举考试，但是想要获得参加考试的资格是不容易的，需要官员的推荐，最低也应该是五品高官或者是地方州刺史级别的官员。直到唐高祖李渊时期，才宣布不需要经过地方的推举，士人可以自己去报名，并且也不需要经过地方官的审核。

当时的魏徵家境没落，只是一个无名小卒，生计都成问题，怎么可能会有地方官知道魏徵的存在呢？所以魏徵想要获得地方官的推荐是一件几乎不可能的事情。由此我们就可以进一步理解为什么在《道观内柏树赋》一文中魏徵要感叹命运不公了。

此时的魏徵或许不会想到，属于他的时代真的很快就到来了，不过在这之前，他还要经受一些磨难……

第二章 乱世落魄，大志难酬

第一节 中原烽烟，群雄并起

我们前面讲到，因为杨广暴虐的统治，隋朝社会矛盾迅速激化，民怨四起，此时的隋朝社会已经成了一个巨大的火药桶，随时都有可能爆炸。

大业七年（611年），山东、河南等地发生大水灾，淹没三十余郡；第二年，山东又发生大旱灾，加上瘟疫流行，灾情极其严重。天灾人祸使得富庶的山东大地满目疮痍。更为严重的是，杨广数次东征高句丽，都把山东作为进攻高句丽的人力、物力供应地,在这一带增置军府,强壮男子大多被征发当兵。在东莱造船的劳役,以及向河北运粮的差役,这些沉重的负担统统压到了山东百姓的头上。在这种残酷的役使和压榨之下,山东人民生活凄惨。根据《资治通鉴》的记载,隋朝廷"发(山东)民夫运米,积于泸河、怀远二镇,车牛往者皆不返,士卒死亡过半,耕稼失时,田畴多荒。加之饥馑,谷秫踊贵,东北边尤甚,斗米直数百钱"①。

面对着严峻的生存压力,山东人民率先举起反抗的大旗。大业七年(611年)十月,邹平人王薄率先领导农民在长白山起义,自称"知世郎",掀起了反抗斗争。为了激发民众的反抗精神,王薄创作了《无向辽东浪死歌》,歌词道:

> 长白山前知世郎,纯着红罗绵背裆。
> 长槊侵天半,轮刀耀日光。
> 上山吃獐鹿,下山吃牛羊。
> 忽闻官军至,提刀向前荡。
> 譬如辽东死,斩头何所伤。

这首《无向辽东浪死歌》激发了无数人的共鸣,史载"邹平民王薄……作《无向辽东浪死歌》,以相感劝,避征役者多往归之",起义军队伍迅速扩大,多次击败官军。大业八年(612

---

① 司马光:《资治通鉴》卷第一百八十一,中华书局2011年版,第8711页。

年），起义军扩大至数万人，声势浩大，屯于泰山下。大业九年（613年），王薄又率兵进攻鲁郡，起初取得了一些胜利，但由于大意轻敌，结果为隋军将领张须陀所部突袭，数千人被杀。后来王薄重新集结力量，北渡黄河，来到临邑。张须陀追至，王薄与其决战，又遭重创，五千余人被杀，损失牲畜以万计。在这之后，王薄又联合其他各路起义军共同进攻章丘，张须陀又亲率步骑两万迎击，起义军再遭失败。

虽然王薄起义最终遭到失败，但是反隋斗争如同星火燎原一般，以不可遏止的态势在全国蔓延开来，之后两三年间，起义席卷全国，农民军多达百余支，人数百万众，这其中最为著名、实力最强的当属瓦岗军。

瓦岗军最初的领导者是翟让。他本来是东郡法曹，后来获罪被判处死刑，得狱吏黄君汉释放，逃亡到瓦岗落草为寇，建立瓦岗寨。后得李勣等人投奔。他们以瓦岗为根据地，故称瓦岗军。李勣与翟让率众进入荥阳、梁郡，劫掠公私船只，因此物资充裕，来归附的人也越来越多，部众很快就发展到一万余人。

不过此时的瓦岗军充其量只能算是一股流寇，尚且不具备对隋朝残暴统治的反抗精神。瓦岗军真正由流寇蜕变成反抗隋朝统治的起义军，是因为李密的到来。

李密，生于公元582年，出身显赫：李密的曾祖父李弼是西魏八柱国之一；李密的祖父李耀为北周太保、邢国公；李密的父亲李宽，为隋朝上柱国、蒲山郡公。而李密却参加了隋末著名的杨玄感叛乱。后杨玄感战败被杀。李密想逃入潼关，结果依然被追捕他的人捉住。

李密重金收买押送官员，趁着看守松懈，带六人挖穿墙壁逃走。死里逃生的李密游荡了几年，始终无处可去，郁郁不得志，直到大业十二年（616年），他听说瓦岗军翟让的势力非常强大，于是就去投奔翟让。

不过李密来到瓦岗军营之后却并不受待见，此时的李密是朝廷重犯，收留李密就等于公开和朝廷对抗，势必引来官军的进攻，此时的瓦岗军众人还不想公开和朝廷作对，只想着当自己的山大王。可能是觉得李密这种人才杀了可惜，翟让只是把李密关押了起来。

为了自保，李密就通过王伯当向翟让建议："如今皇帝昏庸无道，百姓民不聊生，皇帝在辽东打光了精锐部队，和突厥断绝了友好关系，眼下被困在扬州、越州，撇下了洛阳、长安，现在正是像刘邦、项羽那样争夺天下的时机。凭您的雄才大略，精兵强将，夺取洛阳、长安，进而灭亡隋朝，绰绰有余。"李密这番话说得翟让动了心，于是立即释放了他。

在见到翟让后，李密又向翟让建议夺取荥阳，休整部队筹集粮草，等到兵强马壮之时，便可争夺天下。翟让听从了李密的建议，开始对荥阳发起进攻。

面对强大的瓦岗军，荥阳太守杨庆无力抵御，于是杨广派出了曾经镇压王薄起义、"威振东夏"的隋军名将张须陀，率领大军镇压瓦岗军。对于张须陀的到来，瓦岗军上下无不惊恐，李密却对翟让说："张须陀有勇无谋，他的队伍又打了几次胜仗，现在骄狂跋扈，骄兵必败，我们一仗就能捉住他。您只管摆开阵势，我来将他击败。"于是翟让统率军队准备战斗，李密分出一千多名士卒埋伏在树林里。翟让首战不利，边打边退，李密派出伏兵对张须陀军侧背发动袭击，张须陀兵众遭此突袭，一片大乱，李密和翟让乘势前后夹攻，大败张须陀，并斩杀了张须陀。

不久李密又向翟让建议率军直接去袭击兴洛仓，散发粮食救济穷苦百姓，各地必然归附，百万人马，唾手可得，这是定鼎天下的良机，不可错失。

面对李密周详宏大的谋划，翟让却感到底气不足。能够击败张须陀，对于翟让来讲已经是意外之喜了，李密所提出的统领百万之众、定鼎天下之事，已经超出了翟让的认知范围，翟让感到这个计划不是靠自己的能力所能完成的。于是翟让对李密说："我只是一个普通农民，既没有名望又没有人脉，怎么可能会有那么多人为我效力呢？您出身名门望族，威名满天下，如果一定要实现您所讲的目标，就请您率军先行，招徕四方人心，我带上各支队伍作为后援，先夺取兴洛仓，然后再作商议。"

大业十三年（617年）春天，李密和翟让带领七千名精兵攻克兴洛仓，随后开仓放粮，远近之人闻风而来，多达几十万人，瓦岗军实力迅速壮大。驻守洛阳的越王杨侗派遣虎贲郎将刘长恭率军二万五千人讨伐瓦岗军，结果被李密一举击败，瓦岗军得到大量的辎重器甲，力量更加壮大，声威大振。

经过这一系列事件，翟让对李密敬佩不已，他认定李密才是最合适的统率瓦岗军的人选，自己愿意退位让贤。大业十三年

（617年）二月，李密在巩县城南郊外设立祭坛，正式称魏公，成为瓦岗军的首领。李密任命翟让为司徒，封东郡公，任命单雄信为左武候大将军，李勣为右武候大将军，祖君彦为记室，其余的人各按等级授予官职。李密将洛口作为都城，在环绕洛口四十里的区域里驻扎下来。在建立政权后，李密让祖君彦撰写檄文，声讨皇帝杨广。祖君彦不负重托，撰写了《为李密檄洛州文》，文中留下了传之千古的名句："罄南山之竹，书罪未穷；决东海之波，流恶难尽。"这篇檄文也成了中国历史上最著名的檄文之一。

就在瓦岗军在中原攻城略地的同时，当时的中华大地到处风起云涌，隋朝的统治已经彻底崩溃：

在东北方向，隋朝将军罗艺逮捕涿郡郡丞，割据一方，自称幽州总管。

在西方，隋朝将军薛举举兵反隋。大业十三年（617年）七月，在兰州称帝，尽据陇西之地，拥兵十三万人。

在南方，原梁朝贵族萧铣举兵反隋。大业十三年（617年）十月，萧铣自称梁公，占据以荆州为中心的今湖南、湖北地区，部众至四十万。

在东南方向，杜伏威势力不断壮大。大业十三年（617年），杜伏威大败隋将陈棱，破高邮，据历阳，自称总管，坐断东南。

眼见天下大乱，蛰伏已久的魏徵觉得，自己终于有建功立业的机会了……

第二节 投身瓦岗，籍籍无名

大业十三年（617年），年近四十的魏徵终于出山了，他来到武阳郡丞元宝藏帐下为幕僚。武阳郡，治所在贵乡县，辖境相当于今河北大名、魏县、馆陶，河南南乐、清丰、范县，山东冠县、莘县、聊城等地。武阳郡的最高长官是郡守，郡丞是郡守的副手。对于心怀大志的魏徵来讲，这个起点是真的不高。

九月，元宝藏率众投降李密。李密册封元宝藏为上柱国、武阳公，元宝藏只是一个小小的郡丞，之所以在投降李密之后能够获得如此优待，最重要的原因是武阳郡非常富庶。武阳是一个大郡，人口多达二十多万户，在全国位居第三，甚至超过了东都洛阳所在的河南郡。在古代，哪里人口多，哪里就是重地，更重要的是武阳郡当时就在永济渠①边，是水陆交通要冲，所以武阳郡的归顺，使得李密的实力大增。

此后魏徵就一直负责元宝藏的文书工作，所有的信件和文书基本都是由魏徵草拟。元宝藏让魏徵为其代笔向李密上疏，建议李密将武阳改为魏州，同时请求李密允许自己率军向西攻取魏郡，然后向南攻取黎阳仓。

将武阳改为魏州，看起来只是名字的变化，没什么实际意义，但是事情没有这么简单。李密自称魏公，元宝藏建议将武阳

---

① 永济渠是杨广开凿的大运河的一部分，南起今河南武陟，北至今北京市，是当时南北交通的水路大动脉。

改为魏州，就是有意让李密今后以富庶发达的武阳作为统治中心。如果李密今后能够定都武阳，那么作为武阳地方豪强势力的元宝藏等人肯定能获得更多的优待。此外，攻取魏郡和黎阳仓的建议，更是抓住了问题的主要矛盾。魏郡当时的人口多达三十万户，是全国人口第二大郡，而黎阳仓是杨广远征高句丽的重要后勤基地，储存有无数的粮食和军需物资。只要能够攻取魏郡和黎阳仓，那么人口和钱粮将大为充实，这将为争夺天下奠定重要的物质基础。

对于元宝藏的建议，李密基本上都照做了。李密将武阳改为魏州，任命元宝藏为魏州总管，随后派李勣带五千人，自原武渡黄河，掩袭黎阳仓的隋朝守军。攻克黎阳仓后，李密开仓放粮，十天时间就招募到士兵二十多万。同时李密对元宝藏的文书越来越喜欢，李密每次读完元宝藏送上的文书，总是被文中的道理和见解深深打动，而且对文章的优美和流畅也赞不绝口。终于有一次李密忍不住问元宝藏这些文书都是出自谁的手笔，元宝藏据实相告，于是李密决定让魏徵为自己效力，他把魏徵要了过来，并任命魏徵为元帅府文学参军，掌记室。

所谓的"文学参军"，在当时就相当于幕僚，"掌记室"，就是负责撰写章表檄文。通过这一任职可以看出，此时李密对魏徵的喜欢还仅限于文采，李密只是把魏徵当作"笔杆子"使用。在成为李密的幕僚之后，魏徵曾献上壮大瓦岗的十条计策，但李密没有采纳，或许在他看来魏徵当好自己的笔杆子就是了，其建议多为文人之见，不足采信。

此时的李密虽然实力强大,但是内忧外患开始不断显现。

外患主要是王世充所率领的隋军的进攻。

王世充本来只是江都郡丞,杨广多次巡视江都,王世充善于察言观色,阿谀奉承,非常得杨广的欢心,杨广对王世充越来越宠信。当时东都洛阳的隋军面对瓦岗军的攻势越来越难以支撑,洛阳求救的文书雪片般送到身处江都的杨广面前。杨广遂调全国各地精兵救援洛阳,在各路援军中就有王世充率领的江淮劲卒二万人。由于这次军事行动的总指挥薛世雄在进军途中被河北起义军窦建德部斩杀,杨广遂任命王世充继任援洛大军的总指挥。

九月,王世充率领各路援军齐集洛阳,使隋军在洛阳的兵力达到十余万。王世充出兵向李密挑战,双方在洛口对阵,两军前后交战一百多次,不分胜负。眼见前方战事焦灼,杨广不断派人催促王世充尽早击败李密。王世充不得已只得带领部队渡过洛水跟李密作战,结果一败涂地,士兵损失一万多人,王世充率领余部返回河阳。当时恰好碰上天降大雪,王世充回军途中军队又冻死了上万人,等到抵达河阳时,只剩一千来人。王世充向越王杨侗请罪,杨侗派遣使者对其安抚,将其召回洛阳。

内忧则来源于瓦岗军内部的矛盾。

虽然翟让主动退位让贤,但是那些翟让的老部下却不乐意了。翟让的部将王儒信鼓动翟让担任大冢宰,统领百官,夺取李密的大权。翟让的哥哥翟宽又对翟让说:"皇帝只能由我们自己做,怎么能送给别人呢?你如果做不了,就该我来做。"翟让并没有听从他们的意见,但是李密知道了这件事后,内心感到了巨大的恐惧，毕竟瓦岗军是翟让创立的，现在军中原先翟让的旧部众多，一旦翟让想除掉自己，自己将会非常危险。虽然翟让对自己有恩，但是为了保住手中的权力，思虑再三，李密最终决定杀掉翟让。

一天，毫无防备的翟让来到李密的营帐喝酒，李密请翟让入席后，拿出一把好弓给翟让鉴赏，就在翟让刚刚把弓拉满，准备试试这把弓成色如何的时候，李密使了个眼色，站在翟让背后的一名士兵突然拔刀将翟让斩首，其他士兵也同时拔刀，杀掉了翟让的哥哥翟宽以及部将王儒信。在混乱中李勣也被砍了一刀，受了重伤，还好李密及时制止，李勣才免于一死，单雄信等人跪地叩头求饶，李密将其全部赦免，然后分头派人安抚各营士兵，同时命令李勣、单雄信、王伯当统领原来翟让的部众。

就这样，毫无心机的翟让稀里糊涂地就被李密杀了，李密自此完全掌控了瓦岗军。李密对外击败王世充，对内火并翟让后，内忧外患皆除，他志得意满，自认自己已经天下无敌。

常言道，当局者迷，旁观者清。在魏徵看来，此时的李密非但不是实力鼎盛，反而是危机四伏。魏徵对李密的长史郑颋说："魏公虽然多次取得胜利，但是精兵猛将也死伤了不少，并且大军又没有府库，将士们取得战功得不到赏赐。长此以往，必定师老兵疲，士气衰退，所以还不如深沟高垒，占据险要，与敌人相持。洛阳没有了粮食，王世充无计可施，就会与我军决战，他们是穷寇，此时绝对不能与之争锋。待到敌人粮尽而退时，率军追击，这才是取胜之道。"

魏徵所说的这段话,有两点值得注意:

第一,李密大军为什么没有府库。这里的府库并不是一般的仓库,而是指的类似国库的钱财储存机构。魏徵说李密大军没有府库,意思就是李密没有攒下财富。几年来李密率军攻城略地,屡战屡胜,怎么会攒不下钱呢?最有可能的原因是李密的部队依然有着鲜明的游寇色彩,每当战场有缴获之后,就基本都被各级军官分了,丝毫没有长远的考虑,所以自然攒不下财富。府库里没有积蓄,自然就无法赏赐有功之人。

第二,切不可与王世充争锋。按常理讲,王世充据守洛阳坚城,难以攻克,如果其离开城池出击,正是将其在野战中歼灭的好时机,应该迎头痛击才对,为什么魏徵反而主张切不可与王世充争锋呢?除了魏徵前面提到的王世充是"穷寇"之外,还因为洛阳毕竟是东都,守卫洛阳的都是隋军精锐,瓦岗军虽然数量占优势,但是训练有素、装备精良的部队并不多,所以在野战中实际上并没有优势。因此魏徵才会主张对王世充要暂避锋芒,徐图缓进。

不过魏徵所提的建议并没有得到采纳。或许是被李密的志得意满所感染,郑颋对魏徵的话不以为然,认为这是书生之见、老生常谈。魏徵无力地反驳道:"这是奇谋深策,怎么是老生常谈呢?"对方不听从自己的计策,他只能拂袖离去。

事实证明,魏徵的担心绝非空想,此后李密开始逐渐步入下坡路。

武德元年(618年)正月,李密率三十万大军进占洛阳附近的金墉城，并屯兵邙山，直逼洛阳上春门，连续击败洛阳守军的反击，洛阳城告急。正在这时，政局发生突变——杨广在江都被杀。

大业十二年（616年）七月，杨广南下江都，随后瓦岗军占据了洛口，截断了杨广的西归之路，杨广不得不滞留江都。但是此时的杨广不但无意回京师大兴，反倒是打算另以丹阳为都城，偏安江南。护卫杨广的禁卫军大多是西北关中人，他们久居江南，归乡心切，又见杨广不想西归，欲久留江都，人心更加不安。掌握禁卫军的宇文化及、宇文智及、司马德戡等人准备利用将士们的心理，发动政变。

武德元年（618年）三月十日夜，司马德戡率领禁卫军闯入皇宫，搜捕杨广。杨广闻变，仓皇换装准备逃走，结果被叛军抓获，宇文化及命令校尉令狐行达缢杀杨广。在江都的隋氏宗室、外戚皆被杀，只有隋炀帝的侄子秦王杨浩因素与宇文智及交往密切，侥幸不死，并被宇文化及立为皇帝。宇文化及自封为大丞相，以宇文智及为左仆射，率隋军十余万西归关中。

在听闻杨广被杀后，在洛阳的王世充等隋朝大臣拥立越王杨侗即位，改元皇泰。得知宇文化及率军北上后，杨侗希望能够借李密之手将其除掉，于是派人册封李密为太尉、尚书令、东南道大行台行军元帅、魏国公，声称平定宇文化及之后便让李密前来东都辅政。杨侗这一招明显是在借刀杀人，李密完全没必要听从杨侗的命令同宇文化及交战，只管让出一条路，放宇文化及西去就是了，但是出乎所有人意料，李密表示接受杨侗的诏令，进攻宇文化及！

对于李密的这一决定，很多人都不理解，但是魏徵表示完全赞同。虽然此时魏徵没法参与政务，但是对于局势洞若观火的他却明白，李密之所以这么做，其实也是不得已。在魏徵看来主要原因有两点：

第一，李密不能撤。李密确实可以撤军，让出一条大路供宇文化及西行，但是地盘可以让，粮仓却是绝对不可以让的。此时李密部众已经达到三十万，兴洛仓、回洛仓、黎阳仓这三座粮仓是李密大军赖以生存的命脉，一旦失去这几座粮仓，大军没了粮食，三十万大军将很快就会作鸟兽散。所以李密既不能放弃这几座粮仓，也不能把粮食全部烧掉，而这么大量的粮食又不是说搬就能搬走的，所以只能拼命死守这些粮食。

第二，李密不敢撤。宇文化及和李密在之前基本没什么关系，双方的互信几乎就没有，所以李密对于宇文化及一行人的动机是持猜疑态度的。虽然宇文化及打着西归关中的旗号，但是李密一旦让路了，又有谁敢保证宇文化及路过河南的时候，不会趁机对李密发动突袭呢？宇文化及率领的十万大军是禁卫军，是精锐之师，一旦遭到这支部队的突袭，那么后果必将不堪设想。所以李密根本不敢放心后撤。

事已至此，不管愿不愿意，李密都只能打了。对于李密的这一决定，魏徵虽然理解，但是他也非常担心，因为宇文化及确实是一个很强大的对手。

武德元年（618年）七月，李密出兵东讨宇文化及。宇文化及到了黎阳,两军相遇,李密知道宇文化及的部队缺少军粮,速战速决对宇文化及有利,所以不跟宇文化及交锋,只是堵住了他的退路,两军开始相持。相持了一段时间后,李密得知宇文化及粮食快要耗尽,就诈称想跟他联合,愿意为宇文化及提供军粮,然后两军共同攻打洛阳。宇文化及不知是计,非常高兴,对于军粮的消耗丝毫不加控制,任凭其士兵无拘无束地吃喝,内心却还指望李密送来粮食,很快宇文化及部粮仓就快见底了。后来知道这是李密的诡计,宇文化及大怒,率军跟李密在卫州的童山脚下展开激战,两军从早晨战到傍晚,宇文化及大败,士卒叛逃大半,宇文化及只得率领残部向东逃往山东。

这一仗虽然李密取得了最后的胜利,但是魏徵所担心的事情一一开始应验。面对精锐的隋军禁卫军,瓦岗军也付出了巨大的代价,史书记载"劲兵良马多战死,士卒疲倦"。不过李密丝毫不以为意,此时的李密骄傲自满,不再体恤将士,将大量战利品据为己有,因为府库中没有什么积蓄,所以打了胜仗的将士们根本没有获得多少封赏,这使得瓦岗军将领开始离心离德。

瓦岗军实力的削弱给了困守洛阳的王世充机会,王世充决定趁机偷袭李密。因为之前洛阳隋军在与瓦岗军的战斗中败多胜少,王世充担心开战之后士兵们底气不足,于是王世充谎称自己梦见了周公,然后在洛水岸边修建了周公祠,叫巫师宣扬周公命令王世充尽快讨伐李密等鬼神之说,王世充的士兵多半是楚地人,楚地在当时文化比较落后,迷信思想盛行,楚地的人本来就容易相信这些神鬼之事,所以受到王世充的蛊惑之后,就信以为真，踊跃求战。

王世充挑选精锐士兵两万余人，战马两千多匹，在洛水南边扎营。此时李密刚刚打败宇文化及，在偃师的北山附近驻扎，李密对于王世充非常轻视，根本就没有修筑壁垒工事。王世充在夜间派遣三百多名骑兵秘密进入北山，埋伏在山上，黎明时分，王世充率领主力部队突然进逼李密军营。李密出兵应战，结果队形还没摆好两军就打起来了。王世充埋伏的骑兵从山上发起冲锋，居高临下地冲向李密的营地，他们在军营内大肆纵火，瓦岗军军心大乱，一败涂地，李密率领残部退守洛口。

对于俘虏的瓦岗军将士，王世充不仅一个不杀，还给予了特别的优待，并且让他们写信招诱自己在瓦岗军中的亲朋好友也来投降。在王世充的这一瓦解策略之下，大量瓦岗军将士投降王世充，李密仅仅带着几十人逃往虎牢关。李密逃走后，瓦岗军各地的守将纷纷向王世充投降，王世充占领了李密原来的大部分地盘，势力范围从洛阳一城猛然扩展到半个河南。王世充同时还得到了李密麾下的秦琼、程知节、罗士信、裴仁基、单雄信等名臣大将，手下人才济济。

地盘没了，手下的将领或者被俘，或者投降，李密的基业至此毁于一旦。在极度沮丧的时候，李密发现竟然有一个人还留在自己身边，这个人就是**魏徵**。常言道，树倒猢狲散。此时李密朝不保夕，这个自己往日不大重视的文弱书生竟然没有另寻出路，这不禁让李密既意外又感动。此时李密心里或许在想，如果我当初听了**魏徵**的话，设置府库，积蓄财富，厚赏将士，是不是有可能避免今日的厄运呢？只可惜当初没有听从魏徵的金玉良言，以致落到今天这个地步！

魏徵没有抛弃李密的原因历史上没有留下记载，但是不难推论，这一方面是因为魏徵对李密的忠诚，而更主要的原因是继续追随李密是魏徵当时的最优解。

当时中原地区除了李密之外，还有另外两大势力，分别是王世充和窦建德。虽然王世充在战胜李密之后实力迅速增长，但是魏徵是绝对不会去投奔王世充的，因为在魏徵看来，王世充这个人品性太差，不值得辅佐。就在李密正和宇文化及激战的时候，王世充也没闲着，他在洛阳发动政变，带兵包围了皇泰帝杨侗所在的宫城，然后逼迫杨侗任命他为尚书左仆射，总管朝廷内外各项军务。王世充自此独揽朝政大权，他还让自己的子侄后辈都手握兵权，镇守各地。对于这样一位性情反复，又行谋逆之事的人，饱读圣贤之书、家族世传儒业的魏徵怎么可能会有半点好感呢？所以投奔王世充是绝对不可能的。至于窦建德，人品倒是没什么问题，但是窦建德出身草莽，没什么文化，魏徵虽然家境败落，但也是名门之后，骨子里有一股傲气，他不屑与出身草莽之人为伍，所以两个人终究也不是一路人。

李密是名门之后，能力很强，也有一统天下的抱负，在当时绝对是一流的人物。此时李密虽然失败了，但是李勣等人依然忠于李密，只要好好经营，李密依然还有一战之力，所以追随李密是当下的最好选择。正所谓患难见真情，此时依然对李密不离不弃，也更容易获得李密的好感和重视。

不过魏徵毕竟没法预测未来，他不知道接下来有更好的选择在等着他。

第三节　初次降唐，劝降李勣

在一败涂地之后，李密面临着一个很现实的问题——接下来去哪？

李密本来打算去黎阳，投奔驻扎在那里的李勣，此时李勣率领的军队是李密麾下唯一还算完整的作战力量。可是此时有人劝说道："当初大王杀翟让的时候，李勣也差点被杀，现在大王去他那里，就不担心他有异心吗？"想想也是，李勣当初可是翟让的嫡系，现在李密虎落平阳，谁敢保证李勣不会趁机为翟让报仇呢？

感觉自己走投无路，李密伤心地对王伯当说："军队被打败了，如今大势已去，各位兄弟请各奔前程，李密以死向大家谢罪。"王伯当急忙上前阻止，抱着李密大哭，众人也都泣不成声。李密又说："如果各位不愿抛弃我的话，我们就一起回关中，到那里去投奔唐公，我有办法让各位获得富贵。"在李密身边的柳燮表示赞同，他说："从前刘盆子[①]归附汉朝后，还能享受优待。明公您与长安的唐公是同宗，并且也有私交，虽不曾伴

[①] 西汉末年农民起义军赤眉军立刘盆子为皇帝，后来赤眉军兵败，刘盆子投降刘秀。刘秀对刘盆子赏赐甚厚，后来刘盆子因病双目失明，刘秀下令用荥阳的官田租税来奉养刘盆子。

随他起兵,但是您阻击了东都隋军,截断了江都隋军回长安的路,使唐公可以不战而据有长安,这也是您的功劳啊。"众人对此都表示赞同,于是李密率领着剩下的两万余人前往关中,投奔唐公。

他们所说的"唐公",就是唐朝的开国之君,李世民的父亲——李渊。

李渊,公元566年出生。李渊的出身和李密一样高贵,李渊的祖父李虎曾经官拜太尉,李渊的父亲李昞,是北周的御史大夫、安州总管、柱国大将军,袭封唐国公。李渊的仕途顺风顺水,年纪轻轻就曾经担任州刺史和郡守。隋炀帝杨广远征高句丽,李渊负责运输粮草。大业十二年(616年),李渊晋升为右骁卫将军,这可是从三品的高级武官。次年,李渊晋升为太原留守,负责现在整个山西地区的军政事务。

但是就在李渊官运亨通的时候,整个国家却彻底乱了。此时作为世受国恩的皇亲国戚,李渊本应立刻率军平定农民起义,但是李渊并没有这么做,因为他看到了一个机会——夺取天下!大业十三年(617年)七月,李渊率军三万在晋阳誓师南下,随后势如破竹,连破隋军,沿途招兵买马,实力迅速壮大,同时李渊在关中的亲属也起兵响应。十月,李渊兵临长安城下,麾下已经有二十万兵马,声势滔天。十一月,李渊率军攻破长安,立杨广之子杨侑为帝,即隋恭帝,遥尊杨广为太上皇。在李渊的自导自演下,隋恭帝授李渊假黄钺、使持节、大都督内外诸军事、大丞相、录尚书事,进封唐王,总理一切政务。

在杨广被杀后，李渊加紧了篡夺皇位的进程。大业十四年（618年）五月，李渊于长安太极殿即皇帝位，国号为唐，建元武德，定都长安，正式建国。

在决定投降李渊之后，李密遂率领余部前往关中，魏徵也跟着大队人马踏上了西行之路。

对于李密的归降，李渊给的是什么待遇呢？史书记载是：拜李密为光禄卿，封邢国公。光禄卿是一个掌管宫廷服务的官职，主要负责皇宫的宫殿门户、皇室膳食、帐幕器物等事务，就是皇宫里的掌管内勤的官员，负责管理皇室人员的衣食住行等。李渊授予李密这一官职，对于李密来讲不得不说是一个不小的侮辱，李密好歹是叱咤一方的统军大将，结果到了长安却成了李渊的内勤官，丧失了一切权力，也失去了驰骋疆场的机会，李密怎么可能会满意呢？此外，李渊给李密的邢国公爵位，看起来不错，已经是除王爵外最高的爵位了，但是两年后另一支割据势力杜伏威归降李渊的时候，李渊直接任命杜伏威为吴王、东南道行台尚书令、江淮以南安抚大使，两人的待遇可谓天差地别。

为什么李密获得的待遇远不如杜伏威呢？因为李密手下没兵，而杜伏威部众完整。所以李渊给李密的就是标准的落魄者待遇，没有什么优待可言。李密本来指望着到了长安自己可以受到优待，继续享受荣华富贵，现在一切的希望都落了空，李密此时内心的苦闷可想而知。

李密自己都没有受到任何的优待，就更别说他手下籍籍无名的魏徵了。魏徵来到长安之后，整日无所事事，李唐皇室根本没有人注意到还有他这号人物存在——既然魏徵已经来到了长安，为什么那个日后提拔重用他的李世民没有发现他呢？其实这个时候李世民正忙得不可开交。武德元年（618年）七月，陇西割据势力薛举大举入侵，刚刚受封秦王的李世民率军抵御，这场仗持续数月，中间几经波折，李世民最终才艰难取胜，所以此时李世民并不在长安。

那么魏徵是什么时候和李世民第一次见面的呢？历史上没有留下记载，根据史实推断，有可能是618年的秋天。这年秋天，李世民最终彻底击败薛举的儿子薛仁杲，完全占据了陇西之地，取得了这场战争的最终胜利。李世民得胜归来之后，李渊命令李密代表自己到豳州迎接李世民。作为李密身边重要的"笔杆子"，魏徵很有可能和李密同行，毕竟写一篇华丽文章歌颂秦王殿下的丰功伟绩是一件再正常不过的事情。

见到秦王李世民之后，李密见李世民天姿英明威武，军威严肃，内心非常敬佩，不禁感慨："平定诸多祸乱的秦王真是英明神武啊！"见多识广的李密尚且发出了这样的感叹，魏徵肯定也是一样，他的内心肯定也在感叹，秦王真的是人中龙凤，非李密之辈可比拟，自己如果在有生之年可以为这种人效力，虽死何恨？

而此时魏徵只是欢迎李世民得胜归来队列中的普通一员，李世民是不可能注意到这样一个不起眼的小角色的。

此时的魏徵已经三十九岁，年纪已经不小了，如果李唐政权真的能够一统天下，那么他应该可以当一个六七品的小官，治理一方，在这些不怎么重要的小职位上劳劳碌碌，终老此生。对于志在治国平天下的魏徵来讲，这是一个绝对不可以接受的结局。所以魏徵决定，自己不能再默默无闻下去了，必须做点事情展现自己的能力，吸引李渊集团的注意。可是眼下以自己的身份，做什么才能吸引高层的注意呢？魏徵想了又想，最终决定——劝降李勣。

李勣本命徐世勣，后来被李渊赐姓"李"，所以改称李世勣，后来为了避李世民的名讳，又改称李勣。此时的李勣还叫徐世勣，但是为了称呼的统一，本书中就将其统称为李勣。

李勣，生于公元594年，曹州离狐人。李勣出身地主家庭，史称其"家多僮仆，积粟数千钟"，李勣与父亲都是乐善好施之人，经常救济穷困，不论关系亲疏。就是这样一位"富家少爷"，放弃了优渥的生活，毅然投奔了翟让统率的瓦岗军，随后在消灭张须陀、击败王世充和宇文化及等战斗中，立下了赫赫战功。所以虽然李密杀了翟让，但是对李勣依然重用，任命其为右武候大将军。

在李密被王世充击败的时候，李勣率军驻扎黎阳，并没有参加战斗，实力相对完整，所以当李密投降李渊的时候，那些既没有追随李密前往关中，又不愿意投降王世充的原李密部众基本全部投靠到李勣的麾下，这使得当时的李勣在短时间内拥有了大片土地和军队，史称"其旧境东至于海，南至于江，西至汝州，北至魏郡，勣并据之"。不过面对这突如其来的变故，李勣反倒是感觉不知所措：自己长期以来都只是个冲锋陷阵的武将，哪有能力管理这么大一片地盘？所以李勣一下子不知道该如何是好了。这就给了魏徵立下第一件功劳的机会。

魏徵认为，李勣为人淳厚，重情义，并没有割据一方的打算。虽然他和李勣算不上至交好友，但是都在李密麾下共事过，彼此的交情还是有的，劝降李勣是完全有可能的。想法已定，魏徵就上疏李渊，提出自己愿意去招降李勣。

对于魏徵的这个建议，李渊的第一反应是：魏徵是谁？在向下属了解了魏徵的基本情况后，李渊觉得现在山东（这里的山东泛指崤山以东的广大地区）地区是一团乱麻，凶险万分，根本没人愿意去，既然这个叫魏徵的人主动提出，那就让他去好了，如若成功，得到大片领土和军队便是意外之喜，如若失败了也没什么损失。于是李渊任命魏徵为秘书丞，让他去招抚山东——秘书丞是五品官，负责皇宫内的文书工作。让魏徵戴着这么小的官帽去招抚山东，可见李渊对这事根本不重视，对魏徵此行并不抱什么希望，魏徵此行的起点也真的是足够低了。

就这样，武德二年（619年）年初，魏徵踏上了东去招降李勣的征途。在出函谷关的路上，魏徵赋诗一首，表达了此时自己欲立下大功、报答主上的情怀：

中原初逐鹿，投笔事戎轩。纵横计不就，慷慨志犹存。
杖策谒天子，驱马出关门。请缨系南粤，凭轼下东藩。
郁纡陟高岫，出没望平原。古木鸣寒鸟，空山啼夜猿。
既伤千里目，还惊九折魂。岂不惮艰险，深怀国士恩。

季布无二诺，侯嬴重一言。人生感意气，功名谁复论！

既然决定了要招降李勣，那具体应该怎么办呢？魏徵思考之后决定，自己要充分利用自己的优势——文采，修书一封，招降李勣。

在这封劝降信中，魏徵在前面压根不提李勣，而是先把李密吹捧了一通。魏徵在信中说："自隋末乱离，群雄竞逐，跨州连郡，不可胜数。魏公起自叛徒，奋臂大呼，四方响应，万里风驰，云合雾聚，众数十万。威之所被，将半天下，破世充于洛口，摧化及于黎山。"①

这里的"叛徒"和现在的意思不一样，并不是贬义词，只是说李密是因叛乱而成为囚徒。这段话的大体意思是，天下大乱之际，李密本来只是一个囚徒，结果他振臂一呼，四方响应，后来统领数十万大军，先后击败了王世充和宇文化及，几乎占有了半个天下。

但是随后魏徵话锋一转，继续说："方欲西蹈咸阳，北凌玄阙，扬旌瀚海，饮马渭川，翻以百胜之威，败于奔亡之虏。固知神器之重，自有所归，不可以力争。是以魏公思皇天之乃睠，入函谷而不疑。"②就在李密意气风发，准备一统天下的时候，结果竟然被王世充这个曾经的手下败将打得大败。为什么李密会落到这个下场呢？归根结底还是天意，不是人力所能左右的，所以

---

① 刘昫等撰：《旧唐书》卷七十一《魏徵传》，中华书局1975年版，第1851页。
② 刘昫等撰：《旧唐书》卷七十一《魏徵传》，中华书局1975年版，第1851页。

李密才会前往关中投降，因为建立大唐的李渊才是天命所归。

接下来就要提到李勣了，魏徵照例还是把李勣吹捧了一番，他说："公生于扰攘之时，感知己之遇。根本已拔，确乎不动，鸠合遗散，据守一隅。世充以乘胜余勇，息其东略；建德因侮亡之势，不敢南谋。公之英声，足以振于今古。"① 在李密大败之际，只有李勣感念李密知遇之恩，集合离散部众，据守一隅之地，和王世充、窦建德对阵，李勣的壮举足以震古烁今。

不过吹捧只是手段，铺垫了这么久，劝降才是最终目的，在信的最后魏徵说："然谁无善始，终之虑难。去就之机，安危大节。若策名得地，则九族荫其余辉；委质非人，则一身不能自保。殷鉴不远，公所闻见。孟贲犹豫，童子先之，知几其神，不俟终日。今公处必争之地，乘宜速之机，更事迟疑，坐观成败，恐凶狡之辈，先人生心，则公之事去矣。"② 魏徵以劝代招，告诉李勣，他虽然坐拥大片土地和众多兵将，但是处在各方必争之地，四方势力对他虎视眈眈，注定无法坚持太久，所以他应该选择一个值得投靠的人以自保。如果选对了，那么不仅自己可以享受荣华富贵，还可以造福子孙后代；如果选错了，那么自身的安危恐怕都成问题。

魏徵这封信很长，但是大体要表达的就是：李密虽然驰骋一时，纵横天下，战无不胜，但是最后还是兵败归降李渊，因为天意不在他身上。那天意在哪呢？魏徵给了李勣答案——在大唐皇

---

① 刘昫等撰：《旧唐书》卷七十一《魏徵传》，中华书局1975年版，第1852页。
② 刘昫等撰：《旧唐书》卷七十一《魏徵传》，中华书局1975年版，第1852页。

帝李渊这里。李勣虽然勇猛，但是眼下也是危机四伏，再不选择明主，结局犹未可知。魏徵这封信，有吹捧，有警示，对李勣既说出了前车之鉴，又指明了未来之路，层层递进，逻辑严谨，可谓是劝降信的典范。

在读罢魏徵的信之后，李勣被魏徵的言辞说服，决定归降李渊。不过李勣依然对李密怀有深厚的感情，虽然李密杀了自己的旧主翟让，但是对自己十分信任，重用有加。所以李勣对长史郭孝恪说："魏公（指李密）已经归附大唐，如今这里的人民土地，本来就是魏公的，我如果上表献出它们，就是利用魏公的失败来为自己求取富贵，这不是正人君子所为。我既然受魏公厚恩，就必须让这份功劳归魏公所有。现在我决定把州县的名称、数量和军民的户口这些图籍资料全部交给魏公，让魏公自己献给朝廷，这样就是魏公的功劳了。"于是李勣写信将此事向李密详细汇报。

李勣使者初到朝廷，并没有向李渊献上奏表，反而送信给李密，对此李渊感到非常奇怪。等到使者把李勣的本意告知李渊后，李渊对于李勣的为人和做事风格非常赞赏，于是下诏任命李勣为黎阳总管、上柱国，封莱国公。后来李渊又加授李勣为右武候大将军，改封曹国公，赐姓李氏，赐良田五十顷、上等宅第一所。

李勣投降李渊得到的赏赐可谓是极为丰厚了，但是促使李勣投降最大的功臣魏徵得到了什么呢？可能只是一句赞赏之词，但是魏徵并未因此大功而获得进一步升迁，因为不管是在《旧唐书》《新唐书》,还是《贞观政要》中,都没有任何魏徵因此受到封赏的记载。

为什么李渊不给魏徵封赏呢?是因为功劳不够大吗?绝对不是。当时北方存在三大势力,分别是李渊、窦建德和王世充,这其中李渊是离李勣最远的,其他两大势力中,窦建德虽然出身草莽,但是在治国理政方面素有贤名;王世充虽然人品不佳,但是对俘虏的李密旧将依然重用有加。无论李勣投降窦建德还是王世充,对大唐李渊来说都是不利的。而李勣到底会投降谁,在当时是一个巨大的未知数,因此魏徵能够成功劝降李勣归降大唐,绝对是大功一件。

既然这是大功一件,那么李渊为什么不给魏徵封赏呢?历史上并没有记载原因,可能是因为李渊觉得当时的魏徵根本配不上更多的封赏:魏徵东行的时候,李渊任命他为五品秘书丞,或许在李渊看来魏徵只是个不起眼的降将,也没有显示出什么才能,因此任命魏徵做一个五品官已经是天大的恩典了。如果魏徵此次东行没有立功,估计连这个五品官的位子都会失去。所以在魏徵成功劝降李勣、立下大功之后,李渊觉得继续让魏徵做五品秘书丞,已经是对魏徵的赏赐,足够配得上魏徵了,至于更多的赏赐,那完全没有必要。还有一种可能,在这一年,曾经支持李渊太原起兵、帮助大唐开国的丞相刘文静因酒后失言被李渊下狱,李渊对刘文静本就有猜忌之心,又听信裴寂谗言,遂将刘文静处斩,抄没家产。所以李渊可能因为刘文静一案,对魏徵这样能言善辩的文士心生厌恶,认为魏徵只可去作口舌之辩,不堪重用,故而未再加官。

在黎阳，当长安来的使者念完诏书的时候，魏徵惊讶地发现在封赏的名单里竟然没有自己的名字！他希望是自己听错了，可是现实告诉他并不是，皇帝陛下确实没有给他任何的封赏。在这一刻，魏徵的心凉透了。他本来希望能够凭借这一功劳出人头地，进而实现自己的人生理想，可是没想到现实竟然如此残酷。伤心、愤怒、无奈、彷徨，百般滋味一起涌上他的心头。

第四节　黎阳被俘，二次降唐

立下如此大功却毫无封赏，魏徵只得无奈地接受了这个结局。此时的魏徵心灰意冷，既然主要任务已经完成，那就收拾东西回长安吧，回去安心地当秘书丞，虽然只有五品，但还是可以保证自己衣食无忧的。

不过此时魏徵发现已经不能离开了，因为有一个人打过来了，那就是窦建德。

窦建德，生于573年，贝州漳南人。他是农民出身，家境贫寒。隋炀帝为征伐高句丽而大量征兵，窦建德被征发，并成为一名下级军官。611年，山东发生饥荒，窦建德等人趁机落草为寇，开始反抗隋朝的统治。此后，窦建德连败隋军，实力不断壮大，发展到十余万人。617年正月，窦建德自称长乐王。618年冬，窦建德建国号为夏，自称夏王，基本控制了河北地区。

随后，窦建德开始向南发展。武德二年（619年）八月，窦建德率军攻取聊城，消灭隋军宇文化及部，势力日益强大，山东州县闻风响应，全部投降窦建德。随后，窦建德率军十余万向洺州进发。当时驻守洺州的是李渊的堂弟淮安郡王李神通，面对窦建德的大军，李神通自知力不能敌，于是率领兵马退守相州。但是窦建德步步紧逼，向相州进军，李神通只得再次率军奔赴黎阳投奔李勣。

本来窦建德并没有打算直接进攻李勣，因为李勣威名满天下，又有一部从李密处接管的军队，绝对不是好惹的，于是在休息了两个月后，十月窦建德继续率军南下，他并没有进攻黎阳，而是进攻离黎阳很近的卫州。为了防备不测，李勣派遣邱孝刚率领三百骑兵前去侦察，结果邱孝刚竟然主动向窦建德发起进攻，窦建德大怒，立即率军反击，将邱孝刚斩杀。随后窦建德趁势率军进攻黎阳，当时李勣恰好带着几百人在城外，黎阳城内群龙无首，自然无法抵御窦建德的进攻，窦建德很快就攻克了黎阳。黎阳陷落后，在城内的淮安郡王李神通、李渊的妹妹同安公主、李勣的父亲李盖（本名徐盖，此时已被赐姓李）以及未来得及回到长安的魏徵，全部都被窦建德俘虏。

因为在城外，李勣侥幸逃过一劫，但是李勣不愿意抛弃父亲单独逃生，于是只得返回黎阳，投降窦建德。看到李勣归降，窦建德非常高兴，任命李勣为左骁卫将军，依然镇守黎阳，不过为了防止李勣逃走，窦建德将其父亲扣押为人质。对于黎阳的其他俘虏，窦建德也给予了优待，他对李神通和同安公主以宾客之礼相待，并且很快就放他们回长安。

对于魏徵，窦建德也没有忘了，他任命魏徵为起居舍人。中国古代长期以来都有记录帝王每日言行的传统，这些记录经过整理汇编成册，被称为"起居注"，实际上就是下属为皇帝写的"日记"。起居注日后就会成为编修史书的重要参考资料。负责编写起居注的官员，历朝历代名称都不同，北魏时期叫"起居令史"，隋朝时叫"起居舍人"，唐宋时期叫"起居郎"，清朝时叫"日讲起居注官"，这一传统一直延续到清朝灭亡。

在隋朝时期，起居舍人的品级并不高，只有六品，但是负责修起居注的官员，在皇帝公开的各种活动中均随侍在旁，有很多接触皇帝的机会，所以自然就会有更多的机会获得皇帝的注意和重用。如果是在太平盛世被任命为起居舍人，魏徵肯定会很开心，但是在这个时候被任命为窦建德的起居舍人，魏徵却是一点也高兴不起来。因为在魏徵眼里，窦建德绝非能够一统天下之人，注定是会失败的，等到了那时候，离窦建德越近，死亡的可能性越大，所以魏徵对这个安排避之惟恐不及。

魏徵之所以不看好窦建德，主要原因有两点：

第一，窦建德出身不好。在主张人人平等的现代社会，谈出身高贵会招致很多人的反感，但是在古代却恰好相反，出身非常重要，在门阀士族时代还未完全结束的隋唐时期更是如此。优越的出身给一个人带来的不只是官职和财富，更重要的是名望和社会关系，这在乱世之中尤其重要。正是因为如此，古代的立国之人，除了刘邦这种少数异类之外，几乎都不是平民百姓，东汉建立者刘秀，东汉末年的曹操、刘备、孙权，晋朝司马懿父子，北魏拓跋珪，隋朝杨坚，莫不如是。

窦建德本来只是个流寇，出身不能再差了。魏徵祖上也是名门望族，他的观念中对出身一事还是比较看重的，他先后效忠的李密和李渊也都是名门之后，魏徵怎么可能会看得上窦建德这样的草莽之人呢？

第二，窦建德不如李渊。窦建德本人的能力是不差的，他虽然出身草莽，但是很懂治国之道。窦建德生活节俭，劝课农桑，发展生产，河北地区在他的治理之下逐渐安定。即使是窦建德死后，河北依然有很多百姓为窦建德建庙祭祀。但是在魏徵看来，窦建德有的这些优点李渊也全都有，关中地区在李渊的治理下很快就恢复了安定和生机。更重要的是，李渊手下有以李世民为代表的一大批优秀的文武人才，这种人才储备是窦建德所不具备的，尤其是李世民，可以称得上是举世无双的将军。此外，从经济实力上看，李渊占据着今山西、陕西、甘肃大片土地，实力远比占据河北的窦建德要强大得多。两相比较，李渊统一天下的可能性远比窦建德大得多。

所以，魏徵根本不看好窦建德的未来，在他看来，当窦建德与李渊交锋的时候，必定凶多吉少。因此在起居舍人任上，魏徵只是安安分分地做好自己的工作，从来不多话，也从来不想着出头，他只希望在接下来窦建德和李渊的战争中，自己能够活下来。

虽然窦建德对李勣笼络有加，但是李勣依然想着前往关中投奔李渊。武德三年（620年）年初，李勣偷偷带着几十名骑兵逃离窦建德，前往关中。或许是因为和魏徵的关系一般，李勣并没有带着魏徵一起走，魏徵只得在窦建德手下继续当起居舍人。这样的日子又过了一年，决定天下归属的大战终于打响了！

武德三年（620年）七月初一，李渊下诏，命秦王李世民统率大军十余万，进攻东都洛阳，讨伐王世充。八月，唐军进抵洛阳城下。不过洛阳城池坚固，因此李世民并未急于攻城，而是致力于先扫清洛阳外围据点，然后将洛阳包围。李世民对洛阳一围就是半年。次年二月，李世民在洛阳城外修筑壁垒，准备攻城，王世充见状立即派兵两万出城攻击。李世民亲自率军进攻王世充，双方展开激战，最终王世充战败，损失八千余人。

此战之后，王世允再也不敢出城作战，李世民指挥大军攻城，但是洛阳城池坚固，始终无法攻克，双方形成僵局。被困洛阳的王世充派人向窦建德求援。王世充和窦建德一个在河南，一个在河北，原本互相都视对方为最大的竞争对手，冲突不断，互不往来。因此对于王世充的求援，窦建德在一开始是不予理会的，只想作壁上观。但是随着时间的推移，王世充困守洛阳，败局已定。虽然不喜欢王世充，但是唇亡齿寒的道理窦建德还是懂的，面对王世充三番五次派来的求援使臣，窦建德最终决定：救援洛阳！

三月，窦建德率军十余万，号称三十万，大举向洛阳挺进。听闻窦建德大军前来，唐军内部极为恐惧，议论纷纷，很多人都建议李世民班师，暂避锋芒。但是李世民力排众议，命令李元吉率军继续围困洛阳,他亲自率领精锐骑兵三千五百人前往虎牢关,抵御窦建德。

在虎牢关,李世民并不主动出战,而是和窦建德军相持了一个多月,窦建德始终难觅良机。此时,窦建德听说李世民粮草将尽,于是准备发起总攻。五月初,窦建德全军出击,军阵长达二十里。窦建德希望诱使唐军主动出击,于是派出三百人在唐军阵前一里列阵,李世民也派小股部队出击,双方发生多次小规模战斗,互有胜负。

此时,窦建德的大军列阵已经几个小时,士兵疲惫不堪,全部都坐在地上,又都争着去喝水,军阵开始变得混乱。李世民见状,下令全军立刻出击,李世民更是亲自率军冲入敌阵。窦建德军一溃千里,唐军大胜,俘虏五万余人,窦建德也被擒获。擒获窦建德后,李世民把窦建德押往洛阳城下,王世充见状知道败局已定,于是开城投降。随后,河南、河北的其他城池多数都投降唐军,中原局势基本平定。李世民一战擒二王,平定中原,此役也成为中国战争史上的光辉战例。

作为负责记录皇帝言行的起居舍人,**魏徵**很有可能也陪同窦建德参加了虎牢关之战。相信在战前**魏徵**就已经认定,相比于窦建德,秦王李世民的胜算更大一些。但是**魏徵**没有想到,统领十余万大军,意气风发出征的窦建德竟然败得这么惨,十万大军转瞬之间灰飞烟灭;没想到李世民在两线作战的极端不利情况下,还能取得如此大胜,只用一战就决定了天下归属。虽然此前对于秦王的战斗力**魏徵**早有耳闻,但是百闻不如一见,虎牢关一战,充分证明了秦王确实是当世第一的名将,这个人真的是强大得可怕!

作为文官,魏徵用不着亲临前线,在后方的他侥幸保住了性命。就这样跟随着浩浩荡荡的俘虏大军,魏徵再一次归降了李唐政权。上一次是降臣,这一次是俘虏,他每一次归附李唐政权时,名声都不大好,魏徵不禁感到无奈,或许这就是造化弄人,而前方,将有更凶险的事情等着他。

第三章 太子之争，玄武事变

第一节　入幕东宫

在虎牢关之战后，李世民终于注意到了这个叫魏徵的人，之所以会注意到魏徵，主要还是因为李勣。在归附李渊之后，李勣先是跟随李世民击败宋金刚，后来又在虎牢关之战中立下大功。战后李渊论功行赏，李世民为上将，李勣为下将，李世民、李勣等二十六人一同身穿金甲、乘着兵车到太庙去报捷。此时李勣已经成了李世民的重要臂膀，正是在李勣的口中，李世民才了解到魏徵的才能。

既然魏徵当初能够招降李勣,那么李世民准备人尽其才,让魏徵继续发挥自己的特长,去招降另一个人——曹旦。曹旦本来是窦建德之妻曹氏的哥哥,后为窦建德麾下大将,虎牢关之战曹旦并未参加,他率军留守洺州。不过李世民之所以让魏徵招降曹旦,倒不是因为他多喜欢曹旦这个人,而是他看中了曹旦身边的一个人——裴矩。

裴矩,生于公元548年,河东闻喜人。裴矩出身河东裴氏,是当时有名的世家大族。裴矩是隋朝最重要的大臣之一,在杨坚和杨广两朝都备受重用,隋朝灭亡南陈、平定岭南叛乱、经略西域、讨伐突厥、征讨高句丽等大事,裴矩都是重要参与者。江都兵变后,裴矩跟随宇文化及北上,宇文化及被窦建德斩杀后,裴矩投降窦建德,此后窦建德政权的制度建设几乎全部出自裴矩之手。对于裴矩的名声,李世民早有耳闻,所以非常希望得到这位德高望重、能文能武的名臣。在魏徵出发前,李世民特别叮嘱魏徵,曹旦是否归降不重要,最重要的是一定要得到裴矩。

这项任务对于魏徵来讲并不是什么难事。王世充和窦建德主力已经被消灭,李世民威震天下,其他各路势力无不噤若寒蝉。此时曹旦根本无法和唐军抗衡,投降唐军已经是曹旦唯一的出路。所以到了洺州之后,魏徵向曹旦晓以利害,曹旦很快就决定投降。不过魏徵也没有忘记李世民的叮嘱,为了防止事出意外,魏徵向曹旦提议,为了显示归附唐军的诚意,可以让裴矩带着玉玺先行出发,前去觐见秦王李世民。对此曹旦表示同意,于是魏徵和裴矩一起西行前往长安。

对于裴矩的到来，李渊也是非常高兴，他任命裴矩为殿中侍御史，封安邑县公。那这次劝降的功臣魏徵获得了什么？他还是没有获得任何赏赐，对此魏徵也泰然接受。

李渊始终如一地不重用魏徵，那李世民呢？李世民当时对魏徵也没什么兴趣，之所以如此，是因为此时的李世民麾下人才济济，武将有李勣、尉迟敬德、秦琼、程知节等人，文臣有长孙无忌、房玄龄、杜如晦等人，可谓猛将如云、谋士如雨，根本不缺乏人才，而魏徵又没有什么极为突出的功绩，所以他自然对魏徵没有什么兴趣。

此时魏徵还遭到了另一个打击——他的旧主李密死了。在李世民出兵征讨王世充之前，李渊派李密去黎阳招抚昔日的部众，以削弱王世充的实力。但是当李密行至桃林的时候，李渊或许是觉得此举有可能放虎归山，便下令将李密召回，李密大为恐惧，担心自己回到李渊身边会有性命之忧，所以决定率部叛乱。听闻李密叛乱，镇守熊州的史万宝命令副将盛彦师率军平叛，盛彦师在李密行军途中设伏，将李密斩杀。

而作为李密旧部的魏徵经过这一系列打击之后，对于自己的仕途感到茫然。但就在魏徵近乎绝望的时候，一个人找到了他——太子李建成。

李建成，李渊长子，生于公元589年，比魏徵小九岁。617年李渊于太原起兵，攻占长安之后，李渊与众文武拥立代王杨侑为天子，杨侑封李渊为唐王，李建成为唐王世子，并允许李建成开府自置僚属。618年五月，李渊继位称帝，李建成被立为太子。

李渊称帝建国之后，李建成作为太子，大部分时间都在长安，辅佐李渊处理政务，而对外征战的重任就交给了李世民。此后李世民南征北讨，战功赫赫，几乎凭借一己之力平定中原。战前，因为平定陇西薛举、薛仁杲的功劳，李世民已经是秦王、太尉、陕东道行台尚书令、左武候大将军、凉州总管，可谓是一人之下万人之上，封无可封了。但是虎牢关之战的功劳实在是太大，李渊认为自古以来旧的官阶与荣誉称号都不适合再使用了，所以就创造性地发明了一个新的称号——天策上将，位在王公之上，授予李世民。同时，李渊还增加李世民食邑二万户，连之前封赐的共计三万户，赐金车一辆，王公之衮衣和冠冕一套，玉璧一双，黄金六十斤。

李世民辉煌的战果和李渊对他的大加封赏，让作为太子的李建成非常尴尬，本来太子李建成才应该是那个一人之下万人之上的人，但是现在风头全都被李世民抢走了。对于李世民的功绩，李建成不仅感到嫉妒，更重要的是他有了巨大的危机感：现在李世民的实力如此强大，他会不会夺走太子之位呢？每当想到此事，李建成不禁遍体生寒，他决不能容忍这一情况的发生，他也必须增强自身的实力，拉拢更多的人为自己效力。但是此时，李世民风头正盛，一流人才几乎全都跑到李世民那里去了，所以可供李建成选择的人并不多，选来选去，他看中了魏徵。

李建成之所以会看重魏徵，原因主要有以下三点：

第一，能力。在李建成看来，魏徵多年来游走于各大势力之间，不但自己毫发未损，反而在每个地方都能获得一官半职，这样的人肯定有过人之处，此外魏徵曾成功劝降李勣和曹旦，也充分证明了魏徵的能力。

第二，处境。魏徵因为连续立功却未获得赏赐，因此意志消沉，对未来感到绝望。此时作为太子的李建成若是能够向魏徵伸出橄榄枝，魏徵肯定会大喜过望。常言道士为知己者死，魏徵肯定会死心塌地地效命太子。

第三，人脉。李建成很少外出征战，对于外面的世界了解很少，所以自然谈不上有什么人脉。而魏徵则恰恰相反，他先后在李密、李渊、窦建德三大阵营中效力，对这些阵营中的主要人物都是比较了解的，虽然未必有多深的交情，但还是能搭得上话的，这对于李建成日后拉拢人才、扩张势力非常重要。

在决定拉拢魏徵为自己所用后，为了保证不出纰漏，李建成决定发扬古人折节下士的作风，亲自前去拜访魏徵。

武德四年（621年）的某一天，太子李建成来到了魏徵家门口。得知太子来了，魏徵非常意外，自己平日里和太子没有任何交往，太子突然前来是要干什么？魏徵实在想不出什么原因，也容不得他多想了，他急忙出去迎接李建成，毕竟太子是万万不能怠慢的。

在将太子迎入正堂奉茶，两人礼节性地客套了一番之后，李建成开始说出了自己此行的本意:"寡人①听闻先生学富五车,远见卓识世所罕见,劝降李勣和曹旦,先生功不可没。不过因父皇公务繁忙,朝中大臣也未尽到提醒之责,导致先生一直未被赏赐,寡人代父皇向先生致歉。现在东宫内正缺少像先生这样的饱学之士,不知先生是否愿意来东宫为寡人效力?"

听到李建成这么说,魏徵心头一震:原来太子此行是来拉拢自己的!对于朝中局势非常清楚的魏徵明白,自己一旦加入太子阵营将会面临什么样的风险,魏徵一下子不知道该怎么回答李建成,局促之间几次想张口,却又不知道该说些什么。看到魏徵的表现,李建成并不觉得意外,他说:"寡人不需要先生立刻表态,还请先生慎重考虑,寡人回宫静候佳音。"说罢,李建成就带人离开了。

送走了李建成之后,魏徵开始认真思考自己到底应不应该答应李建成。

如果不答应李建成会有什么后果吗?最大的后果就是自己的政治抱负就彻底没有实现的可能了。现在皇帝李渊不重视自己,秦王李世民身边人才济济,对自己也没有兴趣,如果李建成的邀请自己也拒绝了,那么就彻底没有被重用的可能了。可以说,这次李建成的邀请是自己出人头地最后的机会了。

---

① 关于唐朝太子如何自称,本书采用的是《旧唐书》卷一百三十五《王叔文传》中的记载,原文是:王叔文者,越州山阴人也。以棋待诏,粗知书,好言理道。德宗令直东宫。太子尝与侍读论政道,因言宫市之弊,太子曰:"寡人见上,当极言之。"

如果答应了李建成，最大的后果就是自己将会公开站在秦王李世民集团的对立面。现在朝中秦王党和太子党的矛盾越来越尖锐，虽然双方还没有将矛盾摆在台面上，但是私底下已经是暗流涌动，一场残酷的储位之争将不可避免。李世民的能力自己再清楚不过，秦王党的强大实力也是众所周知，两相比较，太子党明显处于劣势，如果自己成为太子党的一员，那么太子党将来一旦失利，等待着自己的很有可能就是死亡。

加入太子一党是一场豪赌，是一场用自己的生命做赌注的豪赌，成功了就将飞黄腾达，失败了则会死无葬身之地。那一晚，魏徵夜不能寐……

经过一晚上的谨慎思考，魏徵最终做出了决定——答应李建成。之所以会做出这个决定，原因主要有以下几个方面：

第一，封建正统观念的影响。魏徵出生于一个传统的封建士大夫家庭，自幼饱受儒家思想的熏陶，因此在魏徵的思想中正统性是非常重要的。在当今朝局中，李建成作为嫡长子被立为太子是理所应当，太子体现的就是"正统"，拥护太子就是在恪守儒家正统思想。不能因为谁的功劳大一点、能力强一点、势力大一些，就僭越规则、破坏传统秩序，否则的话就是在篡位夺权。

第二，李建成未必就会输。从晋阳起兵到攻占长安的过程中，李建成和李世民的表现各有千秋，因此李建成还是具备比较强的能力的，并非一无是处。眼下李建成之所以势力弱小，最主要的原因还是他一直跟随李渊处理内政事宜，缺乏战场立功的机会，没法扩张自己的势力。所以在魏徵看来，李建成依然是个可造之才，是值得辅佐和效忠的，将来未必就会输。

第三，风险越大，收益越大。当前的朝中局势，确实是太子党居于劣势，朝中大臣更多的还是看好秦王，但是正因如此，自己如果这个时候加入太子党，那么对李建成来讲无疑是雪中送炭，将来李建成一旦成功登基，那就是从龙之功，对自己的赏赐肯定会极为丰厚。自己已经劳劳碌碌了四十年，却依然还是一事无成，现在自己已经没有什么可以失去的了，何不利用这个机会赌一把呢？

在做出决定之后，魏徵来到东宫门口，求见李建成。听闻魏徵来访，李建成知道自己终于盼来了自己期望的结果。果然见到魏徵之后，经过短暂寒暄，魏徵说出了李建成期盼已久的话："臣虽愚钝，但是愿为殿下效犬马之劳……"

第二节　储位之争

在选择入幕东宫之后，李建成给了魏徵一个新的官职——太子洗马。

古代皇帝为了让太子能够好好掌握治理国家的技能，会给太子安排一批官员，可以理解成一个微型的小朝廷，太子身边的这些官员就是朝廷文武百官的一个缩影。太子洗马就是其中的官员之一，负责辅佐太子，教太子政事、文理。这个官职非常古老，早在秦朝时期就开始设置，最开始太子洗马负责出行时在太子的仪仗队中作为先导,后来成为太子的侍从文官。

太子洗马的品级放在朝廷内并不高,只是五品,和魏徵之前担任的秘书丞一样。但是若是放在东宫内,这个官职的地位就不低了。太子东宫直属官员普遍品级都不高,最高武职——左卫率,也不过只是四品。太子洗马只有两人,在东宫还是有比较高的地位的。

在成功拉拢到了魏徵之后,李建成又先后拉拢了其他的一些人,初步组建了自己的太子党集团,以和秦王党抗衡。太子党的核心成员,除了魏徵之外还包括以下人员:

(一)齐王李元吉

李元吉,出生于公元603年,是李渊第四子。李渊建国称帝之后,李元吉被封为齐王。武德四年(621年),李元吉随秦王李世民围王世充于东都洛阳,窦建德率军来援。李世民率领精骑到虎牢关迎战,留李元吉与屈突通继续围困洛阳,李元吉基本完成了围困洛阳的任务,阻止了王世充的突围。战后李元吉被赐司空,黄金两千斤。

此时大唐的局势很明朗:未来的皇帝只有可能在太子李建成和秦王李世民之间产生,从长幼和功绩上看,都不可能轮到李元吉,所以李元吉安心当自己的富贵王爷就是了,完全没必要参与储位纷争,但是李元吉选择了站在李建成一边。关于李元吉为什么做出这一选择,根据《新唐书》的记载,李元吉曾经说过这样一句话:但除秦王,取东宫如反掌耳!意思就是说先除掉李世民,然后再除掉李建成,这样得太子之位就易如反掌了!由此可见李元吉内心之阴狠，他投靠李建成不过是为了借刀杀人，助自己登上皇位。

（二）王珪

王珪，生于公元570年，扶风郿人。和魏徵一样，王珪也是一位饱学之士，开皇年间王珪被召入秘书内省，授太常治礼郎，参与校定图书典籍。隋炀帝时期，因受到汉王杨谅谋反一事的牵连，王珪逃亡隐居十余年。李渊占据长安之后，王珪得到丞相司录李纲的举荐，出任世子府谘议参军，成为李建成的下属。李建成成为太子之后，王珪被任命为太子中舍人，后改任太子中允，深受李建成器重。

（三）韦挺

韦挺，生于公元589年，雍州万年县人。韦挺自幼就与李建成交好，李建成成为太子之后，韦挺被任命为太子左卫骠骑、检校太子左卫率，深受李建成器重。

（四）冯立

冯立，生卒年不详，同州冯翊县人。冯立颇有武艺，李建成任命其为翊卫车骑将军，把冯立当作可以依托的心腹骨干。

（五）薛万彻

薛万彻出身将门，父亲是隋左御卫大将军薛世雄。薛世雄去世后，薛万彻与兄长薛万均客居幽州，兄弟二人都因武艺出众受到涿郡守将罗艺的赏识，后二人与罗艺一起归附李渊。薛万均、薛万彻兄弟二人作战英勇，在与窦建德的作战中屡立战功。后来，薛万均被秦王李世民收入幕府，而薛万彻则被太子李建成收入东宫,李建成知道薛万彻勇猛,所以将他引为心腹。

就这样,李建成组建完了自己的东宫班底,文臣以魏徵和王珪为主,武将以李元吉、韦挺、薛万彻等人为主。这个阵容比起秦王府是稍差一些,但是依然还是有一战之力的。

在入幕东宫之后,魏徵就开始思考,应该怎样让太子声望更高、地位更稳呢?最有效的办法就是立军功。太子在京城处理政事,就算是他的军事能力再强,这种能力如果没有展现的机会,那依然等于没有,所以当务之急就是让太子披挂上阵,也立上一份军功,让世人知道不只有秦王会打仗,太子也可以。

想到这里,魏徵就把自己的想法告诉了王珪,王珪深表赞同,于是两个人就共同向李建成建议:"殿下但以地居嫡长,爱践元良,功绩既无可称,仁声又未遐布。而秦王勋业克隆,威震四海,人心所向,殿下何以自安?今黑闼率破亡之余,众不盈万,加以粮运限绝,疮痍未瘳,若大军一临,可不战而擒也。愿请讨之,且以立功,深自封植,因结山东英俊。"①这段话的大体意思是,殿下您虽然是太子,但是既没有功业,也没有名望,而秦王军功卓著,威震四海,人心所向,再这样下去将来于您十分不利。现在刘黑闼实力弱得很,可以手到擒来,所以殿下您可以趁机请缨征讨刘黑闼,这样既可以立下军功,也可以趁机结交山东地区的英雄豪杰。

刘黑闼和窦建德是同乡好友,年轻时狡诈蛮横,嗜酒好赌

---

① 刘昫等撰:《旧唐书》卷六十四《隐太子建成传》,中华书局1975年版,第1642页。

博,不治产业,后来便落草为寇。虽然和窦建德是好友,但是刘黑闼最初并没有为窦建德效力,而是兜兜转转到了李密麾下。李密被王世充击败之后,刘黑闼也被王世充俘虏,刘黑闼看不起王世充,不久率部逃回河北,投奔好友窦建德。窦建德大喜,任命刘黑闼为将军,封汉东郡公,对其加以重用。刘黑闼也没有辜负窦建德,他作战英勇,屡立战功,军中将其称作"神勇将军"。

武德四年(621年)五月,窦建德被李世民击败,刘黑闼就躲藏到漳南县老家,闭门不出。七月,李渊下令将窦建德斩首,这不得不说是一个昏招。窦建德旧将愤慨于窦建德被杀,于是重新推举刘黑闼为首,起兵反唐。窦建德在河北治理有方,百姓都怀念窦建德,所以刘黑闼起兵后,河北民众群起响应,刘黑闼只用了半年便全部恢复了窦建德原先的地盘。

面对河北危局,李渊不得不再次派李世民出征,武德五年(622年)三月,李世民率军大败刘黑闼,刘黑闼率领残部逃往突厥。但是李世民撤兵后,刘黑闼卷土重来,六月在突厥军队的帮助下刘黑闼再次起兵反唐。十月,李渊派李元吉率军征讨刘黑闼,结果李元吉连战连败,河北之地丧失大半。正是在此背景之下,魏徵、王珪建议李建成率军征讨刘黑闼。

通过以上论述我们可以看出,魏徵和王珪所谓的刘黑闼是"破亡之余,众不盈万""大军一临,可不战而擒"的情况实际上根本不存在。事实恰恰相反,此时刘黑闼连败唐军,势头正盛,是一块非常难啃的硬骨头。既然如此,那为什么魏徵和王珪要这么说呢？是他们对局势了解不够吗？应该不是，身处东宫，他们应该可以第一时间得知朝堂里面的消息。魏徵和王珪之所以这么说，一方面是因为此时李建成想要提高威望，必须挑一场有含金量的仗来打；另一方面也是为了增强李建成的信心，毕竟李建成军事经验相对较少，如果过于强调刘黑闼的强大，那反倒会削弱李建成的信心。

其实不需要魏徵和王珪多说，李建成对于刘黑闼的实力再清楚不过，因为他毕竟是太子，朝中事务没人比他更清楚。此行无疑带有巨大的冒险性，在过去的几个月里，刘黑闼先后击败了齐王李元吉和庐江王李瑗，斩杀了淮阳王李道玄、瀛州刺史马匡武、贝州刺史许善护，实力非常强大。李建成本来就久疏战阵，面对这么强大的对手，真的是一点儿信心都没有。但是为了将来的皇位，也为了争一口气，已经容不得他犹豫了，此时必须硬着头皮上了！

于是李建成向李渊请缨，派他率军出征刘黑闼。李渊也想历练一下他，便表示同意。武德五年（622年）十一月初七，李建成正式率军出征，魏徵专程前来为李建成送行，看着骑在马上的李建成，魏徵说："太子殿下保重，此行一定要平安归来！"李建成重重地点了一下头，说道："此行我一定会不负先生期望，定当得胜归来！"魏徵准确地把握住了刘黑闼能够卷土重来的关键，他嘱咐李建成将李世民之前俘获关押的刘黑闼旧部及家属全部释放，并一一安抚。战时如果俘虏刘黑闼帐下的将领及官兵，也要宽待之，并发布大赦令，宣布他们无罪，以此收获民心，使刘黑闼军心离散。李建成谨记在心,^①随后轻抽马鞭,跃马前行。魏徵一直望着李建成远去的方向,直到李建成的身影消失在遥远的地平线。此时魏徵在心里把所有的佛祖神灵全部祈求了一遍,祈祷上天保佑,一定要让太子殿下得胜归来。

或许是魏徵的祈求真的起了作用,更应该是魏徵的嘱咐奏效了。此后李建成的捷报不断传来。十二月,李建成率军到达河北前线,随后他与李元吉合兵一处,连续击败刘黑闼,尤其是在馆陶一战中,刘黑闼一败涂地,率残部撤退。随后刘黑闼整顿部队,背靠永济渠列阵,李建成命令骑兵全力冲击,刘黑闼部死伤数千人,再度狼狈逃窜。武德六年(623年)正月,刘黑闼逃到饶阳,他委任的饶州刺史诸葛德威将其逮捕后献给李建成,李建成将刘黑闼斩首,至此河北地区终于平定。

李建成此次出征,不仅顺利完成了军事任务,而且他还彻底地执行了魏徵"结山东英俊"的建议,在此期间李建成先后获得了两个实力派人物的支持:庐江王李瑗和幽州总管罗艺。

李瑗,生于公元586年,唐朝宗室,李渊的堂侄,唐朝建立后被封为庐江王。武德四年(621年)九月,李渊正式下诏讨伐萧铣,以庐江王李瑗为荆郢道行军元帅,统领各路大军。当时元帅不是每战都有的常设官职,只有在重大作战任务时才临时任命一人为元帅,统率数路兵马,权力极大,因此担任元帅的人很

---

① 《资治通鉴·卷第一百九十》:魏徵言于太子曰:"前破黑闼,其将帅皆悬名处死,妻子系房;故齐王之来,虽有诏书赦其党与之罪,皆莫之信。今宜悉解其囚俘,慰谕遣之,则可坐视其离散矣!"太子从之。

少,杨广和李世民都曾经担任过元帅,由此可见当时李瑗的地位。但是李瑗的军事能力着实一般,在征讨萧铣和刘黑闼的战斗中都没什么战功,或许正是因为如此,他才愿意结交李建成,以寻求一个好的前程。

罗艺,生于公元588年,隋朝末年天下大乱,罗艺也借机自立,自称幽州总管,成为东北地区一大割据势力。武德三年(620年),罗艺归降唐朝,李渊下召封他为燕王,赐姓李氏。在李世民和李建成两次平定刘黑闼的战斗中,罗艺部都是唐军的重要力量,罗艺也在战斗中立下赫赫战功。后来罗艺与李建成在洺州相会,李建成对罗艺大力拉拢,罗艺于是成为李建成的重要支持者。罗艺的加入,对于军事实力孱弱的太子党而言是一个巨大的助力。

李建成此次出征可谓是收获满满,这让他不禁志得意满,此刻李建成内心非常感激魏徵,如果没有当初魏徵的建议,哪有今日的成功?此时远在长安的魏徵心里也是无比的欣慰:虽然秦王确实厉害,但是今日太子已经证明了自己也是俊才,也可以统兵出战,只是未得机遇,将来鹿死谁手还不一定!

或许是觉得这一份军功还不够,武德六年(623年)七月,突厥侵犯朔州,在魏徵的建议下李建成再次请缨出征,于是李渊派遣李建成和李世民驻兵并州防备。九月,突厥退兵,李建成和李世民班师回朝。

与此同时,为了对抗秦王府的军事力量,防止李世民突然率军发动政变而自己无力抵抗,李建成招募了四方骁勇之士两千余人，号为"长林兵"，以增强东宫的防卫。李建成还派自己的部将可达志到罗艺处，得到了罗艺支援的精锐骑兵三百人，李建成将这三百人部署在东宫以东的诸坊之中，作为东宫的补充防卫力量。此事后来被人告发，不过李渊只是将李建成责备了一顿，然后将可达志流放巂州，并没有要求李建成将这些骑兵送回，可见李渊对李建成此举也是默许的，他也希望自己的两个儿子实力均衡，而且他更希望身为太子的李建成拥有自己的势力。

就在魏徵襄助李建成一步步扩充实力、稳固储君之位的时候，一场巨大的危机正在向他们袭来，这就是杨文干之乱。

杨文干，原来是东宫宿卫，此时担任庆州都督。武德七年（624年）六月，李渊到仁智宫避暑，命李世民、李元吉随从，李建成留守京师。此时李建成命令杨文干私下招募士兵送往东宫，他还派下属尔朱焕、桥公山送铠甲到庆州，与此同时李建成还秘密告知李元吉"安危之计，决在今岁"，让他寻找机会杀掉李世民。

尔朱焕、桥公山两人来到豳州的时候，因为害怕兵败获罪，于是告发李建成命令杨文干举兵叛乱，李建成自己也准备在长安起兵，到时候互相配合，夺取大权。李渊大怒，但是为了保密，防止李建成逃跑，于是就命人以其他理由召李建成往仁智宫见驾。李建成心虚，惊恐万般，根本就不敢去，有部下劝他直接起兵占据长安，还有人劝他赶紧孤身到仁智宫去向李渊请罪，李建成进退维谷。

关键时刻魏徵帮助李建成下了这个决心，魏徵力主李建成立刻去向李渊自证清白。魏徵博览群书，熟读经史，对于这种事情在历史上有没有前车之鉴，如何避祸，魏徵实在太清楚了，因为历史上真的发生过类似的事情，这就是汉武帝时期太子刘据之乱。

汉武帝后期宠幸奸臣江充，江充与太子刘据有矛盾，于是就诬陷太子用巫蛊之术诅咒汉武帝。当时汉武帝正在甘泉宫养病，不通音信，刘据无法向汉武帝自证清白，于是就在下属的劝说下起兵造反。汉武帝得知此事后说道："太子肯定是害怕了，又恨江充等人，所以才会出此下策。"于是派使臣召太子前来，使者却因胆怯不敢去长安，谎称太子造反要杀自己。汉武帝大怒，立刻发兵平叛，最终太子刘据兵败自杀。

在魏徵看来，当初刘据之所以和汉武帝之间闹到兵戎相见的地步，最重要的原因之一就是两人之间信息阻隔，刘据无法自证清白，汉武帝也无法得知事情的真相，最终酿成了父子相残的人伦惨剧。所以在得知有人告发李建成谋反后，魏徵第一时间劝说李建成立刻去向李渊澄清事实，父子之间只要坦诚相见，有什么矛盾说不通呢？即使是李建成真的罪大恶极，看到第一时间来认错的儿子，李渊又真的忍心痛下杀手吗？所以李建成之所以没有重蹈当初刘据的覆辙，第一时间去见李渊极为关键。

李建成听从了魏徵之言，带着随从前往仁智宫，到了离仁智宫还有六十里的毛鸿宾堡后，李建成留下了大部分随从，只带着十几名下属去见李渊。一见到李渊，李建成倒地便拜，以头撞地，几乎昏厥，坚决否认自己起兵造反之事。李渊盛怒难平，把李建成拘押起来，只给他最粗劣的食物果腹。

同时，李渊让司农卿宇文颖传杨文干觐见，不料宇文颖将此事原原本本地告诉了杨文干，杨文干随即起兵造反。李渊一面遣人讨伐，一面召李世民商议对策。李世民说："杨文干不过一竖子，竟然敢造反，派遣地方官员就可以解决此次叛乱，如若不然，再派一名将军去平叛就是了。"但是李渊说："不行，杨文干之事与建成有牵连，有可能会有很多人响应，所以必须你亲自去。事成之后，我立你为太子，就让建成去当蜀王好了。蜀地士兵战斗力不强，将来他如果能臣服于你，你就让他活，如果不能，你消灭他也很容易。"

仁智宫在山中，李渊当晚根本不敢再在仁智宫待下去了，于是率卫队准备向南走出群山。路上遇到了李建成留下的东宫官属，于是这些人也参与到李渊的保卫工作中，第二天李渊才敢返回仁智宫。李世民率兵出征后，大军还没到，杨文干军已经溃乱，杨文干也死于部下之手。

杨文干叛乱平定后，李渊查明此事和李建成并没有直接关系，于是就释放了李建成，并没有处罚李建成，李建成依然是太子，只是以"兄弟不睦"的罪名，流放了东宫的幕僚王珪、韦挺和秦王府幕僚杜淹。

以上就是综合《资治通鉴》《旧唐书》和《新唐书》三部正史记录的关于杨文干叛乱的全过程。

李建成之所以能脱险，最关键的一步就是第一时间仅带领少数随从去向李渊自证清白。虽然李建成在魏徵等人的帮助下最终化险为夷，但是太子党的损失也是极为惨重，王珪和韦挺两名太子党得力干将被赶出东宫，流放巂州。

不过好在李渊给李建成留下了魏徵，此时的魏徵已经成了李建成身边最重要的智囊，李建成到底能不能登上皇位，魏徵将会起到关键作用。此时的魏徵从未感到身上的担子如此之重，他不禁开始担心，自己到底能不能挑起这万斤重担。一旦失败了，自己官职低微，估计也不会有人在乎自己，可是太子不一样啊！古往今来可曾听说过有被废后还能善终的太子吗？此时的魏徵已经下定决心，一定要成功，哪怕付出再大的代价！

第三节　喋血宫门

到武德九年（626年），李建成和李世民的储位之争已经日趋白热化。为了打压秦王府势力，李建成开始反击了。

李建成首先买通了李渊的后宫宠妃尹德妃、张婕妤等人，让她们日夜在李渊面前进李世民的谗言，诋毁李世民在李渊心中的形象。与此同时，李元吉也出手了。李元吉想拉拢李世民手下大将尉迟敬德，于是就给尉迟敬德送去了一车金银珠宝，结果被尉迟敬德拒绝了。李元吉恼羞成怒，遂派刺客去刺杀尉迟敬德，尉迟敬德提前知道了此事，于是门户大开，自己躺在床上睡觉，静等刺客上门，结果刺客被尉迟敬德的气势震慑，最终也没敢动手。

对于李建成和李元吉的这些行为，魏徵是感到很不齿的，在饱受儒家思想熏陶的魏徵看来，吹枕边风、行贿、刺杀，这些都不是正人君子所为。魏徵并不是迂腐之人，他明白在非常时期采取一些非常手段难以避免，但是他终究还是很难赞同。此外魏徵也认为这些方式很难从根本上解决问题，要打击秦王府实力，最重要的把李世民的智谋之士除掉。秦王府中最重要的谋士是谁呢？魏徵认为是两个人——房玄龄和杜如晦。

房玄龄，生于公元579年，比魏徵大一岁。房玄龄出身名门望族清河房氏，自幼就博览群书，文采出众，18岁就中了进士。李渊晋阳起兵后，房玄龄主动投靠秦王李世民，积极出谋划策，典管书记，选拔人才，成为秦王府得力谋士之一。房玄龄在秦王府中一待就是十年，掌管秦王府大小事务，深受李世民信任。

杜如晦，生于公元585年，他出身京兆杜氏，也是当时的名门望族。李渊晋阳起兵占领长安后，杜如晦进入李世民幕府，先后跟随李世民平定薛仁杲、刘武周、王世充、窦建德等势力。在这个过程中杜如晦随从李世民参赞军事，运筹帷幄，立下汗马功劳。

魏徵向李建成建议，想要击败李世民，一定要想办法剪除房玄龄和杜如晦二人。于是李建成就向李渊诋毁房玄龄和杜如晦，说他们两个人不断向李世民进献阴谋诡计，离间李建成和李世民之间的兄弟关系，导致兄弟二人现在形同水火。于是李渊就下令房玄龄和杜如晦全部离开秦王府，到外地任职。自此李世民最重要的两个谋士被迫离开，秦王府实力大减。

虽然除掉了秦王府的文臣，但是魏徵依然觉得不够，他觉得还要削弱秦王府的武将。对于秦王府的武将，魏徵觉得第一个要除掉的人是程知节。

程知节，原名程咬金，生于589年，济州东阿人。程知节少时即骁勇善战，尤其善于使用马槊，后来他加入瓦岗军，得到李密重用。李密被王世充击败后，程咬金被王世充俘虏，王世充对其依然重用，但是程知节非常厌恶王世充，于是偷偷逃走投奔唐军。此后程知节跟随李世民南征北战，屡立战功，是秦王府最重要的武将之一。

秦王府武将很多，为什么魏徵要选择先除掉程知节呢？这绝不是随便选的。在中国古代，"王"是最高的爵位，基本是宗室人员的专属，所以宗室以外人员能获得的最高爵位只能是公爵。公爵又分为国公、郡公和县公，其中以国公最高。当时李世民的亲信中，国公一共有三位，分别是莱国公李勣、翼国公秦琼和宿国公程知节。这三个人中，李勣当时在并州任行军总管，不在长安，而秦琼因多年征战而伤病频发，威胁最大的自然就是程知节，所以魏徵就选择了程知节作为首先的打击目标。

对于魏徵的建议，李建成言听计从，依然是用除掉房玄龄、杜如晦一样的剧本，李渊派遣程咬金出任康州刺史。程知节在临走前告诉李世民："大王，您的左膀右臂现在一个个都被除掉了，再这样下去您要如何自保呢？您要早做决定啊！"

虽然李渊不断听从李建成的建议，削弱秦王府实力，但是他也绝非昏聩之人。李渊之所以如此，是因为秦王府实力确实远强于东宫，削弱秦王府实力，有利于在李建成和李世民之间形成权力均衡，这样对于自己才最有利。但是眼见储位之争愈演愈烈，日趋白热化，李渊决定将二人分开，让李世民到洛阳去就任陕东道行台尚书令。

所谓台，指的是中央的尚书省，这是中央行政机构，出征时于其驻扎之地设立的临时性机构称为行台，又称行尚书台或行台省，其最高长官为尚书令。所谓陕东道行台就是在陕东地区设立的临时政府机构。陕东道的管辖范围非常广，以洛阳为中心，包括太行山以东、淮河以北的整个华北地区。早在武德二年（619年），李世民就已经被任命为陕东道行台尚书令，但是因为种种原因他一直没有到洛阳就任。现在李渊决定让李世民去洛阳赴任，这样两个儿子分开，可以减少一些纷争，让自己清静清静。

刚刚得知这一消息的时候，李建成是非常高兴的，因为在他看来只要李世民去了洛阳，那么在都城长安自己就再也没有对手了，就可以继续培养自己的势力，到时他就是真正的一人之下万人之上了，就可以顺顺利利地继位了。但是当李建成把这一"喜讯"告诉魏徵的时候，魏徵却感到这中间存在着巨大的风险，于是他急忙对李建成说："殿下您只知其一不知其二啊！陕东道是富庶之地，人烟稠密，财赋几乎占天下之半，如果秦王占据了陕东道，那么兵马钱粮将取之不尽用之不竭。即使是殿下日后能够顺利继位，若是秦王在陕东道举兵造反，那殿下觉得您能应付得了吗？到时候这皇位您又能坐几天呢？"

听完魏徵的话，李建成被吓出了一身冷汗，于是急忙问：

"依先生之见，现在应该怎么办呢？"魏徵说："要想办法把秦王留在长安。现在秦王府实力已经大大削弱，秦王现在已经如困兽，把他留在长安也便于我们将来进一步计议。"最终在李建成的阻挠之下，李渊暂时搁置了让李世民赴任陕东道行台尚书令的计划。

在太子党的步步紧逼之下，秦王府的人无不惶恐不安，还留在长安的李世民的亲信长孙无忌、侯君集、高士廉、尉迟敬德等人日夜劝说李世民发动政变，诛杀李建成和李元吉。但是李世民依然非常犹豫，毕竟这是杀亲兄弟，于礼于义都不合，能成功吗？即使成功了，到时候怎么面对父亲？这件事情太大，李世民始终下不了决心。最终帮助李世民下定决心的，还是一个外来的偶然因素。

武德九年（626年）六月，数万突厥骑兵大举入塞，包围乌城，李渊命令以李元吉为主将，率领罗艺、张瑾等人救援乌城。于是李元吉又开始借着这个机会削弱秦王府的实力，他请求让尉迟敬德、程知节、段志玄、秦琼等人与自己一同出征，同时挑选秦王帐下精锐的兵士纳入自己的麾下，以增强自己军队的实力。这无疑是釜底抽薪之计，这样一来李世民就彻底成了"光杆司令"了。

就在此时，李世民的眼线、在东宫中担任率更丞（主管计时的官员）的王晊又告诉了李世民一个惊人的消息——李建成和李元吉要发动政变了！王晊向李世民报告，李建成对李元吉说："现在你已经得到秦王的精兵猛将，拥有数万兵马。我将与秦王在昆明池为你饯行,我埋伏人马趁机把秦王杀死,然后上奏父皇就说他暴病身亡。我再让人进言,让父皇将国家大事交给我处理,夺下实权。秦王的人已经落到了你的手中,到时再将他们全部诛杀,威慑不服之人!"

事已至此,李世民再也不能无动于衷,现在箭在弦上,不得不发了!

626年六月三日,太白星再次出现,主管天文的傅奕对李渊说:"这是秦王将拥有天下的征兆。"随后,李渊把李世民召入宫,把傅奕的话对李世民说了一遍,他想看看李世民什么反应。结果李世民并没有正面回应,反倒是告诉了李渊一个更具爆炸性的消息:李建成、李元吉和后宫嫔妃有染!李渊听了,怒不可遏,立刻下令李建成、李元吉明早入宫。

张婕妤暗中得知了李世民的密奏,急忙告诉李建成。李建成将李元吉找来商议此事,李元吉说:"我们应当托称有病不去上朝,同时让东宫和齐王府中的士兵准备好,先观察形势,然后决定怎么做。"李建成说:"宫中的军队中有我们的人,不必太担心,我们应当入宫,看看情形如何。"

六月四日凌晨,李世民率领着所有亲信来到玄武门,在这里设下埋伏。此时守卫玄武门的将领是常何,他早就已经被李世民收买。李世民带着众人,静静地等着李建成和李元吉自投罗网。

早晨天刚亮,李建成和李元吉进了玄武门,发现周围不对劲后,立刻掉转马头想逃走。李世民在后面大喝一声,李元吉抢先张弓搭箭射向李世民,但慌乱之下连着三次都没有射中,李世民则毫不手软,一箭就射死了李建成。尉迟敬德带领七十名骑兵赶到,他身边的将士用箭射中了李元吉,李元吉跌下马来。可就在此时,李世民的坐骑受到了惊吓,跑到了树林里,李世民被林中的树枝挂住,从马上摔下,倒在地上。李元吉迅速赶到,夺过弓来准备勒死李世民,尉迟敬德立刻骑马飞奔过来。李元吉赶紧放开李世民,想快步跑入武德殿寻求父皇庇护,但尉迟敬德快马追上,一箭将他射死。

李建成的部下冯立听说玄武门内生变后,立刻与薛万彻、谢叔方等人,率领东宫和齐王府的两千多名士兵攻打玄武门。双方激战良久,不分胜负。薛万彻擂鼓呐喊,准备进攻秦王府,秦王府的将士们大为恐惧。此时,尉迟敬德提着李建成和李元吉的首级给冯立等人看,东宫和齐王府的人马顿失战心,迅速溃散。薛万彻也带领数十名随从逃入终南山中。

政变发生时李渊正在宫内的湖里游船,李世民让尉迟敬德入宫。尉迟敬德身披铠甲,手握长予,径直来到李渊所在的船上。李渊惊慌之中问道:"今日作乱的人是谁?爱卿到此做什么?"尉迟敬德回答道:"太子和齐王作乱,秦王起兵诛杀了他们。秦王担心惊动陛下,故派臣担任警卫。"

事已至此,李渊也无可奈何,只得下达诏书,立秦王李世民为太子,并且"自今军国庶事无大小,悉太子处决,然后闻奏"。至此,李世民实际上掌控了国家政务。

玄武门之变,是一场毫无任何预兆的政变,不仅李建成和李元吉毫无准备,魏徵等人也是猝不及防。当听闻李建成和李元吉在玄武门遇险之后，魏徵虽然非常震惊，但是他认为秦王政变，应该只是扣押了李建成和李元吉，两个人暂时不至于有生命危险，因为亲兄弟之间互相残杀这一结果实在是太过于骇人，魏徵不敢，也不愿意往这方面想。所以当冯立等人率军攻打玄武门的时候，魏徵还期盼着他们能够把李建成救回来。

但是现实是残酷的，魏徵最担心的事情还是发生了。当听说李建成和李元吉双双被杀之后，魏徵的大脑一片空白，他僵硬地站在那里许久。

第四节　化险为夷

在度过了最初的震惊之后，魏徵面对着一个极为现实的问题——接下来怎么办。在得知李建成和李元吉被杀之后不久，魏徵又得知了另一件事情——冯立和薛万彻等人都已经跑了，于是周围的人都劝魏徵抓紧时间逃走。魏徵不是没有想过逃跑，常言道覆巢之下无完卵，自己是太子党的主要智囊，秦王肯定不会轻易放过自己的。但是思虑再三，魏徵还是留在了东宫，并没有走。

魏徵之所以不走，一方面是他觉得这天下接下来都是秦王的了，秦王如果四处搜捕，自己又能逃到哪里去呢？另一方面，自己快五十岁了，又还能活几年呢？太子殿下对自己恩重如山，自己没能阻止太子入宫，已经无比后悔，食人之禄，忠人之事，现在太子被杀，自己就算是为太子殉葬，也没什么不应该的。于是魏徵安然端坐于东宫，静等着秦王的人来。

在杀掉李建成和李元吉之后，李世民对于两人的亲属毫不留情。李建成的五个儿子安陆王李承道、河东王李承德、武安王李承训、汝南王李承明、钜鹿王李承义，李元吉的五个儿子梁郡王李承业、渔阳王李承鸾、普安王李承奖、江夏王李承裕、义阳王李承度，一共十个人，不论大小全部被杀。李世民还将这些人从宗室名册上全部除名。

虽然把李建成和李元吉的儿子全部诛杀，但是对于两人的部下，李世民还是非常宽容的。在玄武门之变后，秦王府诸将领主张将包括魏徵在内的李建成和李元吉的一百多名亲信全部诛杀，并将他们的家产全都没收。但是这遭到了尉迟敬德的反对，他说："罪在二凶，既伏其诛，若及支党，非所以求安也。"既然李建成、李元吉已经身死，再大肆杀戮，那么将不利于安定人心。李世民认可尉迟敬德的意见，于是以李渊的名义大赦天下，宣布："凶逆之罪，止于建成、元吉，自余党与，一无所问。"

为了彰显自己的宽容以安定人心，对于李建成和李元吉的亲信，李世民不但不杀，还都加以重用。

冯立在逃跑后第二天主动跑回来向李世民请罪，李世民责备道："你在东宫，暗地里离间中伤我们的兄弟骨肉之情，这是第一罪；昨天又带兵出战，杀伤我的将士，这是第二罪。我怎么可能饶你不死？"冯立回答道："我侍奉主上，就应当为其付出一切，昨天的事情，只是忠人之事罢了。"说完趴在地上哭了起来。李世民闻言内心赞叹，于是对冯立加以宽慰，后来任命其为广州都督。

薛万彻在逃跑后并没敢回来，而是躲了起来。李世民多次派人找到薛万彻对其加以安抚，薛万彻这才出来谢罪。李世民对薛万彻说："此皆忠于所事，义士也。"遂对其既往不咎。随后薛万彻被任命为右领军将军。

对于之前因杨文干叛乱而被流放的太子党重要成员王珪和韦挺，李世民也没有忘记。李世民久闻二人之才，把他们召回，任命王珪为谏议大夫，任命韦挺为吏部主爵郎中。

既然对于这么多太子党重臣都已经既往不咎了，李世民自然也不会过于为难魏徵。不过魏徵毕竟是李建成的智囊，之前没少给李世民下绊子，让李世民头疼不已。现在虽然心里已经不在意了，但是李世民在嘴上却依然不打算饶了魏徵，他传召魏徵，声色俱厉地问道："你为什么屡次挑拨我们兄弟的关系？"周围的人都认为魏徵此次必然性命难保，而魏徵却云淡风轻地回答道："如果先太子早些听从我的进言，肯定不会有今天的祸事。"

魏徵的这句话还是值得玩味的。按照魏徵的意思，他之前曾经提出过先发制人、除掉李世民的计划，只可惜李建成没听，或者是没来得及实行。魏徵作为一个文弱书生，竟然有如此狠辣的手段，看来他真的是为李建成倾尽所有了。

魏徵能够如此坦然地把这等要命的事情说出来，看来他真的已经做好了慷慨赴死的准备。李世民本来就看中魏徵的才能，现在看到魏徵如此大义，反倒对其更加欣赏，于是一改原先的态度，对魏徵以礼相待，并任命其为詹事主簿。

唐朝东宫最重要的机构有三个：詹事府、左春坊（门下坊）、右春坊（典书坊），分别对应尚书省、门下省、中书省。詹事府的最高长官为太子詹事（正三品），副长官为太子少詹事（正四品上）。太子詹事和太子少詹事之下设负责判府事的丞（正六品上）两人，类似于詹事府的"办公室主任"；设詹事主簿（从七品上）一人，掌印及勾检稽失，即掌管官印并负责审计和监察。

李世民在成为太子、入主东宫之后，自然也有了自己的詹事府等机构，詹事主簿虽然职位很低，只是从七品，但却是太子的近臣，一般只有亲信才能担任。李世民任命魏徵为詹事主簿，充分体现出他确实是欣赏魏徵，是真的想让魏徵成为自己的心腹之人。对于李世民的这一任命，魏徵表示接受，于是魏徵再次"入幕东宫"，不过此时的东宫早已物是人非，它的主人已经由李建成换成了李世民。

李世民饶恕魏徵，这件事丝毫不奇怪，因为魏徵确是一位不可多得的人才，任何一位优秀的政治家都会这样做。但是魏徵为什么愿意为李世民效力，史书上并没有记载原因，但是可以分析出的原因主要有以下两点：

第一，李世民确实是一个能力超强、值得效忠的人物。李世民的能力远强于李建成，这一点是当时公认的，对此魏徵也是非常认可的。如果那时候皇帝是由选举产生的，那么魏徵肯定会毫不犹豫地投李世民一票。只不过那时候李建成已经被确立为太子，是朝廷正统所在，所以魏徵的思想告诉他不能超出这一道封建秩序的藩篱，太子才是皇位的正统继承者。现在李建成已死，天下已经落入李世民手中，而李世民英武果决、雄姿英发、虚心纳谏、用人不疑等不凡的气度和品格，确实也让魏徵敬佩。所以在魏徵看来，此时大可放下成见，施展平生抱负。

第二，两个人有共同的理想追求。李世民雄心勃勃，他希望自己可以励精图治，开创一代盛世，为大唐王朝的千秋大业奠定基础。而魏徵从青年时代开始就怀抱着治国平天下的远大理想，但是遭遇乱世，半生蹉跎，始终没有机会施展自己的政治抱负。现在两个人都有了一展宏图的机会，自然不会再互相错过。

从武德元年魏徵跟随李密投降唐朝，到武德九年玄武门之变，在这九年的时间里面，李世民和魏徵无数次擦肩而过，但是却始终无法真正交心。多年之后，李世民终于意识到了魏徵的价值，魏徵也终于有机会实现政治抱负，双方终于不会再错过了。在接下来的时间里，两个人将会携起手来，共同为他们的理想而奋斗，不过这奋斗的道路上，注定会荆棘丛生……

第四章 初入朝堂，主圣臣良

第一节 安辑河北，开启新篇

武德九年（626年）八月初九，李渊传位给李世民，李世民在东宫显德殿即位，成为大唐第二位皇帝。

在此之前李世民封魏徵为从七品詹事府主簿，不过魏徵在这个位置上一共待了不到两个月，李世民刚刚即位就立刻晋升魏徵为正五品谏议大夫，魏徵的职位有了很大的提升。谏议大夫是一个很古老的官职，从秦朝就开始有了，此后在历朝历代基本都得到保留。谏议大夫实际上就是言官，主要负责谏言朝政得失。李世民任命魏徵为谏议大夫，不得不说李世民对于魏徵的特点和长处还是非常清楚的，从这一刻开始，魏徵的人生就和"谏言"密不可分。

李世民之所以要提拔魏徵，主要有两个原因。

第一，激发魏徵的积极性。魏徵虽然之前官职并不高，但也一直是五品官，而玄武门之变后仅仅只做了个从七品小官，要说魏徵心里一点不快都没有那是不可能的。李世民如果真心实意地想让魏徵为自己效力，那是绝对不能在赏赐上吝啬的，所以提拔魏徵就是必然的事情。

第二，李世民对于魏徵有更重要的安排，那就是安辑河北。如果魏徵的职务太低，那么执行这项任务肯定会非常困难，所以这是提拔魏徵的现实需要。

李世民之所以要安辑河北，是因为那里是李建成和李元吉的重要势力范围。李建成和李元吉曾经在这里消灭强敌刘黑闼，并且李建成听从魏徵的建议，在这里广泛结交当地豪杰，因此河北地区拥护李建成和李元吉的人不在少数，长期放任，必会生乱。所以安辑河北、抚定人心，就成了李世民的当务之急。作为曾经太子党核心成员的魏徵，自然就成为安辑河北的最佳人选。

在临行前，李世民还授予了魏徵一个爵位——钜鹿县男。虽然县男这个爵位级别确实是低了一点，但是对于祖上从来没有受封过爵位的魏徵来讲，大难之后还能够封爵已经是意外之喜了。钜鹿，指的是受封地的地名。李世民还特意给魏徵下旨，允许他便宜从事，也就是说遇事可以根据实际情况斟酌处理，不必请示。

不仅仅在官职、爵位和职权方面李世民对魏徵特别关照，而且对于让谁来做魏徵的副手，李世民也是花了一番心思的，他最终选定了一个叫李桐客的人。李桐客，冀州衡水人，隋朝末年李桐客跟随杨广巡游江都，当时天下大乱，杨广被困江都，于是就想迁都丹阳，偏安一隅。当时满朝文武无人敢反对，全都唯唯诺诺，随声附和，唯独李桐客上疏反对，结果被弹劾毁谤朝政，李桐客险些被杀。杨广被杀后，李桐客被宇文化及裹挟北上，后来转为窦建德效力，虎牢关之战后李桐客转投李世民麾下，担任秦王府法曹参军。

由此可以看出，李桐客和魏徵的行事风格几乎一模一样，为人正直，敢言直谏，并且他的家乡和魏徵的家乡离得很近，两个人也算是同乡。李世民相信，让李桐客和魏徵搭档，两个人一定可以通力合作，共同完成好这项任务。不得不说，魏徵此次河北之行，李世民对他真的是足够关照了。

武德九年（626年）七月，魏徵正式受命出发前往河北。当魏徵行至磁州的时候，他遇到了一支押送犯人的队伍，被押送的人是前东宫千牛李志安和齐王护军李思行。见此情形，魏徵对李桐客说："吾等受命之日，前宫、齐府左右，皆令赦原不问。今复送思行，此外谁不自疑？徒遣使往，彼必不信，此乃差之毫厘，失之千里。且公家之利，知无不为，宁可虑身，不可废国家大计。今若释遣思行，不问其罪，则信义所感，无远不臻。古者，大夫出疆，苟利社稷，专之可也。况今日之行，许以便宜从事,主上既以国士见待,安可不以国士报之乎?"①

魏徵这段话的大体意思是,我们领命出发的时候,朝廷就有诏令,原来东宫和齐王府的人一律赦免,现在如果把李志安和李思行押送长安,那么其他相关人员谁不担心怀疑?这样一来我们就算是到了河北,估计也没人会信我们的话。如果我们把这两人放了,并且承诺对他们不再追究,那么陛下的信义就会传遍四海。古时大夫出使,只要是对国家有利,就可以自己做主,况且我们这次出使,陛下赐予我们便宜行事的权力。陛下既然对我们以国士相待,我们怎能不以国士相报呢?

对于魏徵的意见,李桐客表示同意,于是两人立即释放了李思行等人,并上书呈报李世民,李世民览奏后非常高兴,称赞他们做得对。此后李志安和李思行两名要犯被释放的消息不胫而走,既然朝廷对他们两个人尚且能够做到既往不咎,那么其他的人自然就不在话下了。再加上经过长期战乱,人心思定,因此魏徵的工作进行得非常顺利,河北的局势逐渐稳定下来。魏徵能够根据实际情况,既坚持原则,又灵活变通,圆满完成了安辑河北的任务,这进一步展示了他治国安民的才略,因而更加受到李世民的欣赏和信赖。

但是此时一场巨大的危机正在向李世民袭来,北方的强敌——突厥人打过来了。

突厥,是生活在长城以北的游牧民族,当时的突厥分裂为东

---

① 刘昫等撰:《旧唐书》卷七十一《魏徵传》,中华书局1975年版,第1852页。

突厥和西突厥，对唐朝威胁最大的是东突厥。东突厥的首领是颉利可汗，此时的突厥兵强马壮，从621年至626年，颉利可汗几乎每年都要对唐朝发动进攻，唐朝先后有三十多个州受到攻击，一些重要的边境州郡受到过四五次攻击，几乎无岁不战。突厥入侵的兵力，少则几万，多则十几万，他们杀戮百姓，掠夺人口，抢劫财物，百姓深受其苦。看着唐朝换了新的君主，颉利可汗自然也得有所表示，他迅速给新皇帝李世民送上了一份大礼——十万雄兵！

武德九年（626年）八月中旬，颉利可汗率领十余万突厥骑兵南下。突厥骑兵如同一阵旋风一样，很快就到达了泾州，李世民闻讯急忙任命尉迟敬德为泾州道行军总管，率军抵御突厥。但是颉利可汗根本就不理会泾州城的唐军，而是继续南下，很快就到达了武功。武功距离长安只有一百六十里左右，突厥骑兵只需要两日就可到达长安，李世民急忙下令长安戒严。

突厥人依然在继续前进，八月二十四日，突厥骑兵到达了高陵，这里离长安只有不到八十里了，突厥骑兵几乎可以朝发夕至长安。还好二十六日尉迟敬德终于在泾阳发现了一支突厥军队并将其击败，这才算暂时遏制了突厥人凌厉的攻势。

不过颉利可汗并没有停留太久。二十八日，颉利可汗率军到达渭河北岸，并没有贸然渡河对长安发起进攻，而是派了自己的心腹执失思力前往长安觐见李世民，以便了解唐朝内部的情况。执失思力到了长安后非常嚣张，对李世民说："颉利可汗与突利可汗率领着百万大军，现在已经到了。"

当时京城兵力空虚，人心惶惶。面对危局，李世民一面命令李靖和长孙无忌率军包抄突厥骑兵身后，同时自己在长安设疑兵之计。李世民带着高士廉、房玄龄等六人骑着马来到渭河边，隔着河与颉利可汗对话，责备颉利可汗背弃合约。或许是慑服于李世民巨大的威望，见到李世民后，突厥的很多官员竟然下马跪拜，这大大出乎颉利可汗的意料。接着大量唐军出城，在李世民身后列阵，旌旗蔽空，金甲曜日，军容雄壮，颉利可汗见到这么强大的军队，不禁心生惧意。

李世民命令唐军稍微退后布阵，随后亲自走上前，单独和颉利可汗对话。两个人具体聊了什么，历史上没有留下记载。两天后，李世民与颉利可汗在长安城西郊的渭水便桥上，双方斩白马立盟，达成了和平协议。之后，颉利可汗率突厥骑兵返回。

这次事件，史称"渭水之盟"或者"便桥之盟"，看似将突厥逼退，但是从李世民个人的角度看，这次事件毫无疑问是一个巨大的耻辱。李世民一生中征伐四方，鲜有败绩。但是这一次却被别人兵临城下，被迫签订城下之盟，更重要的是这还发生在自己刚刚继位的时候，李世民内心的屈辱和愤怒可想而知。因此，从李世民个人的角度，这次事件应该称之为"渭水之耻"。

此时正在河北的魏徵听说此事后大为震撼，他没有想到如今突厥人竟然强大到了如此地步。古语有言："君辱臣死。"皇帝陛下遭受到了这么大的屈辱，作为臣子的魏徵肯定感同身受。国家遭遇如此巨大的变故，魏徵不禁开始思索，如何才能富国强兵，抵御突厥入侵呢？博通经史的魏徵此时不禁想起了一个很久

远的故事:

战国时期,魏国的国君魏文侯去世之后,魏武侯继位。有一次魏武侯泛舟黄河顺流而下,船到半途,魏武侯回过头来对身边的大臣吴起说:"美哉乎山河之固,此魏国之宝也!"而吴起则回答:"在德不在险。"随后吴起解释说,当年商纣王的领土,左孟门,右太行,常山在其北,大河经其南,地势已经足够险要了,但是因为他不修德政,最终兵败身死。所以吴起得出一个结论:"若君不修德,舟中之人尽为敌国也。"如果您不行德政,那么恐怕这船里的人都会成为您的敌人了!

想到这个故事,魏徵暗下决心,如果想要让国家强盛起来,就必须要让君主施行德政,教化万民,这样才能国力昌盛,威服天下。而要让君主施行德政,关键在于君主的身边要有良臣作为股肱,时时劝诫提醒,常进忠言。为了大唐的未来,他愿意做那个辅佐君王的谏臣。

这年十月,魏徵完成安辑河北的任务之后回到长安。刚刚到达长安的魏徵听说了一个消息——对于李建成和李元吉,皇上要盖棺定论了。

李世民下诏,封李建成为息王,谥号"隐";封李元吉为海陵王,谥号"刺"。谥号,是一个人死之后,按其生平事迹对其进行评定后给予的或褒或贬的评价性文字。

按照古代的谥法,"隐"的含义有很多种:陷拂不成曰隐;不显尸国曰隐;见美坚长曰隐;隐括不成曰隐;不尸其位曰隐;违拂不成曰隐;怀情不尽曰隐;不明误国曰隐;威德刚武曰隐。

"刺"的含义则相对简单：狠愎遂过曰刺，不思忘爱曰刺。李世民给李元吉谥号"刺"，就是说他不顾亲情，凶狠暴戾，但是给李建成谥号"隐"究竟采纳的是哪种含义，或许就只有李世民自己知道了。

给李建成和李元吉恢复王爵，赐以谥号，标志着对于这两人李世民已经正式盖棺定论了。此后李世民又按照王的礼节给李建成和李元吉举行了盛大的葬礼，李世民亲自在千秋殿西边的宜秋门痛哭志哀。

看到李建成和李元吉终于可以体面地入土为安，魏徵和王珪这两名原来东宫的老臣向李世民上表，希望能够跟随送葬的队伍，送自己的旧主最后一程。对于这种有情有义的行为，李世民自然是允许的，他还下令原来东宫和齐王府的旧臣都可以去送葬。

面对着李建成的坟茔，魏徵伏地痛哭，这是自从父母去世之后，魏徵哭得最伤心的一次。魏徵痛哭造化弄人，命运无情，为什么李建成和李世民两个青年俊才以命相搏，最终导致李建成身首异处，这场人伦惨剧让人痛不忍闻。此后，魏徵也逐渐释怀了，斯人已逝，事已至此，活着的人还要向前看，既然命运注定他要效忠大唐，那么仍当振作精神，全力以赴。

第二节 忠良之辩

公元627年，李世民正式改元贞观，这一年即是贞观元年，由此李世民开启了属于自己的时代。这年年初，对于安辑河北有功的魏徵，李世民提拔他为尚书左丞，仍然兼任谏议大夫。

尚书左丞，是尚书省的重要官职。唐朝实行三省六部制，三省分别是尚书省、中书省、门下省，其中尚书省是全国最高行政机构，其下设吏部、户部、礼部、兵部、刑部、工部六部。尚书省的最高长官为尚书令，但是因为李世民曾经担任过尚书令，所以李世民继位之后不设尚书令，而以原来尚书省的副长官尚书左仆射和尚书右仆射作为最高长官。

在左右仆射之下，尚书省又设有尚书左丞和尚书右丞，均为正四品，负责"掌辩六官之仪，纠正省内，劾御史举不当者"，也就是说负责尚书省内的监察事务，保证各项政令能够合法有序地执行。"尚书左丞"这个职务还是非常适合魏徵的，可以充分发挥他正直敢言的长处。同时，正四品的尚书左丞也是魏徵从政以来担任过的最高职位。

此时的李世民继位不久，统治亟待稳定，国内依然还是存在着为数众多的反对派，在这一年，李世民先后平定了四次叛乱。

第一次是罗艺叛乱。在李渊统治时期，罗艺是拥兵一方的重要将领，曾经立下大功，所以居功自傲，和秦王李世民的关系并不好，反倒是和李建成交往密切。虽然李世民在继位后给予了罗艺丰厚的赏赐，但是李世民把罗艺调离了经营多年的根据地幽州，将他调往泾州任职。因此罗艺内心惴惴不安，于是便图谋造反。

贞观元年正月十七，罗艺假称接到密旨，率兵由泾州向长安进发，途中趁势占据了幽州。李世民命令长孙无忌与尉迟敬德率军讨伐罗艺。朝廷大军还没抵达，幽州当地的两名官员赵慈皓和杨岌就密谋诛杀罗艺，结果事情泄露，赵慈皓被抓。杨岌发觉计划有变，就匆忙带兵攻打罗艺。肘腋生乱，罗艺猝不及防，被打得大败，于是抛弃妻子儿女，带领数百名骑兵逃奔突厥。经过乌氏时，左右之人斩杀罗艺，把他的首级送到了京师长安。

第二次是凉州都督、长乐王李幼良叛变。李幼良是李渊的侄子，脾气粗暴，御下无方，百姓深受其苦。李世民继位后，有人密告李幼良暗中蓄养死士，结交突厥。李世民让宇文士及去替代李幼良，并调查此事。李幼良左右之人想劫持李幼良投奔突厥，结果事情泄露，李世民遂将李幼良赐死。

第三次是李瑗和王君廓叛变。李瑗一直和李建成关系很好，玄武门之变后李世民召李瑗去长安，李瑗非常害怕，担心去了就没命了，就与王君廓商议。王君廓力劝李瑗起事，李瑗同意了，随后正式起兵。但是王君廓反手就把李瑗杀了，拿着李瑗的人头向李世民领赏，李世民命令王君廓接替李瑗担任幽州都督。

王君廓在就任幽州都督后，骄横自恣，不遵法度。幽州都督府长史李玄道多次以朝廷法度对其加以约束，这使得王君廓很不高兴。贞观元年（627年），王君廓奉诏入朝，李玄道托他捎信给房玄龄。房玄龄是李玄道的表舅，这本是一件很正常的事情，但是王君廓内心不安，于是私下把信拆开，结果发现信是用草书写的，自己不认识，便怀疑李玄道是在告发自己。当行至渭南时，王君廓杀死驿站士卒，逃往突厥，途中被乡民杀死。

第四次是李孝常叛变。李孝常是李唐宗室，李渊的表弟，担任利州都督。贞观元年十二月，李孝常来到京师长安，他与刘德裕、元弘善、长孙安业等人密谋联合部分禁卫军谋反，结果消息泄露，李孝常被诛杀。

在这个过程中，李世民特别在意魏徵的意见，经常在退朝之后把魏徵引入卧房之内，继续咨询朝政得失。魏徵既有治国安邦的才能，又耿直敢言，从不因李世民是皇帝而退缩屈服，李世民对魏徵的这种气质非常欣赏，所以总能欣然接受他的意见。而魏徵也为遇到赏识自己的君主而喜不自胜，每次谈话总是知无不言言无不尽，毫不隐瞒。

李世民对魏徵这种特别的重视自然就引起了很多人的嫉妒和愤恨。在很多朝廷大员，尤其是多年以来追随李世民打天下的秦王府老臣看来，魏徵不过是一个降臣，凭什么得到皇帝这么高的重视？其实朝中之人对魏徵有不满是一件很正常的事情，因为不管从哪个角度看，魏徵在贞观初年的地位都是不高的。

玄武门之变结束后，李世民曾经进行过两次大规模的封赏，这两次封赏基本决定了贞观朝核心人员的构成。九月，李世民正式发布诏书，封长孙无忌为齐国公，房玄龄为邢国公，尉迟敬德为吴国公，杜如晦为蔡国公，侯君集为潞国公。而此时的魏徵不过是矩鹿县男。

十月，李世民赐给功臣食实封。所谓食实封，指的是受封的人可以享受其封户的所有赋税收入，这是一笔实实在在能拿到手的钱，同时封户的多少也可以反映一个人地位的高低。受封的情况分别是：裴寂1500户；长孙无忌、王君廓、尉迟敬德、房玄龄、杜如晦1300户；长孙顺德、柴绍、罗艺、李孝恭1200户；侯君集、张公瑾、刘师立1000户；李勣、刘弘基900户；高士廉、宇文士及、秦琼、程知节700户。此外受封300户至600户的还有二十余人。魏徵没有受封。

从官职上来看，长孙无忌担任吏部尚书，房玄龄担任中书令，尉迟敬德担任右武候大将军，杜如晦担任侍中，侯君集担任左卫将军。这些秦王府的股肱之臣，每个人不管是权力还是品级，都要比身为尚书左丞的魏徵高得多。

在贞观初年，虽然魏徵的官职已经达到了自己人生中的最高水平，但是放在当时的朝中，不管是爵位、食实封数量，还是职务品级，无疑都低于秦王府老臣。所以地位相对较低的魏徵受到李世民的重用，自然就很容易引起周围人的不满。就连一向为人正直、老成持重的房玄龄都有意见了，有一次他对李世民抱怨："秦王府很多旧僚属都满腹怨言，他们说，我们这些人常年跟随侍奉在陛下身边，可是现在为什么我们的地位却还不如原来东宫和齐王府的人？"

这里的原来东宫和齐王府的人，指的自然就是魏徵等人。秦王府的旧僚属都认为他们才是皇帝的嫡系人马，是名正言顺的政权接管者，是应该享有最高地位的人。结果李世民的人事安排并没有像他们期望的那样，反倒是提拔重用了一批原来的"敌对异己"之人。

对于房玄龄等人的不满，李世民回应道："君主只有大公无私,才能得天下人之心。选拔官员理应重用贤才,怎么能够用新人旧人作为选拔的标准呢?如果新人贤能而旧人不才,那么怎么可以摒弃新人而重用旧人呢?现在你们因为这个事情而怨声载道,这岂是为政之道?"在受到皇帝的驳斥之后,那些反对者们就再也不敢对皇帝表达不满了,只能把怒火倾泻在魏徵身上,很快就有人上奏折,弹劾魏徵"阿党亲戚",他们指责魏徵袒护、重用自己的亲友。

对于魏徵的这次弹劾,应该源于魏徵对杜正伦的提拔。杜正伦,相州洹水人,杜正伦在隋朝仁寿年间与兄长杜正玄、杜正藏先后都考中秀才。他善写文章,博通经史,后被授为羽骑尉。隋代仅有秀才十余人,而杜家却一门三秀才,因此受到时人称道。唐朝武德年间,杜正伦担任齐州总管府录事参军,后被秦王李世民招纳,进入秦王府文学馆。长期以来杜正伦的地位和当年的魏徵很像,大家都只看到了他那非凡的文采,却普遍忽视了他治国理政的能力。魏徵很敏锐地察觉到了杜正伦的才能,于是上表举荐杜正伦,称其才能无与伦比,李世民遂擢升杜正伦为兵部员外郎。

后来,李世民对杜正伦也是越来越喜欢,因此他对于魏徵的这次举荐非常满意,他对魏徵和杜正伦说:"朕今令举行能之人,非朕独私于行能者,以其能益于百姓也。朕于宗亲及以勋旧无行能者,终不任之。以卿忠直,朕今举卿,卿宜勉称所举。"[①]

---

① 刘昫等撰:《旧唐书》卷七十《杜正伦传》,中华书局1975年版,第1831页。

他向魏徵和杜正伦表明，任用有能力的人，是因为这些人可以让百姓生活富足、社会安定。而那些没有才能的人，即使是宗室勋贵，也不会给他们重任。李世民看到魏徵忠诚正直，杜正伦能力卓群，希望他们能继续努力，为朝廷做出贡献。

杜正伦在隋朝任职多年，却始终声名不显，进入唐朝之后依然如此，他与魏徵也算是半个同乡，而魏徵盛赞杜正伦的才能"古今难匹"，这让很多人觉得未免言过其实。种种原因之下，有人弹劾魏徵袒护重用自己的亲友就很正常了。听说魏徵竟然以权谋私，徇私舞弊，李世民是绝对不相信的，但是既然有人弹劾魏徵，那么为了证明魏徵的清白，李世民就让御史大夫温彦博去调查此事。

从个人交往上看，杜正伦与魏徵本来就是"八竿子打不着"的关系，两个人虽然算是半个同乡，但是之前并无交情。从政治背景上看，杜正伦原来是秦王府文学馆的学士，而魏徵是太子党的人，两个人也不可能有任何的瓜葛。因此，所谓的魏徵举荐杜正伦是"阿党亲戚"，完全是无中生有，纯属栽赃陷害。

经过一番调查，温彦博自然毫无所获，但是温彦博却非常恶毒，他对李世民说："徵为人臣，不存形迹，不能远避嫌疑，遂招此谤。虽情在无私，亦有可责。"意思就是说，魏徵作为大臣，就应该规范行为，洁身自好，魏徵就是因为没有避开嫌疑，才会被别人诽谤，虽然在举荐过程中魏徵并没有徇私，但是也应当受到责备。

温彦博的这一言论是相当无耻的。他指责魏徵为人处世不顾忌自己的言行，不注意影响。用"不存形迹"来攻击魏徵，是对魏徵怀有仇恨的人阴暗心理的典型体现，找不到魏徵犯罪的痕迹，他们就捕风捉影，用各种"莫须有"的罪名来攻击魏徵，以泄他们的私愤。

常言道，外举不避仇，内举不避亲。推荐人才的过程中本来就会有无数的争议，不管是推荐谁都不可能让所有人都满意。如果每一个人做事都瞻前顾后，顾忌自己的形象，始终想着避免别人的议论，那么就会束手束脚，那些需要大胆开拓、勇于革新的事情又由谁来做呢？所以温彦博对魏徵的攻击可谓是无耻至极，不仅仅有损魏徵的形象，也很容易对贞观朝勇于革新、开拓进取的风气产生不良影响。

温彦博为什么要攻击魏徵呢？他和魏徵又有什么恩怨呢？其实温彦博和魏徵没有任何的恩怨。温彦博本来是罗艺的下属，后来跟随罗艺归降唐朝，在武德年间先后担任中书舍人、中书侍郎等职务。625年，突厥入侵，温彦博被任命为并州道行军长史，随行军总管张瑾出兵抵御，唐军在太谷战败，温彦博被突厥俘虏。626年渭水之盟后，温彦博被突厥释放，先担任检校吏部侍郎，后来担任御史大夫、检校中书侍郎。从履历上看，温彦博和魏徵半点关系都没有，但是当时吏部尚书是长孙无忌，中书令是房玄龄，也就是说温彦博的两任上司全部都是秦王府旧臣。长孙无忌和房玄龄等秦王府旧臣对于魏徵的不满是明摆着的，所以温彦博极有可能为了讨好自己的上级而拼命抹黑魏徵。

作为一代明君，李世民对于其中端倪是很清楚的，他明白温彦博是在胡编乱造，他也明白魏徵是清白的，但是那么一大帮秦王府旧臣的意见依然不容忽视，看来不让魏徵受一点委屈是不可能了，于是李世民下诏让温彦博前去责备魏徵，让他告诉魏徵："自今后不得不存形迹。"也就是告诉魏徵以后注意言行，低调行事。

在朝堂之上，大臣受点委屈其实是很正常的事情，这次李世民只是对魏徵责备几句，既没有夺爵、罚俸，也没有降职，如果换做一般人，这事就不了了之了，但是魏徵可不是一般人——在魏徵看来，自己一心为公，为国为民之心可昭日月，皇帝怎么可以平白无故责备他？所以魏徵准备找个机会好好和李世民说道说道。

有一天，魏徵终于又有机会和李世民独处，他并没有直接说这件事，而是对李世民说："臣闻君臣协契，义同一体。不存公道，唯事形迹，若君臣上下，同遵此路，则邦之兴丧，或未可知。"这段话的意思是，臣听说君臣之间如果想上下一心，那么就要有共同的理想和追求。如果皇帝和大臣做事情，都不顾国家利益，不讲大是大非，而只注意"形迹"，每做一件事都顾虑分寸和影响，担心别人的批评和非议，每个人都会顾虑重重，那么长此以往，国家的前途和命运会怎么样呢？国家是兴还是亡，就没人能预料了。

李世民是何等聪明之人，他听完魏徵的话就知道魏徵说的是什么意思了。本来李世民就觉得自己的处理不恰当，让魏徵受了委屈，所以立刻就说："吾已悔之。"皇帝竟然向魏徵表明知错、感到后悔了！

按理说皇帝都认错了，这事儿就应该结束了，但是魏徵不这么认为，他此次可不是单单要让李世民认错的，他要和李世民把这件事情中的道理说清楚。于是魏徵说："愿陛下使臣为良臣，勿使臣为忠臣。"

魏徵的话让李世民感到费解，不禁问道："忠、良有异乎？"

魏徵回答道："良臣，稷、契、咎陶是也。忠臣，龙逄、比干是也。良臣使身获美名，君受显号，子孙传世，福禄无疆。忠臣身受诛夷，君陷大恶，家国并丧，空有其名。以此而言，相去远矣。"

在魏徵的眼里，所谓的"良臣"指的是像稷、契、咎陶这样的人。

稷是周朝的祖先，传说是黄帝玄孙、帝喾嫡长子，在尧时期被任命为相。稷善种谷物稼穑，教民耕种，被尊称为农耕始祖、五谷之神。

契是商朝的祖先，相传契专门负责管理火种，在管火的同时筑造阏伯台观察星辰，发明了最早的历法，被后世称为火神。

咎陶，一般指的是皋陶，他长期担任掌管刑法的"士师"，倡导"明刑弼教，以化万民"的思想，后世尊其为"中国司法始祖"。

在魏徵看来，这些良臣都有着一个共同点，那就是良臣本人可以获得流传千古的美名，君王也可以流芳百世，这种美名子孙代代相传，福禄绵长无疆。

在魏徵的眼里，所谓的"忠臣"指的是像龙逢、比干这样的人。

龙逢，夏桀时期的大臣，夏桀统治残暴，龙逢多次向夏桀进谏，要他关心百姓和国家，夏桀根本听不进去，反倒把龙逢杀了。

比干，商纣王时期的大臣。纣王荒淫无度，暴虐天下，微子等人先后劝谏，但纣王不听，微子等人就先后逃走了，而比干表示："为人臣者，不得不以死争。"于是比干冒死直谏，这激起了纣王的怒火，他说"吾闻圣人心有七窍"，就将比干杀了，观看其心脏是否真有七窍。

在魏徵看来，这些古代的忠臣，他们虽然依靠丢掉性命换取了杀身成仁的名声，但是他们的君王也背上了杀害忠良的恶名，被永远钉在历史的耻辱柱上。

通过忠臣和良臣的对比，魏徵得出一个结论：良臣可以强国家、安社稷，君王都可以万古流芳，而忠臣虽然留下了好名声，但是国家还是无法逃脱灭亡的命运，这种名声再怎么美好也是没有意义的。所以忠臣和良臣相差太远，根本就无法相提并论。

关于这一段忠良之辩，有的人认为这是魏徵的心机。他们认为，魏徵的如意算盘是要给自己的谏臣之路扫除障碍。他是太子府旧臣，和秦王府势力不和，随时有性命之忧。如果李世民杀魏徵，就是让魏徵成为忠臣；李世民如果不杀魏徵，就是让魏徵成为良臣。让魏徵成良臣，君臣二人双赢；让魏徵成忠臣，君臣皆输。魏徵一番言论将自己置于不败之地。

历史上或许真的有这种可能，但是更多的人并不愿意将这番言论理解为魏徵的心机，因为这有点阴暗。魏徵的忠良之辩应该是对李世民的勉励。简而言之，就是忠臣良臣都是为国为民，区别在于，良臣为保江山社稷，死则死矣；忠臣全力尽忠，不事二主。他希望李世民能做一位圣贤君主，自己能做一位匡扶社稷的良臣。

听完魏徵的话，李世民明白魏徵的意思了，他知道这是魏徵对自己的勉励，同时他也明白，魏徵想要做一个帮助国家繁荣富强的治世良臣。对于是否能够留下千古美名，那不是他首先要考虑的问题。李世民被魏徵的话深深地打动了，赏赐给魏徵绢五百匹。

通过这一次的"忠良之辩"，李世民用自己的行动表达了对魏徵的支持，魏徵也由此彻底在朝中站稳了脚跟，那些魏徵的反对者们终于开始逐渐闭嘴了，因为他们明白此时自己说得再多也没用了，皇帝已经表明了态度——魏徵就是自己不可或缺的左膀右臂。

第三节　君臣倾心

在中国古代，几乎每一个皇帝都会有几个自己很信赖仰仗的大臣，但是能够达到像李世民和魏徵这种关系的，历史上却非常少见。在长达十多年的时间里面，魏徵多次犯颜直谏，尽忠为国，而李世民则虚怀若谷，几乎言听计从。这对君臣是从什么时候达到如此倾心的程度的呢？我们很难界定一个准确的时间节点，不过贞观初年的两件事情，或许可以为我们提供一个佐证。

第一件，是关于征兵年龄的。

魏徵刚刚就任尚书左丞的时候，有一次李世民准备征兵，当时魏徵的顶头上司、尚书右仆射封德彝认为："中男虽未十八，其躯干壮大者，亦可并点。"也就是说，那些不足十八岁的中男，只要身体健壮魁梧，一样可以征发当兵。在中国古代关于男子什么年龄可以服劳役和兵役，历朝历代的规定都不尽相同，唐朝初年规定，男子十六岁为中男，二十一岁为丁。为丁之后必须服劳役和兵役。

封德彝的这个建议是存在明显问题的。封德彝认为，身体健壮的中男也可以当兵，那么什么样的人算是身体健壮呢？有没有统一的标准呢？一个人的身高多高、力量多强、速度多快算是健壮呢？既然没有一个统一的标准，那么地方执行的时候就有了很大的贪污腐败的空间。例如一个十六岁的普通男子，身形一般，但是官府偏偏认定他属于身体健壮的，要强行拉走他当兵，家人能怎么办呢？只能贿赂官府，让他们放了自己未成年的孩子。类似的事情肯定会不断发生，这样下去不知道要产生多少问题。

也不知道当时李世民怎么想的，听封德彝这么一说，他竟然答应了，于是就下敕令执行。当时担任尚书左丞的魏徵负有监察政令之责，他看到这份敕令之后立刻意识到这其中存在的问题，魏徵坚决反对，不肯签署执行。就这样这道敕令在李世民和魏徵之间往返了四次，魏徵始终拒绝，这把李世民惹火了，于是他把魏徵召入皇宫责备道："中男壮大者，乃奸民诈妄以避征役，取之何害，而卿固执至此！"意思就是，很多奸民为了逃避兵役和劳役，虚报年龄，那些中男中身形魁梧的人大部分都是这种情况，征召他们能有什么害处？为什么你却如此固执！

魏徵毫不示弱，立刻反驳道："夫兵在御之得其道，不在众多。陛下取其壮健，以道御之，足以无敌于天下，何必多取细弱以增虚数乎！且陛下每云：'吾以诚信御天下，欲使臣民皆无欺诈。'今即位未几，失信者数矣！"[①]魏徵的意思就是，管理军队的关键在于治理得法，而不在于人数众多。陛下征召健壮男丁，用正确的方法加以管理，便足以无敌于天下，又何必多征招那些年幼之人来充数呢！之前陛下总说：您要以诚信治理天下，从而使民风淳朴、风化大行。结果陛下即位还没几天呢，失信的事情已经做了好多次了！

听到魏徵的话，李世民惊愕地问："朕如何失信了？"

---

① 司马光：《资治通鉴》卷第一百九十二，中华书局 2011 年版，第 9202 页。

魏徵回答道:"陛下初即位,下诏云:'逋负官物,悉令蠲免。'有司以为负秦府国司者,非官物,征督如故。陛下以秦王升为天子,国司之物,非官物而何!又曰:'关中免二年租调,关外给复一年。'既而继有敕云:'已役已输者,以来年为始。'散还之后,方复更征,百姓固已不能无怪。今既征得物,复点为兵,何谓来年为始乎!"①

既然皇帝问起来了,那就到了魏徵发挥的时机。他说,陛下刚即位的时候曾经下诏,百姓拖欠官府的财物,一律豁免。有关部门认为拖欠秦王府的财物,并不属于官府财物,而是属于秦王私产,所以百姓仍然需要偿还。陛下既然已经由秦王升为天子了,那么秦王府的财物不是官府之物又是什么呢?后来陛下又下诏,关中地区免除两年的赋税,关外地区免除一年,但是随后又下诏,已经开始征收赋税的地方,就从明年开始免税。有的地方已经收到诏令开始退回今年百姓缴纳的赋税了,结果现在又要重新收回去,百姓怎么可能会没意见呢?现在既要重新征收赋税,又要征发未成年人当兵,来年为始,又从何说起呢?

接着魏徵继续说道:"陛下所与共治天下者在于守宰,居常简阅,咸以委之;至于点兵,独疑其诈,岂所谓以诚信为治乎!"②意思就是陛下您是和各级官员一起共同治理天下的,您精力有限,只能掌控大局,各类具体事务都要由各级官员办理。关于征兵一事,您始终怀疑各级官员欺瞒中央,对下级如此怀疑猜忌,这难

---

① 司马光:《资治通鉴》卷第一百九十二,中华书局2011年版,第9202页。
② 司马光:《资治通鉴》卷第一百九十二,中华书局2011年版,第9203页。

道是诚信治国之道吗？

本来只是在就事论事，讨论征兵年龄问题，结果说着说着魏徵搬出了一些李世民之前的过错，来抨击李世民忘记初心、不讲信义、猜忌下属，毫无仁君之风，不思诚信治国之道！此时的魏徵已经快五十岁了，但是依然和年轻的时候一样，快人快语，根本不给皇帝留面子。

魏徵说的这几件事情，李世民做错了吗？确实是有错误的，李世民应该反思，但这是大错吗？倒也不算，因为这并不是那种能够导致民不聊生、百姓揭竿而起、动摇国本的大错误。如果这几件事情放在一个普通皇帝身上，那这根本不算什么事，熟读经史的魏徵肯定明白这一点。但是在魏徵看来，既然自己已经决定辅佐当今皇上，那么就要帮助皇上成为千古圣君，而在千古圣君的身上，是要尽可能减少污点的，所以任何小错误都不能姑息。听了魏徵的话，李世民大受震撼，同时也是心悦诚服，说道："向者朕以卿固执，疑卿不达政事，今卿论国家大体，诚尽其精要。夫号令不信，则民不知所从，天下何由而治乎？朕过深矣！"①李世民再次向魏徵认了错，他说以前自己一直觉得魏徵固执，不通情达理，不善于处理政务，现在看到他议论国家大事，总是能够切中要害，让人佩服——朝廷如果不讲信用，百姓就会不知所从，这样下去国家如何能得到治理呢？自己的过失很重啊！

通过李世民的这段话可以看出，在此之前李世民对于魏徵治

---

① 司马光：《资治通鉴》卷第一百九十二，中华书局2011年版，第9203页。

国理政的能力其实是有所怀疑的,这倒也并不奇怪,因为此前魏徵确实是没有主政一方的经验。李世民并不怀疑魏徵具有一定的处理政务的能力,但是究竟能不能达到当世一流水平,李世民并没有信心。此次李世民看到魏徵对朝政条分缕析,信手拈来,明显是治世之能臣,内心自然是欣喜无比,他感到自己提拔魏徵的决定是正确的。所以李世民不但接受了魏徵的批评并诚恳认错,立刻下令取消了征发壮健中男为兵的诏令,而且赏赐给了魏徵一个金瓮。

第二件事,是冯盎叛乱。

冯盎,高州良德人,属于地方豪强势力,因为多次帮助隋朝平定少数民族叛乱而受到重用,被任命为汉阳太守。后来,冯盎跟随隋炀帝征伐高句丽,被提升为左武卫大将军(正三品高官)。天下大乱后,冯盎回到老家,招兵买马,自任首领,割据一方。在平定萧铣政权之后,武德五年(622年),岭南道安抚大使李靖率军招抚岭南,于年初到达今广东地区,冯盎率部投降,李渊封冯盎为上柱国、高州总管、吴国公。或许是因为曾经担任过正三品的高官,或许是因为冯氏在当地影响巨大,冯盎是岭南地区众多割据势力中被封官爵最高的。额外说一句,冯盎有一个孙子入宫当了宦官,就是唐玄宗时期著名宦官高力士。

贞观元年(627年),冯盎和当地豪强势力谈殿等人互相争斗,许久没有入朝。地方州

府前后十几次奏称冯盎谋反,李世民遂命令将军蔺謩等征发长江至南岭一带数十州兵马,准备大举讨伐冯盎。

听到李世民的建议，魏徵立刻上疏表示反对："中国初定，岭南瘴疠险远，不可以宿大兵。且盎反状未成，未宜动众。"——现在国家刚刚安定，岭南地区多瘴气瘟疫，且路途遥远，一旦派出大军远征，后勤供应极为困难，势必耗费巨大。现在冯盎是否谋反还没有确定，不应该立即派兵。

李世民说："报告冯盎谋反的使者络绎不绝，冯盎谋反不是板上钉钉的事情了吗？你怎么还说不确定呢？"

魏徵回答道："盎若反，必分兵据险，攻掠州县。今告者已数年，而兵不出境，此不反明矣。诸州既疑其反，陛下又不遣使镇抚，彼畏死，故不敢入朝。若遣信臣示以至诚，彼喜于免祸，可不烦兵而服。"①魏徵分析，冯盎如果谋反的话，必然会派兵占据险要关隘，攻略附近的州县。而且几年前就有人告发冯盎谋反，结果到现在也没听说冯盎的兵马越过州境，很明显他并没有谋反。各州府怀疑冯盎谋反，陛下又不派使臣前去安抚，所以冯盎不敢来朝廷。如果陛下派出使臣前去招抚，冯盎肯定会很开心，这样不用派兵就可以让他归附了。

魏徵之所以竭力反对出兵，一方面是因为他认为冯盎谋反很有可能是假的，另一方面是他对于出兵岭南的巨大代价有着清醒的认识，因为这在历史上是有前车之鉴的。秦始皇统一六国之后，开始把目光投向岭南地区，于公元前219年，派屠睢为主将、赵佗为副将率领五十万大军进攻岭南。面对强大的秦军，岭

---

① 司马光：《资治通鉴》卷第一百九十二，中华书局2011年版，第9203页。

南居民自然无力正面抵抗,他们纷纷逃入山林,和秦军打起了游击战,总是在夜晚偷袭秦军,导致秦军疲惫不堪,甚至主将屠睢都在一次战斗中被杀,此外秦军的粮草供应也极为困难,战争打了三年,却始终没有进展。为了彻底结束战争,秦始皇下令开凿灵渠①,以解决后勤运输问题,同时任命任嚣为主将,继续率军平定岭南。此后又经过两年苦战,在公元前214年,秦军才完全平定岭南地区。

正是因为进攻岭南如此艰难,魏徵才会竭力反对出兵,力主先派使臣招抚,即使是冯盎真的造反了,也可以先了解一下基本情况,到时候再出兵也来得及。听到魏徵的建议,李世民也觉得有道理,于是下令收兵,并遣使者前往岭南慰问冯盎,真实情况果然和魏徵所说的一模一样,冯盎大喜之下,立即派出他的儿子冯智戴随使臣回朝觐见李世民。事后李世民感慨道:"魏徵令我发一介之使,而岭表遂安,胜十万之师,不可不赏。"于是赏赐魏徵绢五百匹。

在这个世界上,有才无德之人很多,有德无才之人也不难找,最难找的是德才兼备的人。通过这两件事,李世民最终认定,魏徵就是他要找的德才兼备之人。魏徵的"德"不仅仅体现在他敢言直谏,更重要的是他说话做事全都是出于公心,从无私心,这一点尤其难能可贵;魏徵的"才"体现在他对于朝政详

---

① 灵渠,位于今广西兴安县境内,它连通了湘江、漓江,将长江流域和珠江流域连通起来,打通了南北水上通道,为秦王朝统一岭南提供了重要的保证,大批粮草经水路运往岭南,使得秦军有了充足的物资供应。

熟，并且富有见地。因此后来李世民对魏徵的宽容和信赖就毫不奇怪了。

到武德九年，魏徵已经四十七岁了，已经快到了知天命的年纪，但始终只是一个小官，一事无成。中国古代君子讲究修身、齐家、治国、平天下，魏徵又做成了什么呢？在将近五十岁的年纪终于得遇明主，想必魏徵的内心也是非常兴奋和开心的，因为他终于有了一展宏图的机会。

李世民和魏徵君臣之间，互相欣赏，互相成就，他们将携起手来，共同创造一个新的盛世！

第五章 直谏佑苍生（上）

第一节　力阻分封

　　分封制，是中国古代一种非常古老的政治制度，具体起源于什么年代已经不可考，分封制到西周时期发展到鼎盛。在分封制下，掌握分封权力的是中央的天子，如周天子。接受分封的人有很多，比如宗室成员、外戚姻亲、功臣子弟，以及前朝的皇室贵族。分封制的目的，其实就是将中央王朝的核心权力全部交给天子的家族和近臣，从而保证国家的利益自始至终都掌握在自家手中。

被天子分封的人一般叫作诸侯，比如著名的齐桓公、晋文公、秦穆公等。诸侯从天子那里得到土地，就掌握了这块土地上的所有权力，包括造钱、招募和训练军队、收税等。诸侯对天子的义务包括进贡、定期朝觐、率军随从天子征战等。诸侯在自己的封地里也实行分封制度，下面是卿大夫，再下面是士。由此天子、诸侯、卿大夫、士、平民，组成一个自上而下的金字塔式的统治结构，确保了政权的稳定。

分封制度有积极的一面，可也有难以解决的弊端，这种弊端主要体现在以下几个方面：

第一，随着时代的发展，宗室成员和功臣群体必然会逐渐增大，天子必须要对他们进行分封，长此以往天子的土地越来越少，诸侯的土地越来越多，双方的实力就失去了平衡。

第二，朝代建立初期，天子和诸侯之间血缘关系较近，君臣关系还能得到比较好的维持，可是随着时间的推移，天子和诸侯的血缘逐渐疏远，向心力越来越弱，凭借血缘关系维持的团结局面将不复存在。

第三，随着天子实力的下降和诸侯实力的上升，天子将无法依靠武力威慑、控制诸侯，此消彼长之下，实力强大的诸侯必然会挑战天子的权威。

最晚到商代，分封制就已经出现，周武王灭商之后，进行了大规模分封，此后分封制得到了长期实行。约三百年后，到了西周末年，因为周王朝的衰落，周天子逐渐失去了对诸侯的控制。野心勃勃的诸侯利用手中的权力，大肆抢夺土地，战乱四起，以至于出现了春秋战国时期的乱局。

正是因为分封制存在如此之多的弊端,所以秦始皇看出了分封制不利于中央集权,更不利于他的长久统治,于是果断放弃了沿袭千年的分封制,进而采用郡县制。这样一来,中央政府不再通过世袭贵族去管理地方,而是由皇帝本人亲自任命地方官。

此后的历史发展也充分证明了分封制的弊端,每当分封的贵族掌握大权的时候,必然会发生变乱。比如西汉初年,刘邦大量分封王侯来保卫皇室,结果后来引发了汉景帝时期的"七国之乱";西晋初年,司马炎也是分封诸王,结果引发了后来的"八王之乱"。因此在大部分时间里,为了维护王权,实施郡县制是主流,虽然朝廷也会分封很多的王侯,但是这些封爵在大部分时候已经逐渐成为"虚封",只是能够享受这片土地所带来的经济收益,并不能真正管辖地方。

到了隋朝,封爵不但成了虚封,王侯们连租税收益都已经无法享受了,他们的俸禄全部由朝廷发放,至此王侯不仅在政治上,而且在经济上也由中央政府控制,王侯们已经完全失去了原本的地位。这一历史演变过程说明,诸侯的权力逐渐减小,中央权力逐渐增大,这是近千年的历史发展趋势,是中央集权发展的必然结果。

唐朝初年,面对危机四伏的社会局面,李渊大封宗室,不仅仅分封自己的儿子,还分封宗室的兄弟和侄子,甚至是宗室的一些小孩子都被封为王,就这样连续封了几十个王。李世民虽然和李渊的很多主张都不一样,可是在江山永固、分封家人这件事情上,两人态度出奇一致,在李世民的心里,他是认可李渊的做法的。

武德九年(626)十一月,李世民即位没多久,就向大臣们提出了一个问题:"遍封宗子,于天下利乎?"——如果我把宗室子弟都封为王,对江山永固有好处吗?

对此担任尚书右仆射的封德彝回应道:"前世唯皇子及兄弟乃为王,自余非有大功,无为王者。上皇敦睦九族,大封宗室,自两汉以来未有如今之多者。爵命既崇,多给力役,恐非示天下以至公也!"①大意是,在此之前,只有皇子和皇帝的兄弟才会被封为王,其他宗室成员除非有大功,否则是不能封王的。太上皇为了宗族和睦,大封宗室,这已经是前所未有的事情了。封王的数量如此之多,为了供给他们的俸禄,朝廷开支大增,势必会增加民众的负担,这不是仁君治国之道。

听完封德彝的话后,李世民赞同道:"朕为天子,所以养百姓也,岂可劳百姓以养己之宗族乎!"随后李世民将绝大多数郡王连降三级,降为县公。

但是李世民并没有忘了这事,贞观元年(627年)八月,李世民又向大臣咨询:"怎样才能让子孙长享富贵,永葆社稷安宁呢?"当时的大臣基本都听出了皇帝的言外之意,明显是在询问大家对于分封的意见,大臣基本都反对分封,但是又不愿意直接驳皇帝的面子,于是没人说话,结果只有老臣萧瑀一人赞同道:

---

① 司马光:《资治通鉴》卷第一百九十二,中华书局2011年版,第9204页。

"三代封建而久长,秦孤立而速亡。"意思就是,夏、商、周三朝因为实行封建制度而国运长久,秦国兼并六国,废除分封制度,实行郡县制,结果二世而亡。由此可见,分封制度确实可以让国运长久!看到自己的意见终于有人赞同了,李世民非常高兴,于是分封的事情便开始在朝中议论开来。

萧瑀久经宦海,历仕隋唐两朝,在杨广和李渊时期都备受重用,见多识广,在中央集权已经巩固确立的情况下,实行分封无疑是政治上的倒退,他不可能不明白这一点,那他为什么要赞同李世民的观点呢?其实原因也很简单,李世民即位之后,李渊时期的重臣多数都被冷落,唯独萧瑀被留了下来,但是他的地位也并不稳固。就在两个月前,李世民刚刚任命萧瑀为尚书左仆射,受到如此礼遇,萧瑀自然要投桃报李,不管李世民说什么想必他都会支持。

其后的数年,李世民为了应付纷繁复杂的朝局和边疆的外交关系,分散了许多精力,分封一事再也没有提及。贞观五年(631年)二月,李世民突然下诏,大封诸王:封皇弟李元裕为邠王,李元名为谯王,李灵夔为魏王,李元祥为许王,李元晓为密王。封皇子李愔为梁王,李恽为郯王,李贞为汉王,李治为晋王,李慎为申王,李嚣为江王,李简为代王。

如果只是封兄弟和儿子为王,给予他们财富,不给他们权力,这倒是也没什么,因为这基本是历朝历代的惯例。但是这年十月份,李世民再一次抛出了分封这一话题,并且让群臣公开讨论,一定要得出一个确定的结论。这一次群臣觉得有些不妙,感觉皇帝这次是真的想恢复古制,推行分封制度,让宗室成员到地方当王爷啊!他们深知,如果此事处理不好,极有可能会让唐朝的命运变得扑朔迷离,也极有可能让唐步周、西汉等因分封而出大问题的王朝的后尘。于是他们都开始想怎样说服李世民放弃这个想法。

群臣想了半天,依然没有人愿意说话,因为大家都知道皇帝想分封。常言道,枪打出头鸟,谁都不想第一个发表反对意见,看来这个时候还是需要魏徵出马。

魏徵不遑多让,首先说道:"若封建诸侯,则卿大夫咸资俸禄,必致厚敛。又,京畿赋税不多,所资畿外,若尽以封国邑,经费顿阙。又,燕、秦、赵、代俱带外夷,若有警急,追兵内地,难以奔赴。"①

魏徵这段话大体意思就是,如果分封诸王,势必要给他们每人一大笔俸禄,这样朝廷的开支就会大大增加。长安一带的赋税本来就不多,财政大部分都需要仰仗外地供给,如果把这本就不多的土地和财富都给了诸王,到时候国家经费就将会更加短缺。如果把他们分封在边境地区行不行呢?也不行,因为边境地区临近外夷,情况复杂,一旦出现战事,向诸侯国征兵将会非常困难,到时候大军要从内地出发,势必会鞭长莫及。

分封是一个非常敏感的话题,搞不好不但会得罪皇帝,还会得罪那些想当王爷的宗室人员,所以魏徵也不愿意反对得太激

---

① 司马光:《资治通鉴》卷第一百九十三,中华书局 2011 年版,第 9225 页。

烈，他从国家财力、军事部署的角度给李世民提醒，认为分封制度不可行。

对于魏徵的意见，李世民不置可否，他搬出之前萧瑀说的话："夏、商、周三朝因为实行封建制度而国运长久，秦朝废分封结果二世而亡，爱卿既然熟读经史，难道这些历史不足以证明吗？"

未等魏徵开口，礼部侍郎李百药就回答道："运祚修短，定命自天，尧、舜大圣，守之而不能固；汉魏微贱，拒之而不能却。今使勋戚子孙皆有民有社，易世之后，将骄淫自恣，攻战相残，害民尤深，不若守令之迭居也。"——国家运数长短，全部由上天决定。尧、舜都是大圣人，可他们也没法让国运长久；汉魏时期国君虽然出身低微，上天却给了它们几百年的国运，推却不掉。如今，陛下让皇室宗亲都有自己的封国，几代之后，他们的后代势必骄奢淫逸，互相攻伐，这将对老百姓危害巨大，还不如实行郡县制，让朝廷随时更换郡守县令呢！

李百药借着魏徵发起的话题，接着反驳萧瑀道：

"封君列国，藉其门资，忘其先业之艰难，轻其自然之崇贵，莫不世增淫虐，代益骄侈。离宫别馆，切汉凌云，或刑人力而将尽，或召诸侯而共乐。乃云为己思治，岂若是乎？内外群官，选自朝廷，擢士庶以任之，澄水镜以鉴之，年劳优其阶品，考绩明其黜陟。进取事切，砥砺情深。总而言之，爵非世及，用贤之路斯广，此乃愚智所辨，安可惑哉？"[1]

---

[1] 节选自骈宇骞译注：《贞观政要》，中华书局2011年版，第222页。

这段话的意思是，被分封的那些王侯，凭借着他们祖宗的门第和名望，轻而易举就得到了荣华富贵，所以他们毫不珍惜，越来越骄奢淫逸。他们的房屋修得高耸入云，经常一起寻欢作乐，消耗了无数的民脂民膏。就这样他们还说自己一直在努力治理好自己的国家，这有人信吗？可是如果官员是由选拔产生的，就可以按照他们的政绩对他们进行考察和升降，这样所有官员就都会奋力进取，不敢有丝毫懈怠。总而言之，只要官职不是世袭的，那么选用贤才的道路就会非常宽广。这个道理是个人就应该明白，陛下你怎么就不懂呢？

我们可以想象一下当时李世民脸上的表情，肯定是难看极了。话都已经说到这份上了，已经没有继续下去的必要了，于是李世民只得起身宣布退朝。

在被魏徵等人一顿"教训"之后，李世民分封的念头又沉寂了好多年。直到贞观十一年（637年）六月，李世民再次下诏：封李元景等二十一王刺史之职，世袭罔替，封长孙无忌等十四个勋贵大臣刺史之职，世袭罔替，没有特殊缘故，不得废黜。或许是受到了贞观五年（631年）魏徵犯颜直谏的鼓舞，这次众大臣们没有犹豫和退缩，而是群起反对，就连李世民最亲信的大臣长孙无忌和嫡长女长乐公主都劝李世民收回成命。最终李世民不得已取消了宗室勋贵世袭刺史的诏令。

就这样，李世民一直盼望的分封最终也没能够实现。实行分封制是开历史的倒车，必然会产生严重的后果。纵观李世民的执政生涯可以看出，李世民是一个非常重感情的人，在对儿子和亲信大臣的封赏方面，李世民是毫不吝啬的，或许他希望通过这种方式将核心统治力量牢牢团结在一起，但是他没想到自己的肆意封赏也会产生问题，力推分封就是表现之一。所以李世民和所有人一样，只是个凡人，也会犯错。李世民的英明之处在于，他善于纳谏，能够在关键时刻为大局着想，悬崖勒马，所以唐朝并没有再次出现分封制度。而在这个过程中魏徵的作用至关重要，如果没有魏徵带头反对，也许贞观五年李世民真的就把宗室成员派到地方当王爷了，最终这一局面没有出现，既是魏徵的功劳，也是大唐的幸运。

第二节　偃武兴文

两晋南北朝三百年，是中国历史上空前绝后的混乱时期，这一时期战乱频仍、干戈四起、民不聊生、文教废弛，武将在朝中掌握了绝对的话语权，各个政权的开国君主，大部分都是武将出身，受此影响，当时的社会尚武之风浓厚，这种情况即使是到了隋唐时期依然没有改变。

大唐王朝的建立，主要归功于以李渊为代表的关陇军事贵族集团，这个集团最重要的特点就是崇尚武力。关陇地区的尚武风气可谓是源远流长，早在两汉时期就有"关东出相，关西出将"的说法。所以我们才会看到，李世民以不到二十岁的年纪，在沙场上纵横驰骋、所向披靡，这在其他朝代是不多见的。关西地区是如此,其实关东地区也基本差不多,特别是河北、山东地区,那里长期处于北方少数民族的统治之下,所以不管是地主阶级还是普通平民,都渐渐染上了比较重的尚武之风。

　　随着大规模战争的结束,社会逐渐安定,经济建设和文化发展逐渐成为当时的主要任务,这种"以武立国"的局面明显已经无法继续下去了,所以李世民开始思考接下来如何治理国家。贞观二年(628年),李世民曾经问另一心腹谏臣王珪:"近代君臣理国,多劣于前古,何也?"最近这些朝代的君臣治理国家,多数都比不上上古时期的君臣,这是为什么呢?

　　王珪与魏徵曾同为东宫旧臣,在李渊时期二人皆被冷遇。李世民登基后,被拜为谏议大夫,与魏徵志同道合,相互帮扶。

　　对此王珪回答道:"古之帝王为政,皆志尚清净,以百姓之心为心。近代则唯损百姓以适其欲,所任用大臣,复非经术之士。汉家宰相,无不精通一经,朝廷若有疑事,皆引经决定,由是人识礼教,治致太平。近代重武轻儒,或参以法律,儒行既亏,淳风大坏。"①

　　这段话的意思是,古代帝王治理国家,大都崇尚清静无为,以百姓为中心。然而近代的君王却是以损害百姓的利益来满足自己的私欲,任用的大臣,也不再是汉代的精通纪史之士,不知参照经典治国安民,反而重视武功,轻视儒学,或者依靠刑律来治理国家,从而导致儒学受到破坏,古代淳朴的民

---

① 骈宇骞译注:《贞观政要》,中华书局2011年版,第29页。

风也就荡然无存了。

魏徵对王珪的说法十分赞同，还给李世民讲了西汉初年的一个故事。在取得楚汉之争的胜利，夺取天下之后，汉高祖刘邦志得意满，此时他身边的大臣陆贾经常在刘邦面前称引《诗经》《尚书》等儒家典籍。刘邦不耐烦地说："我马上得天下，要诗书何用！"陆贾反驳说："居马上得之，宁可以马上治之乎？使秦已并天下，行仁义，法先圣，陛下安得而有之？"刘邦听后面有惭色，便命陆贾著书论述秦亡汉兴、天下得失的道理，以资借鉴。陆贾遂著文十二篇，每奏一篇，刘邦都赞不绝口，这成为汉初刘邦治国的重要参考。

王珪的建议总结一下就是八个字：偃武修文，以文治国。听了魏徵的进一步解读之后，李世民深有同感。从此以后，官员中凡是精通儒学，又懂得治国之道的，大都得以提拔，并被委以重任。

李世民之所以会接受"偃武修文，以文治国"的方针，是因为他是亲眼看到了隋炀帝杨广统治时期徭役不止，穷兵黩武，同时又亲身经历了隋朝末年天下大乱，见识到兵戈四起的乱世景象。经过这一场巨大的变乱，唐朝初年的社会景象是"自伊、洛之东，暨乎海岱，萑莽巨泽，茫茫千里，人烟断绝，鸡犬不闻，道路萧条，进退艰阻"。人口稀少，荒地很多，道路不通，百废待兴。到了贞观初年，虽然社会经济有了一定的恢复和发展，但是较之隋朝鼎盛时期依然相去甚远。严峻的社会现实让李世民意识到，此时的社会已经经不起大的变乱了，必须结束兵戈，偃武修文。

　　李世民偃武修文、重视文教的一项重要措施就是改革科举制度。李世民运用科举制度选拔人才，首推其对进士科的重视。唐朝科举中最重要的两种考试是进士和明经，明经以考察对儒家经典的记忆为主，而进士科要考诗赋，诗是格律诗，赋是律赋，这种创作规矩较多，常常限韵、限题。所以进士科要比明经科难得多，而李世民高度重视进士科，就导致当时的文人对进士科趋之若鹜，因此进士科竞争非常激烈。当时流传着一句话："三十老明经，五十少进士。"还有人作诗云"太宗皇帝真长策，赚得英雄尽白头"。而李世民对此则是非常自豪，有一次科举考试放榜，李世民来到端门，看到城门下新科进士鱼贯而出，不禁高兴地说："天下英雄，入吾彀中矣！"

　　李世民重视文教的另一项重要措施是尊崇儒学。贞观二年六月，李世民对大臣们说："朕今所好者，惟有尧舜之道，周孔之教。"他还形象地说，儒家思想就像是飞鸟的翅膀、鱼儿赖以活命的水源，如果飞鸟失去了翅膀就不能够飞翔，鱼儿离开了水源，也就不能够存活。那么，大唐王朝离开了儒家思想的指导，也就难以有令人满意的发展。

　　在这种执政思想的指导下，李世民开始进一步提升孔子的社会地位，光大儒学。贞观二年，李世民专门在作为官方学校的国子学中设置了孔子庙堂，而且不再以周公为"先圣"，改以孔子为"先圣"、以颜子为"先师"。同时国子学规模也随之扩大，增建房舍四百多间，国子、太学、四门、广文也都增加了生员数额。李世民还多次到国子学了解办学情况，他让祭酒、司业、博士等官员讲解儒学，然后根据他们讲解的情况给予赏赐。贞观四年（630年），李世民诏令全国各州、县立孔子庙。后来，李世民又下诏尊孔子为"宣父"，并在兖州为孔子修建了庙宇，而且调拨了二十户人家专门服务、供养孔子的庙宇。

但是魏徵、王珪等人"偃武修文，以文治国"的建议并非一帆风顺，这中间也有人表示反对。

贞观七年（633年），李世民和大臣们讨论自古以来历代君王治国理政的得失，于是问道："当今大乱之后，造次不可致化。"他想问问大臣们，刚刚经历了大乱，短时间之内是否很难实现天下大治的目标了。

对此魏徵表示："不然，凡人在危困，则忧死亡；忧死亡，则思化；思化，则易教。然则乱后易教，犹饥人易食也。"意思就是，陛下此言差矣。人在危难困苦的时候，就会特别担心死亡，担心死亡就盼望天下太平，盼望天下太平就容易进行教化。因此大动乱之后反而容易进行教化，正像饥饿的人对饮食容易满足一样。

李世民说："善人为邦百年，然后胜残去杀。大乱之后，将求致化，宁可造次而望乎？"——贤明的人治理好国家往往需要百年之久，才能实现天下大治，大乱之后要想大治，怎可在短期内做到呢？他试图反驳魏徵。

魏徵回答："此据常人，不在圣哲。若圣哲施化，上下同心，人应如响，不疾而速，期月而可，信不为难，三年成功，犹谓其晚。"——陛下说的那根本不算是贤人，那都不过是普通人。如果让真正圣明的人来施行教化，上下同心，人们就会迅速响应，各项政策也会很快推行下去，只用一年就可以见成效，如果想最终成功，依我看三年都用不了。

魏徵一番话说得李世民心花怒放，原来还可以有这么快速治理国家的方法！不禁连连称赞。但是此时旁边的封德彝不乐意了，他说道："三代以后，人渐浇讹，故秦任法律，汉杂霸道，皆欲化而不能，岂能化而不欲？若信魏徵所说，恐败乱国家。"意思就是，夏、商、周三代以后，百姓日渐浮薄奸诈，所以秦朝专用法家思想治国，汉朝治国杂用各家思想，这些统治者们之所以这样做，是因为他们没法教化好百姓，如果能够教化好，怎么可能不去做呢？陛下如果相信了魏徵的话，那最终受害的只能是国家。

对此，魏徵反驳道："五帝、三王，不易人而化。行帝道则帝，行王道则王，在于当时所理，化之而已。考之载籍，可得而知。昔黄帝与蚩尤七十余战，其乱甚矣，既胜之后，便致太平。九黎乱德，颛顼征之，既克之后，不失其化。桀为乱虐，而汤放之，在汤之代，既致太平。纣为无道，武王伐之，成王之代，亦致太平。若言人渐浇讹，不及纯朴，至今应悉为鬼魅，宁可复得而教化耶！"①

魏徵的意思是，施行帝道就成为帝，施行王道就成为王，关键在于有没有施行教化而已。从前黄帝与蚩尤作战七十多次，而

---

① 骈宇骞译注：《贞观政要》，中华书局 2011 年版，第 39~40 页。

打胜以后很快就能太平起来。九黎作乱，颛顼出兵征讨，平定以后，仍可以实现天下大治。夏桀昏乱淫虐，商汤把他赶走，很快就实现了太平。商纣荒淫无道，周武王便起兵讨伐，到他儿子周成王在位时，也实现了太平。你说三代以来百姓日渐浮薄奸诈，那到现在，百姓岂不是都应变得和鬼魅一样，毫无教化的价值了？

魏徵与封德彝之间的争论，实际上是在治国方针上的争论。魏徵主张以文教治国，以儒家思想教化人心，进而实现社会安定，天下大治。而封德彝则认为，经过天下大乱之后，此时人心早已丧乱，道德沦丧，斯文扫地，此时谈论教化人心无异于痴人说梦，常言道乱世用重典，此时应该推行严刑峻法，以严厉的法律手段规范社会秩序，然后才能谈如何教化人心。

封德彝的主张听起来有道理，可是实际上并不可行，因为他没有意识到一个重要的社会现实——人心思定。经过隋末唐初的动乱，此时的百姓极度渴望过上太平的日子，他们希望干扰他们正常生活秩序的事情越少越好。如果推行严刑峻法，那么肯定会有很多官员为了追求表面的秩序安定而矫枉过正，打着"追捕盗贼"的旗号扰乱民众生活，这恰恰违背了"严刑峻法"这一政策的初衷，反倒会制造更多的动乱。

此后李世民依然支持魏徵"偃武修文"的主张，以儒家文化教化民众。李世民对文教的高度重视，极大地调动了全国上下学习儒家文化的积极性，以致"四方儒生负书而至者，盖以千数"。甚至影响到了吐蕃及高昌、高丽、新罗等地区，他们也都派遣子弟前来学习。于是,"国学之内,鼓箧升讲筵者,几至万人,儒学之兴,古昔未有也"。

为了更好地帮助皇帝以文治国、推行教化,贞观五年(631年),魏徵、褚遂良等人编撰了《群书治要》。魏徵等人遍阅群书,博采典籍六十五种,又以"务乎政术、本乎治要"为原则,删其繁芜,择其精粹,浓缩成五十卷的《群书治要》。魏徵将《群书治要》献给李世民,当作"偃武修文""治国安邦"的参考书,希望李世民以《群书治要》为鉴,以"圣贤"为训,吸取历史的经验教训。李世民对《群书治要》非常喜欢,认为此书取事面宽,要言不烦,可使自己稽古鉴今,临事不惑,除自己学习以外,还赐给太子和诸王每人一部。

贞观七年(633年),按照李世民的命令,魏徵编纂了《自古诸侯王善恶录》一书,将此书作为皇家教育的教材。这本书选取了历史上帝王及诸侯王的成败得失故事,按历史顺序和善恶两类,编辑成册,用以教育皇家子孙以古为鉴,注重道德修养。

对于魏徵在文教上的贡献,李世民是非常满意的,他一直铭记于心。有一次李世民对长孙无忌等人说:"朕即位之初,有上书者非一,或言人主必须威权独任,不得委任群下;或欲耀兵振武,慑服四夷。惟有魏徵劝朕'偃革兴文,布德施惠,中国既安,远人自服'。朕从此语,天下大宁。绝域君长,皆来朝贡,九夷重译,相望于道,凡此等事,皆魏徵之力也。"[①]

---

① 骈宇骞译注:《贞观政要》,中华书局2011年版,第397页。

李世民的意思是，我刚刚继位的时候，对于如何施政，很多人都提过意见。有人认为国君必须大权独揽，不能够过于信任大臣，有人认为应该施展兵威，以震慑四方。但是唯独魏徵劝我偃武兴文，布德施惠，他认为国内安定下来，则远人自服。我听了魏徵的话，结果经过这些年的治理，天下大治，周边的政权全部都来进贡朝觐。能够取得这样的成就，这都是魏徵的功劳！

第三节　倡导谏诤

魏徵最为人知的特点，就是他直言敢谏。对此清朝著名的历史学家赵翼曾经评价说："贞观中直谏者，首推魏徵。"但是在等级森严的封建社会，直言敢谏其实并不是一件容易的事情。在君权至上的情况下，很多大臣担心触怒皇帝，所以圆滑的大臣很多，敢于说真话的反而很少。即使是有少数人敢于说真话，这些话管不管用，还是取决于皇帝的态度。所以皇帝是不是闻过则喜、虚怀若谷，这对于能否广开言路、政治清明，至关重要。

正是因为意识到了这一点，所以在纳谏这件事上，魏徵很早就对李世民进行了系统的"思想教育"。

贞观二年（628年），有一次李世民问魏徵："人主何为而明，何为而暗？"

对此魏徵回答道："君之所以明者，兼听也；其所以暗者，偏信也。《诗》云：'先人有言，询于刍荛。'秦二世则隐藏其身,捐隔疏贱而偏信赵高,及天下溃叛,不得闻也。梁武帝偏信朱异,而侯景举兵向阙,竟不得知也。隋炀帝偏信虞世基,而诸贼攻城剽邑,亦不得知也。是故人君兼听纳下,则贵臣不得壅蔽,而下情必得上通也。"①

"先人有言,询于刍荛"是流传下来的古代诗句,意思是古人有言,要虚心向割草打柴的人请教。魏徵引用这句话想表达的意思是,古代圣贤尚且需要向被视为下贱的割草、打柴的人去请教,皇帝要想做明君流芳千古,更是需要广开言路。

在这段话中,魏徵还提到了三个因为不虚心纳谏而导致国破家亡的反面案例——秦二世、梁武帝和隋炀帝。秦二世深居宫中,隔绝贤臣,偏信赵高,结果后来民变四起,他依然在宫中寻欢作乐;梁武帝偏信朱异,结果到侯景兴兵作乱围攻都城的时候,他还一无所知;隋炀帝偏信虞世基,到各路反隋兵马已经攻城略地、势力坐大时,他依然不加留意。

在讲完了这些案例之后,魏徵得出了一个结论——兼听则明,偏信则暗。这八个字成了魏徵劝谏君主的核心思想,也成了流传千年的名言警句。

不过刚开始的时候李世民并不认为纳谏有多难,在他看来纳谏不就是广开言路,多听听意见吗?这有什么难的?如果这样就能治理好国家,那么治理国家也没什么难的。

有一次他曾经问魏徵:"你觉得守天下难吗?"

---

① 节选自骈宇骞译注:《贞观政要》,中华书局 2011 年版,第 4 页。

魏徵说："非常难。"

对此李世民表示反对："治理国家，任用贤能，接受诤谏，这就足够了，有什么难的？"

对此，魏徵回答道："观自古帝王，在于忧危之间，则任贤受谏。及至安乐，心怀宽怠，言事者为令兢惧，日陵月替，以至危亡。圣人所以居安思危，正为此也。安而能惧，岂不为难？"①意思就是，自古以来，君王只有处在危难之中的时候，才想起来任用贤能，广纳诤谏，等到安逸下来，就立刻将这些抛之脑后，又开始懈怠，而大臣也都小心翼翼，不敢说话。这样长此以往，国家就会逐渐走向灭亡。因此圣人才会居安思危。试想一下，一个人处在安逸的环境之中，却依然能够时时充满惊醒、心怀畏惧，这怎么会不难呢？

为了让李世民更好地理解纳谏的重要性和难度，魏徵还给他讲了一个隋朝时的故事。隋炀帝时，有个地方发生了一起盗窃案件，隋炀帝派于士澄前去抓捕，结果于士澄大兴冤狱，只要稍有嫌疑的相关人员，就立刻抓起来严刑拷打。重刑之下，竟然有两千多人承认自己是盗贼。而后隋炀帝大笔一挥，下令将这两千多人全部处死。

主管刑狱的大理寺丞张元济觉得此事颇为奇怪，两千多人一同盗窃也太不可思议了。他疑惑之下就调阅了文书档案，又进行了一番查证，结果查出只有九个人形迹可疑。就是这九个人中，

---

① 骈宇骞译注：《贞观政要》，中华书局 2011 年版，第 24 页。

张元济的同僚还认识其中四个,能够担保他们绝对不是盗贼。也就是说,两千多人犯中,只有五个人是真凶,其他全部是无辜百姓。但因为隋炀帝已经下令斩立决,龙威之下,司法部门竟没有一个人敢触逆鳞,提出异议,除那五名真凶外,两千多人被冤杀。

魏徵不断向李世民强调君主纳谏的重要性,让李世民深有同感,同时李世民本身也是一个虚怀若谷、有容人之量的君主,所以李世民决定广开言路,鼓励官员上书言事。但是具体应该怎么广开言路呢?魏徵先后给李世民提过三个建议:

第一,皇帝要以身作则,大力提倡下级谏言。

有一次李世民问魏徵:"怎么最近这段时间都没人向我提意见呢?"魏徵说:"陛下虚心采纳,诚宜有言者……但人之才器,各有不同。懦弱之人,怀忠直而不能言;疏远之人,恐不信而不得言;怀禄之人,虑不便身而不敢言。所以相与缄默,俯仰过日。"①魏徵的意思是,陛下您向来虚心纳谏,本来应该有很多人上书言事才对。但是每个人的才能气度都各有不同。有些胆小的人,他们虽然忠诚但是却不敢进谏;有些和您疏远的人,他们怕自己不被信任而不敢进谏;有些贪恋权位的人,他们怕被怪罪、失去权力而不敢进谏。在这种种原因之下,大家就都沉默不言,浑浑噩噩度日。

听完魏徵的话,李世民感慨道:"诚如卿言。朕每思之,人

---

① 骈宇骞译注:《贞观政要》,中华书局2011年版,第106页。

臣欲谏，辄惧死亡之祸，与夫赴鼎镬、冒白刃，亦何异哉？故忠贞之臣，非不欲竭诚，竭诚者乃是极难。所以禹拜昌言，岂不为此也！朕今开怀抱，纳谏诤，卿等无劳怖惧，遂不极言。"①李世民知道了，有些官员因为怕遭到杀身之祸，所以都束手束脚，并不是大臣都不想尽忠，只是尽忠实在是太难了。他决心今后要敞开心胸接受进谏，让大臣不要再有任何的顾虑。

第二，在接受谏言的时候，皇帝必须和颜悦色，不能用帝王的威严来威服下级。

当时有一名官员，名叫胡裴始毕，是一名胡人，他每次上书谈论西域各部族的事情，都说得入情入理、头头是道，但是李世民找他面谈的时候，他却非常紧张，甚至经常说不出话来。对此李世民询问魏徵这是为何，魏徵回答："天颜俯临，岂得不惧。臣见在外诸司，欲奏事者，先三五日反复寻思，及其临奏，三分不能道得一分。寻常易事，尚难如此，况争谏之人，出言皆是触忤。赖蒙陛下假其颜色，若不如此，理终不申。"②意思就是，面对帝王的威严，有几个人会不惧怕呢？那些上书言事的大臣，每次上书之前，都要反复思量三五日，心里虽有很多话想说，但是最后真正说出口的，也就是一小部分，这都是再正常不过的事情。寻常上书尚且如此，更别说进谏了。所以陛下如果不和颜悦色的话，就没有几个大臣敢说话了。

第三，必须让大臣畅所欲言，不必苛求每句话说得都对。

---

① 骈宇骞译注：《贞观政要》，中华书局 2011 年版，第 107 页。
② 《魏郑公谏录》第三卷《对奏事战惧》。

在李世民广开言路、鼓励进谏之后，上书的人非常多，这其中有些人的意见并不对，李世民看了之后很生气，时间长了就不想再看了。对此魏徵劝道："古者立谤木，欲闻己过。封事，其谤木之遗乎！陛下思闻得失，当恣其陈。言而是乎，则为朝廷之益；非乎，亦无损于政。"

在魏徵看来，皇帝应该让大臣各抒己见，畅所欲言，大臣说得对，那对朝廷自然是好事；大臣说得不对，那朝廷也没什么损失啊！只有不对大臣的言论过多苛求，才能打消大臣心中的疑虑，他们才会大胆提出自己的意见，这对于朝廷风气有极大的裨益。

在魏徵的悉心劝导和辅佐之下，李世民对于大臣的谏言越来越重视，朝廷官员踊跃上书言事，朝廷风气为之一变，这为贞观之治的出现奠定了重要基础。

与此同时，魏徵却陷入了思考，当今皇上确实是一位能够广开言路的明君，但是以后的皇帝会不会也这样呢？朝廷的风气和皇帝的个人秉性有着直接的关系，如果下一任皇帝是一个刚愎自用、不听忠言的人，到时候万马齐喑，朝廷风气必将大坏，自己今日的所有努力就都将付之东流。怎样才能让现在的谏言之风长久保持，不因君主的个人好恶而改变呢？魏徵思索了良久，他认为想达到这个目标，就只有一个办法，那就是构建一种制度，把大臣进谏作为一项国家法定制度确立下来。

于是在魏徵的建议之下，李世民从制度上对官员进谏做出了两项比较重要的规定：

第一，进一步完善决策过程。

唐朝时期实行三省六部制，三省分别是中书省、门下省和尚书省。

中书省为秉承君主意旨，掌管机要和发布皇帝诏书以及中央政令的最高机构，军国大事、官吏任免等凡是需要皇帝下诏的，都由中书省来起草。

门下省负责审核政令，中书省起草的诏书经门下省审查同意后，才能交尚书省执行。门下省如果觉得中书省的诏令不妥，就可以将诏书退还中书省让其重新起草，甚至还可以涂改诏书，直接在诏书上作批示。中书省修改后，重新交门下省进行审核。

尚书省之下设有六部，负责执行国家的重要政令。

由此可以看出，三省分别掌管决策、审核和执行，尤其是门下省，起着非常重要的制约和监督的作用。但是在实际执行的过程中，这一制度却逐渐走了样。官员之间都是同僚，出于私人交情或者不愿得罪人等原因，门下省的官员即使觉得中书省的诏令有问题，也往往不提出异议，依然签署执行，这就导致门下省的监督作用在很多时候形同虚设。

在担任尚书左丞之后，魏徵对于这一弊端有着深切的认识，于是他向李世民进谏，讲述了门下省监督作用的有名无实。李世民得知此事之后，对门下省长官侍中王珪等人怒道："国家本置中书、门下以相检察，中书诏敕或有差失，则门下当行驳正。人心所见，互有不同，苟论难往来，务求至当，舍己从人，亦复何伤！比来或护己之短，遂成怨隙，或苟避私怨，知非不正，顺一人颜情，为兆民之深患，此乃亡国之政也。炀帝之世，内外庶官，务相顺从，当是之时，皆自谓有智，祸不及身。及天下大乱，家国两亡，虽其间万一有得免者，亦为时论所贬，终古不磨。卿曹各当徇公忘私，勿雷同也！"①

李世民警告他们：本来设置中书省和门下省，就是让二者互相监督的，中书省的诏令若有问题，门下省必须立刻驳正。人与人之间的见解不同，所以才需要互相辩驳讨论，以求得一个最正确的结论。结果你们有些人出于私心，明知政令不妥也不说，这时候相互送的人情，就是给亡国埋下的深患！隋炀帝的时候就有人这么干，他们当时还觉得自己很聪明，沾沾自喜，结果后来天下大乱，国破家亡，你们这些人一定不要像他们那样啊！

在魏徵的建议下，李世民也明白，要想解决这个问题就必须从制度上下功夫。在中书省内，李世民推行了名为"五花判事"的制度。当时中书省内负责起草诏令的是中书舍人，当时中书舍人共有六人，面对军国大事，如果这六人意见不同，则各自把自己的意见写出来，交由中书省长官中书令、中书侍郎决定，这被称为"五花判事"。中书省做出决定之后，将诏令交由门下省进行审议。李世民下诏要求门下省必须发挥好自己的监督作用，中书省诏令如有不当，必须驳正。李世民的这一系列措施，既在中书省内实现了官员们的各抒己见，民主决策，同时又强化了门下省的监督之权，保证了政令的科学准确。

---

① 司马光：《资治通鉴》卷第一百九十二，中华书局2011年版，第9206页。

第二，让谏官参与决策过程。

现在人们经常使用到成语"拾遗补阙"，这个成语就起源于唐代，是为皇帝服务的两个谏官的名称。谏官制度最早设立于先秦时期，魏晋南北朝时初具雏形。到了唐代，谏官制度逐渐趋于成熟。唐朝的谏官分别隶属于中书与门下两省，主要包括隶属于门下省的左散骑常侍，左补阙，左拾遗，谏议大夫；以及隶属于中书省的右散骑常侍，右补阙，右拾遗。

这些谏官加起来有几十人，数量已经很多了，但是依然存在一个问题，就是谏官的地位并不高，不能参与中央决策。谏官中品级最高的是从三品的左右散骑常侍，但是正因为其品级较高，地位尊崇，有"谓之侍极，宰臣次列"之称，所以唐代的散骑常侍更多的是作为加官授予功臣或者元老。所以实际上谏官中品级最高的只是魏徵担任的五品谏议大夫，而五品官明显是没有资格参与中央决策的。

有鉴于此，魏徵力主让谏官参与决策，从而进一步提高谏官的地位，同时也让谏官有更多的机会进言，充分发挥作用，对此李世民表示同意。李世民下诏："宰相入内平章国计，必使谏官随入，预闻政事。有所开说，必虚己纳之。"也就是说，宰相入朝商讨国家大事的时候，必须要让谏官也一起跟着进来，让他们听一听朝政的决策过程，并且可以提出自己的意见。这一制度开始实行之后，谏官地位进一步提升，朝廷的决策过程进一步优化。

由于采取了切实可行的措施广开言路，贞观朝谏臣盈庭、进谏成风，出现了封建时代罕见的开明局面。不管是达官显贵，还是县官小吏，都敢于直言进谏。

贞观四年（630年），李世民想重修洛阳乾元殿，这一决定遭到了给事中张玄素的强烈反对。张玄素认为，重修洛阳乾元殿，花费巨大，于国力、民力都是巨大的损害。在奏折中张玄素表示，皇帝如果坚持重修乾元殿，那就是"承凋残之后，役疮痍之人，费亿万之功，袭百王之弊"，简直不如隋炀帝！

听到张玄素这样说，李世民并未动怒，而是感到意外，他没想到竟然会有人说自己还不如隋炀帝。于是他把张玄素召来问道："你说我不如隋炀帝，那我比起夏桀、商纣如何？"张玄素毫不畏惧，直接说道："如果修了乾元殿，那陛下就和夏桀、商纣一样了。"看到张玄素如此耿直，李世民感慨道："以卑干尊，古来不易，非其忠直，安能如此？且众人之唯唯，不如一士之谔谔。"①敢于以下犯上的人，自古以来少有之，如果没有忠直的品性，怎么可能做得到呢？唯唯诺诺的人再多，也不如一个敢言直谏的人。随后李世民下诏赏赐张玄素绢两百匹，并取消了重修乾元殿的计划。

不仅朝中大小官员都敢进谏，在后宫里，皇后、嫔妃、皇子等人也敢于直谏。李世民有一匹爱马，有一天突然病死了，李世民非常生气，认为是养马的人没有照料好，于是就要把养马的人杀了。此时长孙皇后劝谏道："昔齐景公以马死杀人，晏子请数

---

① 骈宇骞译注：《贞观政要》，中华书局2011年版，第119页。

其罪云：'尔养马而死，尔罪一也。使公以马杀人，百姓闻之，必怨吾君，尔罪二也。诸侯闻之，必轻吾国，尔罪三也。'公乃释罪。陛下尝读书见此事，岂忘之邪？"①

长孙皇后讲的这个故事发生在春秋时期。齐景公一匹心爱的马突然死了，齐景公大怒，就下令把养马的人杀了。晏子对齐景公说："这个人的确该死，但是他还不知道自己犯了什么罪，就让我来说一说吧。"于是他开始数说养马人的罪状："你犯了三条大罪：国君让你养马你却把马养死，这是第一罪；因为你养死了马而使国君杀人，百姓听说之后一定会怨国君，这是第二罪；诸侯听说此事之后一定轻视我国，这是第三罪。"经晏子这么一番"指桑骂槐"，齐景公就把养马人放了。

听到长孙皇后讲了这么一个故事，李世民这才消了怒火，下令把养马人放了。

虽然朝廷内外敢言直谏已经蔚然成风，但是进谏毕竟是一件很容易得罪人的事情，虽然李世民为人宽容，但是也有心情不好的时候，此时如果有人撞到枪口上，那可就危险了。所以魏徵在自己不断谏言的同时，还非常注重对于谏臣的保护。

贞观八年（634年），陕县的县丞皇甫德参上书："修洛阳宫，劳人；收地租，厚敛；俗好高髻，盖宫中所化。"意思就是陛下下令修宫殿、收地租，都加重了人民负担，现在女子喜好束高髻，这也是受宫中的影响。李世民听后直接火了，怒道："德

---

① 骈宇骞译注：《贞观政要》，中华书局2011年版，第120页。

参欲国家不役一人，不收斗租，宫人皆无发，乃可其意邪！"李世民认为皇甫德参在毁谤自己，蔑视朝廷，于是下令将皇甫德参严惩。

听闻此事后魏徵急忙进言道："自古上书，率多激切。若不激切，则不能起人主之心。激切即似讪谤，惟陛下详其可否。"①魏徵告诉李世民，从古以来上书奏事，往往言辞激切，因为如果不激切，就不能打动君主的心。言辞激切就近似毁谤，但是绝非有意蔑视君主，还希望陛下别放在心上。于是李世民火气逐渐降了下来，还下令赏赐皇甫德参帛二十段。

第四节　选贤能，黜奸佞

在魏徵对李世民的诸多谏言之中，选贤任能是非常重要的内容，对此魏徵提出了一整套理论和主张，作为判断官员的标准和原则，其中许多被李世民采纳，成为贞观年间乃至后世选拔人才的重要标准。他的这些主张集中体现在贞观十四年（640年）的一封奏疏之中。

在这篇奏疏的开篇，魏徵就强调了选贤任能的重要性，他指出："臣闻知臣莫若君，知子莫若父。父不能知其子，则无以睦一家；君不能知其臣，则无以齐万国。万国咸宁，一人有庆，必

---

① 骈宇骞译注：《贞观政要》，中华书局2011年版，第125页。

借忠良作弼，俊乂在官，则庶绩其凝，无为而化矣。"①意思就是，父亲不了解儿子，家庭就不会和睦；君主不了解大臣，国家就不会安宁。如果想天下安定，四海升平，那么君主就需要有良臣辅佐。如果贤能之人遍布朝野，那么君主不必操劳，天下就可以安定了。

但是话锋一转，魏徵又讲到了现实，他说："然而今之群臣，罕能贞白卓异者，盖求之不切，励之未精故也。若勖之以公忠，期之以远大，各有职分，得行其道；贵则观其所举，富则观其所养，居则观其所好，习则观其所言，穷则观其所不受，贱则观其所不为；因其材以取之，审其能以任之，用其所长，掩其所短。"②

魏徵的意思是，现在朝中真正贤能的人并不多，主要是对他们要求不严、磨砺不够，要用忠心报国和远大理想要求他们，让他们各司其职、各展其能。一个人显贵时要看他举荐什么人，富裕时则看他如何花钱，看他在家时喜好什么，看他和亲近的人说了什么，穷困时看他是否贪图不当的利益，地位低时则看他是否有所不为，在不同的处境下观察其行为，就可以对他有一个全面的认识。再根据他的才能酌情使用，让他能够扬长避短，施展其能。

那么考察人才的具体标准是什么呢？魏徵提出了"六正"和"六邪"的标准。

---

① 骈宇骞译注：《贞观政要》，中华书局2011年版，第196页。
② 骈宇骞译注：《贞观政要》，中华书局2011年版，第199页。

"六正"包括以下六条：

第一，"萌芽未动，形兆未见，昭然独见存亡之机，得失之要"，即对事情的发展有洞察力和预见性，能够防患于未然。

第二，"虚心尽意，日进善道，勉主以礼义，谕主以长策"，即能够尽心尽力向君主提出好的建议，匡正君主的错误。

第三，"夙兴夜寐，进贤不懈，数称往古之行事，以厉主意"，即能够坚持不懈为国家举荐贤才。

第四，"明察成败，早防而救之，塞其间，绝其源，转祸以为福"，即能够明察秋毫，杜绝隐患，保证社会安定。

第五，"守文奉法，任官职事，不受赠遗，辞禄让赐，饮食节俭"，即能够秉公守法，办事公道，不收受贿赂，生活节俭。

第六，"家国昏乱，所为不谀，敢犯主之严颜，面言主之过失"，即在国家混乱之时，依然能够不阿谀奉承，敢言直谏。

"六邪"则包括以下六条：

第一，"安官贪禄，不务公事，与世浮沉，左右观望"，即贪图权位，不干正事，随波逐流。

第二，"主所言皆曰善，主所为皆曰可，隐而求主之所好而进之"，即君主说什么就是什么，并对君主的喜好加以逢迎。

第三，"内实险诐，外貌小谨，巧言令色，妒善嫉贤"，即内心阴险，巧言令色，嫉贤妒能。

第四，"智足以饰非，辩足以行说，内离骨肉之亲，外构朝廷之乱"，即善于掩饰，巧舌如簧，无事生非，制造混乱。

第五，"专权擅势，以轻为重，私门成党，以富其家"，即独断专权，结党营私，损公肥私。

第六，"谄主以佞邪，陷主于不义，朋党比周，以蔽主明"，即以花言巧语蒙蔽君主，结纳朋党，陷君主于不义。

随后魏徵说道："国家思欲进忠良，退不肖，十有余载矣，徒闻其语，不见其人，何哉？盖言之是也，行之非也。"魏徵发现，国家想要选拔贤能已经十多年了，但是效果并不显著，最主要的原因是说得太多，做得太少。那应该怎么做呢？魏徵认为，应该"赏不遗疏远，罚不阿亲贵，以公平为规矩，以仁义为准绳，考事以正其名，循名以求其实，则邪正莫隐，善恶自分。然后取其实，不尚其华，处其厚，不居其薄，则不言而化，期月而可知矣"[①]。也就是说，对大臣进行赏罚的时候，要不管亲疏远近，公正公平，贯彻仁义，追求实际的工作成绩，这样一来，一个人的能力水平也就清晰可见了。然后去其浮华，根据他们的真才实学加以录用。

魏徵所提出的"六正""六邪"等一系列的选拔人才的标准，是封建社会用人标准的有益总结。魏徵不仅建议朝廷将其作为选拔人才的参考，自己也以此作参考考察人才。在魏徵推荐的人中，最著名的有三位：杜正伦、侯君集和褚遂良。

（一）杜正伦

杜正伦，我们前文已经提到过，因为推荐杜正伦，魏徵还遭到了弹劾。不过杜正伦并没有辜负魏徵，他在就任兵部员外郎之

---

① 骈宇骞译注：《贞观政要》，中华书局2011年版，第203页。

后，工作勤勤恳恳，深受李世民信赖。第二年，杜正伦改任给事中，负责撰写《起居注》。虽然这一职务没什么权力，但是杜正伦依然非常重视，他曾对李世民说："君举必书，言存左右史。臣职当修起居注，不敢不尽愚直。陛下若一言乖于道理，则千载累于圣德，非直当今损于百姓，愿陛下慎之。"①意思就是，君主的言行都要记录在史书中，我的职责就是撰写《起居注》，所以不敢不尽职尽责。陛下如果做出有违常理的事情，我也只能秉笔直书，到时候陛下的行为不但侵害了百姓，还将会传之后世，希望陛下慎重行事。李世民听后非常高兴，赐其绢帛二百段。

贞观四年（630年），杜正伦就任中书侍郎，成为中书省副长官。后来，杜正伦又兼任太子左庶子、崇贤馆学士，并加散骑常侍，被赐爵南阳县侯，担负起了教导太子李承乾的任务。自此，杜正伦成为朝中重臣，一时风云人物。

（二）侯君集

侯君集，出生年份不详。侯君集早年没什么本事，却喜欢夸夸其谈，他学弓箭学不会，还号称自己很勇武。后来入秦王府，跟随李世民南征北战，立下军功，逐渐被李世民赏识，得以参与各项事务的谋划，受封为左虞候、车骑将军，封全椒县子。因为在玄武门之变中表现勇武，侯君集青云直上，被封为左卫将军、潞国公。贞观四年，侯君集更是接替李靖，出任兵部尚书。

侯君集的飞速蹿升自然引起了很多人的嫉妒和不满，虽然魏

---

① 刘昫等撰：《旧唐书》卷七十《杜正伦传》，中华书局1975年版，第1841页。

征也觉得李世民对侯君集的提拔过于着急,但是对于侯君集的个人能力,魏徵还是高度认可的,他曾经对李世民说侯君集有宰相之才,应充分重用。李世民听从了魏徵的意见,给了侯君集很多建功立业的机会。贞观九年(635年)三月,侯君集跟随李靖进击吐谷浑,侯君集率军长途奔袭两千余里,大获全胜。贞观十四年(640年),侯君集率军万里远征高昌,再次得胜而归,成为大唐国防柱石。

(三)褚遂良

褚遂良,生于公元596年,杭州钱唐人。年少时,褚遂良在陇西割据势力薛举手下担任通事舍人,薛氏政权被李世民消灭之后,褚遂良也被收编到李世民麾下,担任铠曹参军,成为秦王府僚属。褚遂良博览群书,文采出众,同时他的书法也是极为出色,不过在很长一段时间里褚遂良一直得不到重用,直到贞观十年(636年),褚遂良才出任起居郎,负责撰写《起居注》。

贞观十二年(638年),著名的书法家虞世南逝世,李世民感慨道:"世南死后,无人可以论书。"早已对褚遂良的才能有充分了解的魏徵趁机说道:"褚遂良下笔遒劲,甚得王逸少体。"王逸少,指的就是王羲之。听到此人有如此才能,李世民立刻下令召见褚遂良。果然如魏徵所言,褚遂良书法出色,当时李世民收集了大量王羲之书法,但是难辨真伪,褚遂良一一辨认,事后经调查,全如褚遂良所言。李世民大喜,遂将褚遂良留在身边。此后褚遂良先后被提拔为谏议大夫、黄门侍郎,贞观二十二年(648年),褚遂良被任命为中书令。

虽然因为废太子事件，侯君集和杜正伦都没有保住晚节，但是这些事情都是发生在魏徵去世之后，那已经不是魏徵能够左右的了。不可否认的是，魏徵推荐的这三人，每个人都是一时俊杰，才能卓越，为唐朝立下了汗马功劳。

在不断举贤任能的同时，对于奸邪小人，魏徵总是毫不留情地加以打击。贞观五年（631年），当时的持书侍御史权万纪、侍御史李仁发经常向李世民打小报告，揭发别人的隐私，李世民对这两人非常重视，多次召见，这两人也越发有恃无恐，肆意弹劾大臣，诬陷诽谤，搞得朝中乌烟瘴气。朝中大臣都知道这两人是奸邪小人，但就是没人敢和李世民说。

关键时刻，魏徵上疏李世民："权万纪、李仁发并是小人，不识大体，以谮毁为是，告讦为直，凡所弹射，皆非有罪。陛下掩其所短，收其一切，乃骋其奸计，附下罔上，多行无礼，以取强直之名。"①魏徵告诉李世民，权万纪、李仁发都是小人，他们不识大体，就知道弹劾诽谤，他们说的事情几乎全都是假的。陛下不但不加以制止，反而对其屡屡纵容，把朝中风气搅得浑浊不堪，这两人反而因此得了一个"强直"的名声。

不过魏徵也明白，李世民绝非愚钝之人，他一定能区分忠奸，他这么做肯定是有原因的，魏徵直接戳破了李世民的心思，根本不给李世民留面子："臣伏度圣心，必不以为谋虑深长，可委以栋梁之任，将以其无所避忌，欲以警厉群臣。若信狎回

---

① 骈宇骞译注：《贞观政要》，中华书局2011年版，第203页。

邪，犹不可以小谋大，群臣素无矫伪，空使臣下离心。"——臣觉得，陛下肯定不会认为这两个人说的是真的，也绝不会认为他们是栋梁之材，您之所以让他们这么放肆，无非就是想让他们来警醒鞭策群臣。但是陛下如果长期宠信这些小人，让他们无中生有，长此以往，只会让大臣们离心离德。

最后，魏徵更是指天立誓："自驱使二人以来，有一宏益，臣即甘心斧钺，受不忠之罪。陛下纵未能举善以崇德，岂可进奸而自损乎？"陛下任用这两人以来，他们要是干过一件好事，我魏徵甘愿受死！陛下您即使不想任用贤人，也不能任用两个小人来自损名声啊！

魏徵的谏言虽然很多，但是像这封奏疏这样言辞激烈，甚至指天立誓的，非常少见，证明此事真的是触及魏徵的底线了。看到这样一封奏疏，李世民也觉得自己做得不妥，所以就下令将权万纪贬为连州司马，将李仁发直接罢官。朝中大臣知道这一消息之后，互相庆贺，欢欣鼓舞。

魏徵不仅仅对朝中小人进行打压，对于宫中奸邪，魏徵也非常警惕。

贞观十一年（637年），当时常常有宦官作为使者出宫办事，他们经常听信坊间的风言风语，无中生有，回宫后在皇帝面前对朝中大臣进行诽谤。魏徵于是对李世民进谏："阉竖虽微，狎近左右，时有言语，轻而易信，浸润之谮，为患特深。今日之明，必无此虑，为子孙教，不可不杜绝其源。"①魏徵的意思是，宦官虽然地位低微，但是他们朝夕服侍在君主左右，他们的话很容易影响君主的判断，危害甚大。现在陛下圣明，自然不必有此顾虑，但是为了子孙后代着想，陛下依然有必要限制一下宦官的权力。

宦官干政，是中国古代一个危害甚深的顽疾。因为宦官具有接近皇帝、说话方便、地位特殊等优势，一旦宦官有机会掌控朝政，那么往往都会成为巨大的祸患。东汉末年十常侍制造的"党锢之祸"，株连上千名天下名流，令人胆战心惊。历史的前车之鉴必须要引起今人足够的重视，所以魏徵才会如此担心宦官干政。而李世民也很快就听从了魏徵的意见，下令禁止宦官出宫充当使臣。

---

① 骈宇骞译注：《贞观政要》，中华书局2011年版，第359页。

第六章 直谏佑苍生（下）

第一节 阻纳郑女，规范后宫

李世民的文治武功，震烁古今，他在位期间，从谏如流，励精图治，一手缔造了政治清明、经济复苏、文化繁荣的贞观盛世。李世民在位期间，不论是内政还是外交，几乎都是无可指责的，朝堂之上的李世民固然万众瞩目，走下朝堂后，一代雄主的后宫生活也同样引人注目。

在李世民的后宫之中，有两位妃子是很值得注意的，分别是：

（一）杨妃

杨妃，名讳不详，生卒年不详，但是她有一个很特殊的身份，她是隋炀帝杨广的女儿。在史书中，并没有李世民娶隋朝公主的记载，而杨妃的儿子李恪出生于武德二年（619年），所以可以肯定杨妃极有可能是在隋朝末年杨广死后、天下大乱之时，大概是公元617年或618年被李世民纳为王妃。此后杨妃先后为李世民生下了第三子吴王李恪和第六子蜀王李愔。

（二）巢王妃

这位巢王妃是何许人也？李世民即位后，于贞观二年（628年），将李元吉以王礼改葬，追封李元吉为海陵郡王，谥号为刺。贞观十六年（642年），又追封李元吉为巢王。是的，这位巢王妃曾经是李元吉的王妃。在玄武门之变后，李世民将李元吉的妃子据为己有，后来这位巢王妃为李世民生下了第十四子李明。

贞观二年（628年），当时的通事舍人郑仁基有一个女儿，年方十六七岁，长得特别漂亮，是举世罕有的美女。李世民听说之后，就想将其纳入后宫，于是封她为充华（后妃的一种称号）。当时诏书已经下发了，只不过使者还未动身去下达旨意。

当时正在处理政务的魏徵看到这份诏书之后，急忙进行了一番调查，之后他内心大呼不好，原因很简单，魏徵发现这位郑家女子已经许配给了世族陆爽为妻，虽然还没有举行婚礼，可是已经定亲了，皇帝这样做，岂不成了仗势欺人、强抢他人之妻吗？于是魏徵立刻飞奔到李世民面前，对李世民说道："陛下为人父母,抚爱百姓,当忧其所忧,乐其所乐。自古有道之主,以百姓之心为心,故君处台榭,则欲民有栋宇之安;食膏粱,则欲民无饥寒之患;顾嫔御,则欲民有室家之欢。此人主之常道也。今郑氏之女,久已许人,陛下取之不疑,无所顾问,播之四海,岂为民父母之道乎?臣传闻虽或未的,然恐亏损圣德,情不敢隐。君举必书,所愿特留神虑。"①

魏徵劝阻的理由是:"自古有道之主,以百姓之心为心。"后七个字出自《老子》第四十九章:"圣人无常心,以百姓心为心。善者,吾善之;不善者,吾亦善之;德善。"——圣人是没有私心的,以百姓的心为心。善良的人,我以善良对待;不良的人,我也以善良对待;这样使人同归于善良。魏徵把圣人易为"有道之主",是让李世民以有道明君来要求自己。

"忧其所忧,乐其所乐",源自孟子的"与民同忧乐"的主张。齐宣王对孟子说,自己有喜欢财富与女人的毛病。孟子则告诉他,如果能使境内没有找不到丈夫的女子,也没有找不到妻子的男人,户户家给人足,那么君主"好货""好色"又有什么关系呢?"好货"与"好色"不可怕,重要的是君主是否有与民同忧乐的素质,不可把自己的"乐"建立在民众的"苦"之上。

魏徵认为,君主身居亭台楼阁中,就要想百姓是不是都有房子安身;君主吃美味佳肴,就要想百姓是不是仍受饥寒之苦;君

---

① 骈宇骞译注:《贞观政要》,中华书局2011年版,第132页。

主嫔妃众多，就要想百姓是不是也有婚配成家的欢乐。

通过这些论述，魏徵最后劝谏李世民，如今郑家的女儿早就已经许配别人了，陛下毫无顾忌，依然决定要娶她，这要是传出去让天下人都知道了，大家都会说，这不是为人父母的明君该做的事情。

不过魏徵最后也是给了李世民一个台阶下，他说："这事只是我听说的，不一定是真的，但是我惟恐此事会损害陛下的圣德，所以不敢迟疑和隐瞒，必须立刻进谏。君主的一言一行，都有史官记录，陛下一定要谨言慎行啊！"其实魏徵知道这事肯定是真的，因为皇帝诏书都已经下达了，只是还没有发出，怎么可能是假的呢？但是魏徵之所以这么说，就是想提醒李世民，您如果趁着诏书还没有下达，赶紧把诏书追回了，那么大家就都可以当这事没发生，您的声誉也丝毫不会受到任何的影响。

由此可见，魏徵绝非一个只会逆着皇帝意思的"刺头"，他也知道要时不时给皇帝留面子，而且进谏时非常注意说话的方法和分寸，要给皇帝留有余地。

对于李世民来说，娶郑氏女这事，魏徵既然主动给了自己台阶下，那自己也只能顺水推舟了，如果自己不顺着魏徵的建议，那按魏徵的脾气接下来肯定会和自己反复周旋此事。在听到魏徵这么说之后，李世民立刻震惊地说："郑氏女竟然已经许配人家了！朕还不知道啊！朕思虑不周，这全是朕的错，没有好好查清楚了。朕这就把诏令追回来！"

本来这事儿到这里也就可以结束了，但是没想到有人节外生枝。尚书左仆射房玄龄、中书令温彦博、礼部尚书王珪、御史大夫韦挺等人出于保护皇帝颜面，联名上书表示："郑氏女毕竟还没有举行婚礼，还没有正式嫁入陆家，皇上将其纳入后宫，这没什么错，诏书既然都已经下了，就是皇帝的命令，再慌乱追回，有损皇帝颜面。"

就在此时，郑氏女的"夫家"陆爽也上书李世民："我父亲陆康在世的时候，确实曾经和郑家有来往，也曾经互相赠送过礼物，但是绝对没有提及婚姻之事。坊间流传郑氏女已经许配给我了，这是绝对没有的事，这都是外边的人不知实情，胡乱猜测罢了。"

随后，又有更多的大臣劝说李世民可以将郑氏女纳入后宫。此时李世民也感到迷惑了，于是他问魏徵："群臣劝说我或许是在曲意逢迎我，为什么陆家还要这么极力撇清和郑家的关系呢？"

魏徵回答道："依我看，陆家的心思简单得很，他们是把陛下看成和太上皇一样的人了。"

李世民有些错愕地问道："这事儿和太上皇有什么关系？"

魏徵说："太上皇初平京城，得辛处俭妇，稍得宠遇。处俭时为太子舍人，太上皇闻之不悦，遂令出东宫为万年县，每怀战惧，常恐不全首领。陆爽以为陛下今虽容之，恐后阴加谴谪，所以反复自陈，意在于此，不足为怪。"[1]魏徵在这里讲了一个故

---

[1] 骈宇骞译注：《贞观政要》，中华书局2011年版，第133页。

事，当年李渊刚进入长安的时候，看上了当时担任太子舍人的辛处俭的老婆，就把这名女子据为己有。在强占人妻之后，李渊自然把辛处俭视为眼中钉，于是打发辛处俭去万年县做官。为此辛处俭恐惧万分，整天担心自己性命难保。现在陆爽的处境和当年的辛处俭一样，他哪里敢和陛下抢女人，所以他才会反复辩解，这一点都不奇怪。

听了魏徵的话，李世民哈哈大笑道："原来如此，朕明白了。"于是李世民正式下诏："今闻郑氏之女，先已受人礼聘，前出文书之日，事不详审，此乃朕之不是，亦为有司之过。授充华者宜停。"李世民恍然大悟后，下诏告诉大家，之前下诏书的时候，没有详细考察，所以并不知道郑氏女已经许配人家了，这是他的过错，同时相关部门也有责任。既然郑氏女已经许配他人，那么册封她为充华的事，就此打住吧。

除了"阻纳郑女"一事，李世民的私生活还出过其他的问题。

有一次，李世民和王珪一起喝酒，当时有一名美女在旁边侍奉。李世民对王珪说："这名女子本来是庐江王李瑗的爱妾，李瑗谋反被杀后，她也被籍没入宫。你知道吗，当初李瑗荒淫无道，杀了她的丈夫，然后把她据为己有。李瑗如此暴虐，哪有不灭亡的道理呢？"

李世民说完之后，王珪问道："陛下认为庐江王做得对呢，还是不对呢？"

李世民惊讶地说："哪有杀了人又抢夺人家妻子的道理呢？你问我是对还是不对，这是什么意思？"

王珪回答说:"臣闻于《管子》曰:齐桓公之郭国,问其父老曰:'郭何故亡?'父老曰:'以其善善而恶恶也。'桓公曰:'若子之言,乃贤君也,何至于亡?'父老曰:'不然。郭君善善而不能用,恶恶而不能去,所以亡也。'今此妇人尚在左右,臣窃以为圣心是之。陛下若以为非,所谓知恶而不去也。"①

王珪在这里讲的是一个春秋时期的故事。齐桓公到了郭国,问那里的民众:"郭国为什么会灭亡"?民众说:"因为国君喜欢好人而厌恶坏人。"齐桓公说:"照你所说,他是个贤君啊,怎会灭亡呢?"民众说:"不是这样,国君喜欢好人却不能任用,厌恶坏人却不能摒弃,这就是他灭亡的原因。"王珪表示,如今这个美女还在陛下左右,我就会认为陛下在心里认为庐江王的做法是对的,陛下如果认为不对,那就是所谓"知恶而不去"了。

王珪说完之后,李世民有所领悟,称赞王珪说得非常好,马上命令把这名美女送回她的家乡。

不管纳郑氏女,还是纳李瑗的爱妾,这都不是最离谱的。在后宫问题上,李世民差点干出一件极为出格的事情。

贞观十年(636年)六月,陪伴李世民二十多年的长孙皇后去世了。后宫不可一日无主,所以有必要再册封一位皇后。前文我们讲过,李世民曾经将弟弟巢王李元吉的一位妃子纳入后宫,李世民对这位巢王妃非常喜欢,竟然冒出了立她为皇后的想法。

---

① 骈宇骞译注:《贞观政要》,中华书局2011年版,第112页。

之所以要立她为皇后，最重要的原因无外乎此时她刚刚为李世民生下第十四子李明，这也是李世民最后一个儿子，父母偏爱幼子，这是再正常不过的事情，所以巢王妃母凭子贵，成了李世民心中皇后的人选。

虽然此事让魏徵非常担心，可是怎么劝谏李世民又成了一个大问题。

某天，在和魏徵的交谈中，李世民提出自己想册封巢王妃为皇后，魏徵听后虽心中有所波动，但仍面不改色，轻轻说了一句："陛下不可以辰嬴自累。"

魏徵所讲的，是春秋时期的一个故事。辰嬴（也作怀嬴）是秦穆公的女儿，晋国公子圉（后来的晋怀公）在秦国做人质，秦穆公将辰嬴嫁给了他。后来公子圉从秦国逃离，辰嬴不愿意跟着公子圉走，公子圉就自己回去了。后来，重耳（后来的晋文公）出逃秦国，秦王又把辰嬴嫁给重耳。数年后，重耳回到晋国并成为国君，辰嬴跟着他回去了，并生下了一个儿子。

等到晋文公去世了，晋国开始重选挑选国君，就有人建议立辰嬴的儿子，但晋国大臣赵盾却坚决不同意，他的理由是："辰嬴贱，班在九人……且为二嬖，淫也。"赵盾的意思是，辰嬴地位低贱，此外她还嫁过两次人，并且晋文公是晋怀公的伯父，也就是说辰嬴曾经嫁过伯侄两人，违背人伦。最终辰嬴的儿子没有被立为国君。

魏徵跟李世民提辰嬴的故事，其实就是在说巢王妃也是跟辰嬴一样的人，劝李世民不要立她为后。如果真的立她为皇后，那么在李世民百年之后，因为巢王妃的特殊身份，和当年的晋国一样，唐朝在皇位继承人问题上也会凭空生出事端。

魏徵说完之后，李世民沉思良久，最终将个人的偏爱让位于国家的长治久安，打消了立巢王妃为皇后的念头。

皇帝的后宫之事，其实说大不大，说小也不小。说它小，是因为皇帝再怎么在后宫胡作非为，一般也不会直接危害百姓；说它大，是因为一个皇帝如果在自己的私生活方面问题频发，难以处理妥当，那也必会影响到治理国家。所以在魏徵看来，即使是后宫里皇帝的私事，自己也必须坚持原则，绝对不能放纵皇帝置江山于不顾，依着自己的性子行事。

第二节　封禅泰山

中国古代，认为高山"峻极于天"，所以对于高山非常崇拜，称其为"岳"。后来随着"五行"之说兴盛，"五岳"也应运而生。在五岳之中，泰山为首，之所以泰山能够有此殊荣，这和当时泰山的地理位置有关。在中华文明早期，华北平原是当时中华文明的核心区域，而泰山位于华北平原的中央，相对周围的低地落差非常明显，对于那个时候的人们来说，泰山就是他们认知当中的第一高山。因此，很多帝王都来到泰山进行封禅。封禅是古已有之的礼仪。按照《史记·封禅书》的解释："此泰山上筑土为坛以祭天，报天之功，故曰封。此泰山下小山上除地，报地之功,故曰禅。"也就是说,"封"是一种祭祀上天的礼仪,"禅"则是一种祭祀大地的礼仪。

关于为什么帝王要进行封禅,班固的《白虎通·封禅》中记载:"王者受命,易姓而起,必升封泰山。何？教告之义也。始受命之时,改制应天,天下太平,功成封禅,以告太平也。"也就是说,帝王通过封禅泰山,表示自己受王命于天,向天地告太平,对天地佑护之功表示答谢。

在李世民之前,封禅泰山的帝王中比较著名的有秦始皇嬴政、汉武帝刘彻和光武帝刘秀,而这三位都是文治武功盖世,并对后世产生深远影响的帝王。正是因为有这三位前辈在,所以后世帝王虽然很多都有封禅泰山之心,但是自忖功业实在无法与这三位相提并论,所以最终也没有勇气去封禅泰山。这其中比较有名的是晋武帝司马炎,在他灭亡吴国,结束百年乱世之后,群臣纷纷上书请求行封禅,结果被司马炎拒绝。

对于想要当千古一帝的李世民来讲,封禅泰山的诱惑力是可想而知的,一旦能够封禅泰山,那么就意味着他可以和秦始皇、汉武帝、光武帝三位帝王相提并论,名垂青史,万古流芳。

平心而论,凭借李世民的文治武功,他确实有资格封禅泰山。贞观五年(631年),就在李靖率军消灭不可一世的东突厥,唐军威震天下之后,赵郡王李孝恭等人就认为,现在天下一统,四夷宾服,可以行封禅大典。但是李世民认为:"比年谷稼频登,疾疢不作,诚宜展礼名山,以谢天地。但以丧乱之后,民物凋残,惮于劳费,所未遑也。"李世民当时拒绝了他们的请求,他认为近年来确实形势很好,五谷丰登,按理说应该感谢天地。但是隋末乱世以来,社会经济还没有完全恢复,所以封禅之事并不着急。请注意,这里李世民并没有说不行,只是说"所未遑也",意思就是此事并不着急。

朝中的大臣怎么可能会听不出李世民的意思,所以贞观六年(632年),又有很多大臣请求李世民封禅泰山。对此李世民回应道:"卿辈皆以封禅为帝王盛事,朕意不然。若天下乂安,家给人足,虽不封禅,庸何伤乎!昔秦始皇封禅,而汉文帝不封禅,后世岂以文帝之贤不及始皇邪!且事天扫地而祭,何必登泰山之巅,封数尺之土,然后可以展其诚敬乎!"①李世民回答群臣:你们觉得封禅是帝王盛事,朕不这样认为。现在天下太平,百姓安居乐业,这不是很好吗?即使不封禅,又有什么关系呢?秦始皇封禅泰山,汉文帝没有,难道说后世会觉得汉文帝不如秦始皇吗?祭祀天地,何必非要登泰山顶峰?在泰山建筑几尺高台,才算展示对上天的敬意吗!

李世民是真心拒绝吗?大概率不是。因为像封禅这么大的事情,只有群臣反复奏请,皇帝多次"拒绝",才能彰显出皇帝虚怀谦让的高风亮节。群臣也很懂皇帝的意思,于是"请之不已",看到众臣如此恳切地请求,李世民也只好"勉为其难"地同意了封禅之事。

眼瞅着一出大圆满的结局即将上演的时候,搅局的来了——

---

① 司马光:《资治通鉴》卷第一百九十四,中华书局2011年版,第9251页。

魏徵进谏了。

魏徵明确表示反对封禅，于是李世民问道："公不欲朕封禅者，以功未高邪？"魏徵回答："高矣。"

"德未厚邪？"

曰："厚矣。"

"中国未安邪？"

曰："安矣。"

"四夷未服邪？"

曰："服矣。"

"年谷未丰邪？"

曰："丰矣。"

"符瑞未至邪？"

曰："至矣。"

"那你为什么要反对封禅？"李世民不禁生气了，你魏徵也太不讲道理了。

只见魏徵不紧不慢地回答道："陛下虽有此六者，然承隋末大乱之后，户口未复，仓廪尚虚，而车驾东巡，千乘万骑，其供顿劳费，未易任也。且陛下封禅，则万国咸集，远夷君长，皆当扈从；今自伊、洛以东至于海、岱，烟火尚希，灌莽极目，此乃引戎狄入腹中，示之以虚弱也。况赏赉不赀，未厌远人之望；给复连年，不偿百姓之劳；崇虚名而受实害，陛下将焉用之！"[1]

---

[1] 司马光：《资治通鉴》卷第一百九十四，中华书局2011年版，第9251页。

魏徵的意思是，陛下虽然已具备以上六大条件，但是现在隋末大乱刚刚结束不久，国家经济还没有完全恢复，如果陛下举行封禅大典，那么前往泰山的大队人马将会数以万计，这中间的花费将会是非常庞大的。陛下封禅泰山，周边各国一定会派使节前来参与，现在从长安到泰山，所经地区人烟稀少，民生凋敝，这等于将大唐目前的贫弱完全暴露给了他国。而且使者远道而来，赏赐肯定少不了，这些花销到头来还得让老百姓承担。这种慕虚名而受实害的事情，陛下怎么能干呢？

平心而论，李世民有资格封禅泰山吗？答案是肯定的。此时虽然只是贞观六年，李世民继位的时间并不长，可是他的文治武功已经足够了。隋末唐初，李世民几乎是凭借一己之力打下了整个北方地区，为唐朝一统天下做出了巨大贡献。在登基称帝之后，贞观三年（629年），李世民派定襄道行军总管李靖总统诸将北征。李靖以精骑三千夜袭定襄，使颉利可汗部惊溃，又奔袭阴山，一举灭亡东突厥，俘虏颉利可汗，使唐朝疆域自阴山向北直斥大漠。要知道，突厥可是横亘在中原北部、威胁中原百年的强大游牧民族，最终归附唐朝，这是巨大的功绩。同时，在李世民的励精图治之下，大唐经济恢复，社会安定，文化繁荣，国势蒸蒸日上。所以，李世民是绝对有资格封禅泰山的。

既然李世民完全有资格封禅，那么魏徵为什么还要坚决反对呢？单单就是因为耗费巨大吗？——不完全是。封禅确实花费巨大，但是这并不代表大唐国力无法承受。再说了，封禅这种礼仪，完全可以办得简单一点，只要"封禅"这一目的达到了，相信李世民也不会太在乎封禅的排场和规模。

这一点魏徵肯定是清楚的，那么他为什么还要坚决反对呢？其实，魏徵反对的不是封禅，而是反对李世民爱慕虚名。就像李世民之前说的，只要自己能做出一番事业，就可以流芳千古，是否封禅泰山，根本不会影响自己的历史评价。所以魏徵认为，当下社会经济还没有完全恢复，正是上下一心，埋头苦干的时候，怎么可以崇尚虚名呢？如果今天以封禅泰山开头，那么明天就会有人建议兴建庙宇，后天就会有人建议增建宫室，此类事情将会层出不穷。爱慕浮华的风气一旦在帝王的心中形成，那么再想遏制住可就难了，所以一定要将它从源头上掐断，保持良好的社会风气。

正因如此，魏徵才会坚决反对封禅，这才是真正的老成谋国。或许是体会到了魏徵的良苦用心，李世民并没有坚持封禅，恰巧此后不久河南、河北先后发生水灾，李世民就借机暂时搁置了封禅之事。

不过李世民并未打消封禅的念头。此后几年，唐朝社会经济进一步发展，史称当时"频至丰稔……马牛布野，外户则动数月不闭"。盛世景象已渐次呈现。群臣趁机于贞观十一年（637年）奏请封禅泰山。这次李世民不再推辞谦让，下令议定封禅礼仪。或许是觉得李世民确实有资格封禅泰山，唐朝国力也大大增强，所以这次魏徵并没有反对。但是关于封禅的礼仪却迟迟定不下来，相关工作进展缓慢，所以封禅迟迟没有进行。

贞观十五年（641年），李世民正式下诏，将于来年二月进行封禅。但是当年六月，彗星冲犯太微帝座，可谓不祥之甚，褚遂良奏请暂停封禅，李世民表示同意。

贞观二十一年（647年），李世民下诏，决定次年春封禅泰山。八月，李世民下《停封禅诏》，第三次取消了封禅之礼。关于原因，李世民在诏书中提到主要有三点：一是薛延陀刚降服，须妥善安置；二是大兴土木，修建宫殿，导致耗费无数；三是"河北数州，颇伤淹涝"，灾民流离失所，不宜因封禅而劳民伤财。

终其一生，李世民也没有实现封禅泰山的理想，至于"彗星冲犯"等说法都是一种借口，归根结底还是因为在魏徵的影响下，李世民认识到自己不能够做一个好大喜功的人。作为皇帝，他只要能够励精图治，让国家繁荣富强，百姓安居乐业，就可以流芳千古，成为一代圣君，有没有进行封禅，又有什么关系呢？因此李世民接受了魏徵的主张，他认为，做事不能够慕虚名而受祸害，不能够主张崇尚浮华的社会风气，只有实干才能兴邦。魏徵的这一思想，即使是放在今天，也大有裨益。

第三节　帝王亲情

皇帝位居九五之尊，高高在上，可是皇帝也是人，皇帝也有自己的家庭，也要面对人世间的伦理亲情，寻常人的很多烦恼，皇帝也基本都会有。更重要的是，正是因为处在皇帝的宝座上，所以皇帝的很多个人亲情往往不单单是家事，而会上升到国家社稷的层面，很多事情已经不是他个人所能决定的了。所以皇帝在家事上有时很被动，很多时候需要面对情与理的抉择，这些问题李世民也难以逃脱。

贞观五年（631年），李世民最喜欢的女儿长乐公主要嫁给长孙无忌之子长孙冲。一边是自己的爱女，一边是最宠信的大臣的儿子，李世民自然希望这场婚礼能够办得风风光光。于是李世民对众大臣表示："长乐公主，皇后所生，朕及皇后并所钟爱。今将出降，礼数欲有所加。"——长乐公主，那是朕和长孙皇后的女儿，尊贵无比，朕和皇后对她极为宠爱，现在公主要出嫁了，朕准备把相关的礼数增加一些。

皇帝既然这么说了，大家肯定是积极响应，房玄龄等人表示："陛下所爱，欲少加之，何为不得倍永嘉公主。"——陛下您这样做没问题，我们觉得各种礼数不妨就在永嘉公主出嫁时的基础上再增加一倍。

但是这一建议立刻就遭到了魏徵的反对，原因很简单，永嘉公主是李世民的妹妹，是长乐公主的姑姑，哪有侄女的礼数比姑姑高的道理？魏徵表示："昔汉明欲封其子，云'我子岂与先帝子等？可半楚、淮阳'。前史以为美谈。天子姊妹为长公主，子为公主，既加'长'字，即是有所尊崇。或可情有浅深，无容礼相逾越。"①

魏徵讲到，当年东汉明帝分封他的儿子时说："我的儿子怎

---

① 刘昫等撰：《旧唐书》卷七十一《魏徵传》，中华书局1975年版，第1851页。

么能和先帝的儿子享受一样的待遇呢？"所以汉明帝给自己儿子的封地只有自己兄弟的一半左右，此事在历史上传为美谈。现在陛下的姐妹既然是长公主，那么就必须要给予尊崇，陛下可能对不同的人感情不同，但是不能够因此僭越礼法。

从个人感情上讲，李世民的行为是完全可以理解的。永嘉公主虽然是李世民的妹妹，可是她生于武德二年（619年），比李世民小了二十多岁，武德年间李世民前期忙于对外征战，后期忙于争夺皇位，所以基本不会对自己的这个小妹妹有多么深厚的感情。但是长乐公主就不一样了，她是李世民和长孙皇后的第一个女儿，是嫡长女，自然集万千宠爱于一身。李世民视长乐公主为掌上明珠，史书记载他对长乐公主"特所钟爱"。贞观二年（628年），年仅八岁的长乐公主获封食邑三千户，这一封赏堪比皇子，在众多公主中是绝无仅有的。因此，永嘉公主和长乐公主在李世民心中的地位是完全不一样的。

但是在魏徵看来，虽然李世民的个人感情完全可以理解，但是皇帝作为一国之君，必须为天下人做表率，皇帝的行为必须要符合道德礼法和伦理纲常，不能够完全按照自己的感情任性而为。因此，哪怕李世民对自己的女儿再偏爱，也不能够让侄女的礼数超过姑姑，因为此举逾越了礼制。

听完魏徵的话之后，李世民也怅然良久：是啊，作为皇帝，确实在很多时候身不由己。于是李世民回去对长孙皇后说："我欲加长乐公主礼数，魏徵不肯。"然后把魏徵说的话对长孙皇后复述了一遍。

长孙皇后也是明事理之人,她对于魏徵的话深表赞同,说道:"尝闻陛下重魏徵,殊未知其故。今闻其谏,实乃能以义制主之情,可谓正直社稷之臣矣。妾与陛下结发为夫妇,曲蒙礼待,情义深重,每言必候颜色,尚不敢轻犯威严,况在臣下,情疏礼隔,故韩非为之说难,东方称其不易,良有以也。忠言逆于耳而利于行,有国有家者急务,纳之则俗宁,杜之则政乱,诚愿陛下详之,则天下幸甚。"①

长孙皇后表示,自己之前只是听说皇帝重视魏徵,但是一直不知道原因在哪。今天听到皇帝讲述,感到魏徵确实是一个正直的社稷之臣。自己与皇帝虽情谊深厚,但是与皇帝说话时仍要察言观色,不敢轻易冒犯天威。大臣和皇帝之间情疏礼隔,能够做到像魏徵这样忠诚正直,实在是太难得了!她希望李世民能够多多采纳忠言,这样天下幸甚。

随后,长孙皇后传谕魏徵:"比者常闻公中正而不能得见,今论长乐公主礼事,不许增加,始验从来所闻,信非虚妄。愿公常保此心,莫移今日。"②——我经常听闻魏公忠诚正直,但是一直无缘得见,今日听闻魏公的谏言,这才知道您果然和传闻中一样。希望魏公能够长保此忠诚正直之心,不要为世俗所改变。

在对魏徵进行了一番夸奖和勉励之后,长孙皇后赏赐魏徵钱二十万,绢四百匹。此事之后不久,魏徵的爵位就被晋升为郡

---

① 刘昫等撰:《旧唐书》卷五十一《文德皇后传》,中华书局1975年版,第1302页。
② 《魏郑公谏录》卷一《谏优长乐公主礼数》。

公,这其中或许就有长孙皇后的作用。

面对皇后的赏赐和赞誉,魏徵感到无比的惶恐和荣幸。但是即便皇后对自己非常好,在事关礼法的事情上,魏徵也从来不因为个人感情而有失偏颇。

贞观十年(636年),年仅36岁的长孙皇后去世,埋葬在昭陵。对于这位结发妻子的去世,李世民悲痛万分。李世民对长孙皇后非常思念,于是便在皇宫内修建了一座层观,也就是一栋高楼,来眺望昭陵。有一次,李世民带着魏徵一起登上层观,让魏徵和他一起遥望昭陵,魏徵看了一会说:"臣眼神不大好,什么也没看见。"李世民指着昭陵说:"那是昭陵啊,你怎么会看不见呢?"魏徵带有些挖苦意味地回答道:"臣以为陛下望献陵,若昭陵,臣固见之。"

献陵里面埋葬的是李世民的父亲唐高祖李渊,李渊于贞观九年(635年)去世,此时刚刚去世一年。按照中国古代的礼节,父母去世之后子女要守孝三年,在魏徵看来,虽然皇帝身份特殊,不必遵循这三年的守孝之期,但是该有的感情还是要有的。结果先皇刚刚去世一年,陛下却早已忘记了父亲去世的悲伤,只顾着在这里悼念亡妻,这显然不合礼数!

对于长孙皇后的英年早逝,相信魏徵的心里也是非常伤心的,他在心里肯定会对李世民的行为表示理解和支持,但是魏徵依然能够不为个人感情所左右,劝谏李世民收敛个人感情,因为李世民的这种行为不合礼法。最终李世民采纳了魏徵的谏言,下令将这座层观拆除。

魏徵和李世民之间最激烈的一次冲突是关于大臣和皇子的礼仪的问题。不过关于这个故事却有两个版本，两个版本的故事差异比较大，所以有必要分别讲述：

（一）《旧唐书》和《资治通鉴》版

贞观十二年（638年），当时的礼部尚书王珪上奏说："三品以上遇亲王于途，皆降乘，违法申敬，有乖仪准。"根据当时唐朝的相关规定，朝中三品以上的高级官员只有在见到皇帝和太子的时候才要下车马行礼，遇到亲王时，是不必下车行礼的。可是在实际执行过程中，当时三品以上的高级官员在路上遇到亲王时，也都下车行礼，这违背了朝廷的礼仪。

对于王珪的话，李世民不以为然，因为当时封王的基本都是皇室至亲之人，又多是李世民的儿子，李世民对他们在情感上自然更加亲近，所以在李世民的心里，亲王的地位本来就高于大臣。所以李世民说道："卿辈皆自崇贵，卑我儿子乎？"大臣们地位尊贵，就能轻视我的儿子吗？

听到李世民的话，站在一旁的魏徵立刻反驳道："自古迄兹，亲王班次三公之下。今三品皆曰天子列卿及八座之长，为王降乘，非王所宜当也。求诸故事，则无可凭；行之于今，又乖国宪。"①——自古以来，亲王的地位本来就是在三公之下。三品以上的官员地位尊贵，都是国家柱石，结果却要在亲王面前下车行礼，这不是亲王所应承受的礼节。这种事情，在历史上没有先

---

① 刘昫等撰：《旧唐书》卷七十一《魏徵传》，中华书局1975年版，第1851页。

例,在现实中违背国法,所以必须禁止。

听了魏徵的话,李世民并不服气,他说:"国家所以立太子者,拟以为君也。然则人之修短,不在老少,设无太子,则母弟次立。以此而言,安得轻我子耶?"——国家之所以立太子,是准备让他做国君。但是天命无常,人的寿数各有长短,一旦太子早逝,那么就要依次立太子的弟弟。因此从理论上讲,任何一个皇子都有当皇帝的可能,所以大臣怎么可以轻视我的儿子呢?言外之意就是轻视我的儿子,就是轻视未来的皇帝。

魏徵也不示弱,说道:"殷家尚质,有兄终弟及之义;自周以降,立嫡必长,所以绝庶孽之窥觎,塞祸乱之源本,有国者之所深慎。"魏徵告诉李世民,在殷商时期,王位继承制度上曾经推行过兄终弟及制,但是从周朝开始,立太子必定要是嫡出的长子,以杜绝其他兄弟的非分之想,这是事关国家稳定的大计,国君必须慎之又慎。

听了魏徵的话后,李世民同意了王珪的建议,禁止三品以上官员对亲王下车马行礼。

(二)《贞观政要》版

当时李世民的第四子,也是他和长孙皇后所生的第二子越王李泰,聪明绝伦,深受李世民喜爱。有人向李世民进谗言,说一些三品以上的大臣轻视越王。于是李世民把所有三品以上的官员全部召入皇宫,对他们怒道:"我有一言,向公等道。往前天子即是天子,今时天子非天子耶?往年天子儿是天子儿,今日天子儿非天子儿耶?我见隋家诸王,达官已下,皆不免被其踬顿。

我之儿子，自不许其纵横，公等所容易过，得相共轻蔑。我若纵之，岂不能踬顿公等！"①

李世民斥问大臣们，为什么他们要轻视天子之子，要知道，在隋朝的时候，诸王经常欺侮高官。而现在他对儿子严加管教，让他们不敢肆意妄为。结果却听说大臣们轻视天子之子，若是如此，是不是也要放纵他们，让大臣们也尝尝被欺侮的滋味？

听到李世民的话，房玄龄等人都被吓得不敢说话了，只知道下拜谢罪。

唯独魏徵正颜厉色地劝谏道："当今群臣，必无轻蔑越王者。然在礼，臣、子一例，今三品以上，列为公卿，并天子大臣，陛下所加敬异。纵其小有不是，越王何得辄加折辱？若国家纪纲废坏，臣所不知。以当今圣明之时，越王岂得如此。且隋高祖不知礼义，宠树诸王，使行无礼，寻以罪黜，不可为法，亦何足道？"②

魏徵告诉李世民，当今朝中大臣必定没有人敢轻视越王，然而在礼法制度上，大臣和皇子本来就应该享有同等地位。现在三品以上的大臣，都是国家栋梁，即使他们有一些小过错，越王也不能随便加以折辱。如果国家纲纪败坏，那么我无话可说，可是现在明主在上，越王怎么可以折辱大臣？当年隋文帝杨坚不懂礼法，过于抬高皇子的地位，结果导致皇子无法无天，胡作非为，很多人最终都因为犯罪被贬黜，这明显就是一件万万不能效仿的事情，有什么可称道的呢？

---

① 节选自骈宇骞译注：《贞观政要》，中华书局2011年版，第132页。
② 节选自骈宇骞译注：《贞观政要》，中华书局2011年版，第132页。

听了魏徵的话，李世民沉默良久，最终还是被魏徵说服，他说道："凡人言语理到，不可不伏。朕之所言，当身私爱；魏徵所论，国家大法。朕向者忿怒，自谓理在不疑，及见魏徵所论，始觉大非道理。为人君言，何可容易！"只要别人的话在理，那就必须要听从。我的话是出于私爱，魏徵的话才是出于国家大计。我刚才大发脾气，自认为在理，听了魏徵的话，才知道是我错了，作为君主，讲话不能轻率随意啊！

说完之后，李世民将不敢说话的房玄龄等人责备了一番，然后赏给魏徵绢一千匹。

以上就是这个故事的两个版本，虽然都在讲一件事情，可是说的话完全不是一回事。按照《旧唐书》和《资治通鉴》的记载，李世民和魏徵的对话只是普通的朝政议论，但是按照《贞观政要》的记载，两人的对话则都是声色俱厉，锋芒毕露，毫无温情可言。此外，《贞观政要》中还记载了这个故事的隐藏主角——越王李泰，不过也正是因为如此，《贞观政要》中的故事逻辑更加顺畅，而《旧唐书》和《资治通鉴》中的对话，则前后逻辑不通，尤其是魏徵为什么最后忽然转到皇位继承制度，让人摸不着头脑。所以笔者以为，《贞观政要》的记载可能更接近历史真相。

不管历史真相到底如何，有一点可以确定，那就是在魏徵看来，君主对于自己的子女再偏爱，也要遵守礼法，不能让皇帝的亲情逾越了国家的规矩，皇子们不能不尊重国家柱石之臣。如果皇子可以为所欲为，那么不仅皇室形象将会大受影响，皇帝也将人心尽失，朝政必将为之崩坏。

魏徵不仅对李世民对待至亲之人的分寸多有劝谏，对于李世民如何对待外戚，也是恪守原则。

李世民的第六子蜀王李愔的岳父名叫杨誉，因为犯了法，被负责京师律法的都官郎中薛仁方关了起来。杨誉的儿子是皇宫里面的侍卫，于是借机向李世民进谗言："家父身为皇亲国戚，薛仁方对他故意刁难，有意拖延时间，不肯决断，导致家父被无辜多关押了很长时间。"李世民听后大怒道："知是我之亲戚，犹作如此艰难，不可容也。"于是下令把薛仁方杖一百，然后免职。

魏徵听说此事后立刻进谏道："城狐社鼠，皆是微物，为其所凭恃，除之不易。况外家公主，旧号难理，汉晋已来莫能禁御。武德之中，已多骄逸，陛下登极方已肃然。仁方既是职司，能为国家守法，岂可横加严罚以成外戚之私乎？此源一开，万端争起，后必悔之，将无所及。自古能禁此事，唯陛下一人。备预不虞，为国常道，岂以水未横流，便欲自毁堤防？臣窃思度，未见其可。"[1]

魏徵旁敲侧击地告诉李世民，那些躲在城墙里面的狐狸和老鼠，都是微不足道的东西，但是因为人们不忍心毁坏城墙，所以想除掉它们非常难。世家贵戚历来就难以管理，汉晋以来无不如此。武德年间就已经有很多皇亲国戚骄纵不法，陛下登基以后才算好了一些。薛仁方是为国家掌管、实行律法之人，如果贸然惩罚他，岂不是让外戚达到了挟私报复的目的吗？此先例一开，必将遗祸无穷。能够禁绝此事的，只有陛下一人，陛下应当防患于

---

[1] 《魏郑公谏录》卷二《解薛仁方官加杖》。

未然，不可自毁堤防啊！

魏徵的话有理有据，不容李世民反驳，但是李世民私心作祟，依然想给自己的亲家一点面子，于是说道："诚如公言，向未思耳。然仁方专擅，禁不奏闻，虽不合重罪，宜少加惩肃。"你说得对，是我思虑不周，但是薛仁方擅自拘留人而不申报，也属于专权，虽然不是重罪，但是也要惩罚一下。于是李世民下令对薛仁方仗二十，免于解职处分。

以上的这几个案例，涉及的人分别是公主、皇后、皇子和外戚，都是皇帝的亲人，和皇帝的关系非常密切。皇帝也是人，面对着这些亲人，总是难免会有偏爱和庇护，这是人之常情，放在普通人身上再正常不过，但是作为皇帝却必须要克己复礼。一旦皇帝对自己的亲人徇私，那么这些人必将会肆无忌惮、徇私枉法，其他官员必将群起效仿，到时风气大坏，势必遗患无穷。正因如此，对于涉及皇亲国戚的事情如何处理，**魏徵**历来极为重视。他坚定秉持国家法度，从来不会退缩，这在贞观朝独树一帜，即使放在整个中国的历史上，也非常难得。

第四节 十渐不克终疏

每一个历史人物都是复杂的，因为在一个人漫长的一生当中，很难做到恒久不变，李世民也是如此。贞观之初，李世民励精图治，殚精竭虑，在他的治理下唐朝国力蒸蒸日上。但是随着社会走上正轨,财富日益增加,李世民也逐渐变得越来越喜好享受,开始崇饰宫宇、游赏池台,喜好外出打猎,常常周游忘返,对于大臣的劝谏,李世民竟然说道:"百姓无事则骄逸,劳役则易使。"意思就是不能让百姓太闲,闲下来就容易生事,让他们一年到头忙忙碌碌,这样就没工夫干别的了。

此时的李世民,不仅渐渐失去了往日从谏如流、以民为本的执政之风,脾气也是越发喜怒无常。

贞观八年(634年)的一天,尚书左仆射房玄龄和尚书右仆射高士廉在路上遇到了少府监窦德素,就问起皇宫北门近些天都在营建些什么工程。窦德素回宫之后就把这件事告诉了李世民,李世民于是把房玄龄等人叫来,对他们说:"君但知南衙事,我北门少有营造,何预君事?"唐代皇宫在长安城北面,中央的各级官署都在皇宫以南,所以"南衙"成为以宰相为首的百官衙署的代称,"北司"成为宫内机构的代称。李世民的意思是,你们作为大臣,管好政事就是了,皇宫里面的事情,和你们有什么关系?

看到皇帝生气了,房玄龄等人立刻下跪谢罪。

看到皇帝这种做派,魏徵却没有容忍,他立刻说道:"臣不解陛下责,亦不解玄龄、士廉拜谢。玄龄既任大臣,即陛下股肱耳目,有所营造,何容不知?责其访问官司,臣所不解。且所为有利害,役工有多少,陛下所为善,当助陛下成之;所为不是,虽营造,当奏陛下罢之。此乃君使臣、臣事君之道。玄龄等问既无罪,而陛下责之,臣所不解;玄龄等不识所守,但知拜谢,臣亦不解。"

魏徵反问李世民，他不明白皇帝为什么要责备房玄龄和高士廉，也不明白房、高二人为什么要谢罪。房玄龄等人既然是大臣，那么就是皇帝的股肱耳目，宫里面有所营造，他们为什么不能知道呢？皇帝的指责实在是没有理由的。并且关于营建的相关决策，如果皇帝有考虑不周的地方，他们也可以加以匡正，这才是"君使臣、臣事君"的正道。所以房玄龄等人的询问并没有错，而且房玄龄等人不清楚自己的职责，只知道谢罪，魏徵对此也难以理解。

魏徵的这一番话，可谓是带着些尖酸的，他虽然没有明言批评李世民的行为，但是他的每一个"不解"，都是在对李世民提出非常严厉的批评。李世民听完之后脸上表情极为难看，他想不出来什么话反驳魏徵，于是只得说道："朕明白了，以后注意。"然后拂袖离去。

为了警醒皇帝居安思危，魏徵决定要穷尽自己毕生的文采和智慧，给皇帝写一封奏疏，劝谏皇帝，这就是中国历史上非常有名的《十渐不克终疏》。

贞观十三年（639年），魏徵正式将《十渐不克终疏》上呈李世民。这篇奏疏非常长，全文共计两千余字，所以不便于将全文详细讲解，笔者仅对其大体意思和精彩段落加以讲述。

文章的前两段，魏徵首先写古代帝王建立王业后，为了把政权"传之万代"，必先"扬淳朴而抑浮华，贵忠良而鄙邪佞，绝奢靡而崇俭约，重谷帛而贱珍奇"，以达到政治清明，国家安定。皇帝在贞观之初"抑损嗜欲，躬行节俭"，那时"内外康宁，遂臻至治"，但近年以来，"稍乖曩志，敦朴之理，渐不克终"。"渐不克终"的意思就是不能始终如一。魏徵列举了李世民十条"渐不克终"的表现：

第一，"陛下贞观之初，无为无欲，清静之化，远被遐荒"，"今则求骏马于万里，市珍奇于域外，取怪于道路，见轻于戎狄。"——陛下在贞观初年，恪守无为无欲的治国方略，良好的作风远播四海，但是现在派人到万里之外寻求骏马，大肆购买奇珍异宝，招致周边各族的轻视。

第二，"陛下贞观之始，视人如伤，恤其勤劳，爱民犹子，每存简约，无所营为。顷年已来，意在奢纵，忽忘卑俭，轻用人力，乃云：'百姓无事则骄逸，劳役则易使。'"——陛下在贞观初年，爱民如子，生活节俭，但是近年来却越来越奢侈，轻视民力，甚至说出"百姓无事则骄逸，劳役则易使"这样的话来。对此魏徵反驳道："自古以来，未有百姓逸乐而致倾败者也，何有逆畏其骄逸，而故欲劳役者哉？"自古以来，从没听说过有哪个国家因为百姓安逸而导致灭亡的，哪有故意去劳累百姓的道理？

第三，"陛下贞观之初，损己以利物，至于今日，纵欲以劳人，卑俭之迹岁改，骄侈之情日异。虽忧人之言不绝于口，而乐身之事实切于心。或时欲有所营，虑人致谏，乃云：'若不为此，不便我身。'人臣之情，何可复争？此直意在杜谏者之口。"——贞观初年，陛下为了给天下谋福祉不惜损失自己的私利，现在却为个人私欲而劳役人民，简朴之风不复当年，而奢侈的性情日益增加。嘴上说着关爱百姓，可是心里却只关心自己的享乐。有时想营建宫殿，担心大臣反对，于是就以不便于自己的理由，搪塞大臣。

第四，"陛下贞观之初，砥砺名节，不私于物，唯善是与，亲爱君子，疏斥小人，今则不然，轻亵小人，礼重君子。"贞观初年，陛下注重名节，毫无私心，亲近君子，疏远小人，现在则亲近小人，对于君子则是敬而远之。由此魏徵斥责道："昵近小人，非致理之道；疏远君子，岂兴邦之义？"

第五，"陛下贞观之初，动遵尧、舜，捐金抵璧，反朴还淳。顷年以来，好尚奇异，难得之货，无远不臻；珍玩之作，无时能止。"贞观初年，陛下任何举动都效法尧舜之道，不看重财物，现在却喜欢奇珍异宝，对于喜欢的珍玩，不管付出多大代价都要弄到手。由此魏徵提醒李世民："上好奢靡而望下敦朴，未之有也。"上梁不正下梁歪，皇帝奢侈无度却希望下面的人简朴，这是不可能的事情。

第六，"贞观之初，求贤如渴，善人所举，信而任之，取其所长，恒恐不及。近岁已来，由心好恶，或众善举而用之，或一人毁而弃之，或积年任而用之，或一朝疑而远之。"贞观初年，陛下求贤若渴，选贤任能，让他们各展其才，但是现在陛下用人完全凭借个人好恶。有些众人都认为有才能而被重用的人，陛下却经常因为一个人的诋毁就弃之不用；有些陛下多年重用的人，却因为陛下对其有所怀疑就疏远他们。魏徵认为，李世民此举将会使"守道者日疏，干求者日进，所以人思苟免，莫能尽力"。

第七，"陛下初登大位，高居深视，事惟清静，心无嗜欲，内除毕弋之物，外绝畋猎之源。数载之后，不能固志……道路遥远，侵晨而出，入夜方还，以驰骋为欢，莫虑不虞之变，事之不测，其可救乎？"陛下刚登基的时候，为人清静，清心寡欲，嗜好极少，对于打猎之类从不热衷。但是几年之后，陛下却越来越喜欢游猎，经常天不亮就出去，深夜才回来，丝毫不顾忌这其中的危险，陛下若有不测，将会给朝廷造成多大的动荡啊！

第八，"陛下初践大位，敬以接下，君恩下流，臣情上达，咸思竭力，心无所隐。顷年已来，多所忽略，或外官充使，奏事入朝，思睹庭阙，将陈所见，欲言则颜色不接，欲请又恩礼不加。间因所短，诘其细过，虽有聪辩之略，莫能申其忠款。"陛下刚登基的时候，对大臣以礼相待，上下一心，都尽心于朝廷。但是这几年陛下脾气大变，大臣想要有所陈述，陛下却不能和颜悦色地倾听，大臣想提出请求又得不到恩准。陛下还经常因为一些小的过失而对大臣进行诘难，大臣即使再能言善辩，往往也不能自证清白。由此魏徵反问："望上下同心，君臣交泰，不亦难乎？"

第九，"陛下贞观之初，孜孜不怠。屈己从人，恒若不足。顷年已来，微有矜放，恃功业之大，意蔑前王，负圣智之明，心轻当代，此傲之长也。欲有所为，皆取遂意，纵或抑情从谏，终是不能忘怀。此欲之纵也。志在嬉游，情无厌倦，虽未全妨政事，不复专心治道，此乐将极也。率土乂安，四夷款服，仍远劳士马，问罪遐裔，此志将满也。"贞观初年时，陛下孜孜不倦，励精图治，可是现在完全不这样。近年来陛下觉得自己功业盛大，轻视前朝帝王，觉得自己圣哲英明，又看不起当代的人物，这是骄傲的表现；陛下现在做事随心所欲，对于臣下的劝谏经常耿耿于怀，这是放纵私欲的表现；陛下现在心思全在嬉游享乐上，不能专心思考国政，这是享乐过度的表现；现在天下安定，四夷款服，陛下依然不断发动战争，这是心志溢满的表现。

第十，"贞观之初，频年霜旱，畿内户口，并就关外，携负老幼，来往数年，曾无一户逃亡，一人怨苦，此诚由识陛下矜育之怀，所以至死无携贰。顷年已来，疲于徭役，关中之人，劳弊尤甚。""既有所弊，易为惊扰，脱因水旱，谷麦不收，恐百姓之心，不能如前日之宁帖。"贞观初年，灾害频发，关中百姓经常跑到关外逃荒，但是却没有一个人逃亡不返，也没人抱怨，可见他们体会到了陛下的爱民之心。而现在百姓在重重徭役之下疲惫不堪，关中地区尤其严重，如果一旦再发生水旱灾害，恐怕百姓的心就不会像之前那样安稳了。

在文章的最后，魏徵提出了自己的期望："前王所以致理者，勤而行之；今时所以败德者，思而改之。与物更新，易人视听，则宝祚无疆，普天幸甚，何祸败之有乎？然则社稷安危。国家理乱，在于一人而已。"①前代帝王好的措施，应该继续推行，现在败坏道德的行为，应该立刻改正，以此改变世人对朝廷的看法，这样国运就可以长久流传，普天同乐。然而国家的安危、治理的方法，还是取决于国君一人啊！

《十渐不克终疏》是中国历史上非常有名的一封奏疏，既

---

① 骈宇骞译注：《贞观政要》，中华书局 2011 年版，第 666 页。

是对李世民的劝谏，也是魏徵自身政治思想的集中体现。文章指出李世民贞观之初能抑损嗜欲，躬行节俭，能够行仁义之道，但是近年来却行事乖张。接着归纳出他"渐不克终"的十条：求马市珍、滥用人力、纵欲拒谏、远君子近小人、好尚奢靡、轻为臧否、嗜好田猎、脱离群众、乐极志满、劳扰百姓。在每一条中，魏徵都将早年的李世民同如今的李世民对比，委婉恳切地让皇帝知道自己逐渐在向不好的方面转变，已经脱离了初心。文章条分缕析、词旨剀切，气势雄浑，连李世民也"深觉词强理直"。

在收到《十渐不克终疏》之后，李世民表示："人臣事主，顺旨甚易，忤情尤难。公作朕耳目股肱，常论思献纳。朕今闻过能改，庶几克终善事。若违此言，更何颜与公相见？复欲何方以理天下？自得公疏，反复研寻，深觉词强理直，遂列为屏障，朝夕瞻仰。又寻付史司，冀千载之下识君臣之义。"①李世民读过此疏后，不仅进行了反省，把它书写在屏障之上，并交给史官，希望它能流传后世，永彰君臣之义。

随后，李世民赏赐魏徵黄金十斤、宫中御马两匹。

古人说"积羽沉舟，群轻折轴"、"祸患常积于忽微，而智勇多困于所溺"，魏徵的智慧，在于不仅能及时发现执政者的弊病，更能从为政处事、待人待己等方面的今昔细微变化中，捕捉到执政者渐好奢纵，求治之心锐减而骄逸之心渐萌的倾向，以防微杜渐。《十渐不克终疏》作为一篇批评帝王的文章，可以确信的是它深深触动了李世民，它切直的表述和准确得体的批评，是魏徵作为千古诤臣的最好佐证。

---

① 骈宇骞译注：《贞观政要》，中华书局 2011 年版，第 667 页。

第七章 民本思想

第一节 轻徭薄赋,休养生息

在魏徵的从政过程中,一直把治理民众、安定民生作为自己辅佐帝王的首要任务,主张帝王要爱民、畏民,实行"国以民为本"的执政思想,并付诸实践。不止魏徵主张"以民为本",李世民及其他大臣们也将其作为执政的核心思想之一,归根结底是因为隋末大乱中平民百姓展现出了巨大的力量。隋朝,这个曾经盛极一时的强大封建王朝,在全国各地揭竿而起之下,迅速崩塌。出于对隋朝灭亡教训的汲取和对唐朝巩固统治的现实需要,唐朝统治者开始思考如何处理好与民众之间的关系，并将其作为大唐长治久安的关键所在。

对于"以民为本"的重要性，李世民也有清醒而深刻的认识。李世民刚刚即位时，就在一次朝政会议上指出："为君之道，必须先存百姓。若损百姓以奉其身，犹割股以啖腹，腹饱而身毙。若安天下，必须先正其身，未有身正而影曲，上治而下乱者。朕每思伤其身者不在外物，皆由嗜欲以成其祸。若耽嗜滋味，玩悦声色，所欲既多，所损亦大，既妨政事，又扰生人。且复出一非理之言，万姓为之解体，怨讟（dú）既作，离叛亦兴。朕每思此，不敢纵逸。"①

在李世民看来，作为国君，最重要的就是要重视百姓，如果损害百姓的利益来供养自己，那就相当于是割自己大腿上的肉来填饱肚子，虽然肚子饱了，但是人也命不久矣。想要安天下，首先就是要正其身，世上绝对没有身子正而影子斜、朝廷治理有方而地方一片混乱的事情。能损伤自身的东西，都是由于自身的贪欲而酿成，如果耽于享乐，纵欲过度，那么既妨碍国政，又损害百姓，时间长了就会民心涣散，众叛亲离。

对于李世民的话，魏徵深表赞同，他说："古者圣哲之主，皆亦近取诸身，故能远体诸物。昔楚聘詹何，问其理国之要，詹何对以修身之术。楚王又问理国何如，詹何曰'未闻身理而国乱者'，陛下所明，实同古义。"②

---

① 骈宇骞译注：《贞观政要》，中华书局2011年版，第1页。
② 骈宇骞译注：《贞观政要》，中华书局2011年版，第2页。

魏徵提到的詹何，是战国时期哲学家，楚国术士。楚庄王询问詹何应该如何治理好国家，詹何回答："臣明于治身而不明于治国也。"意思就是我知道修养身心，不知道治理国家。楚庄王继续追问："寡人刚刚继承江山社稷，还望先生不吝赐教！"詹何回答："臣未尝闻身治而国乱者也，又未尝闻身乱而国治者也。故本在身，不敢对以末。"所以治国之本在于统治集团自身，听到詹何的回答，楚庄王深表赞叹。

魏徵引用了詹何的故事，一方面是对李世民之前所说的话表示肯定，另一方面也是进行了进一步的延伸。李世民首先指出，为君之道，必须先存百姓，绝对不能通过损害百姓来造福自己。那么如何维护百姓的利益呢？魏徵进一步指出，君主要先"治身"，也就是克制私欲，这在现实中最好的体现就是轻徭薄赋，与民休息。

贞观二年，李世民再次对大臣们指出："凡事皆须务本。国以人为本，人以衣食为本，凡营衣食，以不失时为本。夫不失时者，在人君简静乃可致耳。"[①]他告诫大臣，处理任何事情都需要抓住根本。国家的根本就是人民，人民的根本就是衣食，要让人民有衣食，就必须要不误农时，而要不误农时，国君需要减少苛捐杂役，避免连年征战和大兴土木。

在与魏徵探讨后，他对此加以进一步阐释，他说："若禾黍不登，则兆庶非国家所有……今省徭赋，不夺其时，使比屋之

---

① 骈宇骞译注：《贞观政要》，中华书局2011年版，第520页。

人恣其耕稼，此则富矣。敦行礼让，使乡闾之间，少敬长，妻敬夫，此则贵矣。"如果粮食歉收，那么恐怕百姓们就会和国家离心了。现在如果能够减轻徭役赋税，不误农时，让家家户户都能尽心耕作，那么百姓自然会丰衣足食。在这个基础上让他们注重德行，文明谦让，那么自然就可以实现天下大治。

对于李世民的看法，**魏徵深表赞同**，在贞观朝的施政过程中，李世民一直注重以民为本，关心百姓的生活，减轻赋税，休养生息。

李世民首先把北魏、北周到隋朝一直在实行的均田制、租庸调制、户籍制、义仓制、杂役制等经济制度，根据"轻徭薄赋、去奢省费"的原则进行了修正，以减轻人民负担。例如把隋朝每名男丁收租三石改为二石，同时采取以庸代役、以绢代役的办法，给农民以较多的时间从事农业生产，并使得农民对于国家的人身依附关系大为减弱。这样做的目的，用李世民的话说就是"轻徭薄赋，使民各治生业，皆欲使之家给人足"。

为了贯彻轻徭薄赋的政策，李世民还针对官吏通过大肆聚敛、增加税收收入来邀功的行为进行了严厉禁止，他明确规定："税纳逾数，皆系枉法。"即使是遇到一些紧急的事务，比如缮制器械、修葺城墙、建筑堤坝和桥梁等，李世民也特别指出必须"慰彼民心，缓其日用"，不允许因为期限急迫，榨取民力。

此外，为了节约国家的财政开支，李世民还精简机构，裁汰冗员。为了进一步恢复和发展经济，李世民特别重视农田水利设施的建设，并检查户口，编定户籍，安定社会秩序，从而保证社会安定和政府的财政收入。

贞观二年（627年）八月，关中、陇右、河南等地区发生大规模旱灾和蝗灾，大量百姓生活陷入困顿，于是李世民派遣温彦博、魏徵等人分别前往各州赈灾。看到灾区民众生活困顿、饿殍遍野，魏徵心痛万分，他惩治腐恶、减免赋税、赈灾救民，在灾区留下了无数美名，这其中就有一个魏徵灭蝗的故事流传至今。

相传魏徵来到河北灾区之后，看见那些饥饿的百姓个个骨瘦如柴，内心十分焦急。于是他不顾一路的劳累，立即传令开仓放粮，可是谁也没有想到，百姓刚刚得到一点救命的粮食，很快就出现了新的灾情。原来仅仅一夜的工夫，不知道从什么地方飞来了漫天的蝗虫，蝗虫一落地，立刻就把好不容易长出来的青苗吃光了，不仅仅吃光了青苗，仅存的一点树叶和杂草也被吃干净了。老百姓看到蝗灾如此严重，都哭天喊地。

魏徵见此情景，虽心急如焚，一时间也想不出对付的办法。因为当时很多老百姓都认为蝗虫是神虫，他们根本就不敢捕捉，反倒是跑到田间地头烧香磕头，祈求天神发慈悲保佑，把这些神虫全部收回去。可是这一套根本就不管用，蝗灾依然在不断肆虐，并且愈演愈烈。

于是魏徵赶忙召集当地官员商量捕杀的方法。结果有一名官员说："蝗虫是神虫，如果让老百姓去捕杀，恐怕不合天理。"魏徵听了之后怒道："我看很合天理，旱灾、水灾和蝗灾都是自然灾害，遇灾抗灾，救活百姓，这就是最大的天理。难道等着蝗虫吃尽青苗，百姓饿死，就合乎天理了吗？"众官员听后面面相觑,再也无人敢反驳,于是在魏徵的带领下,当地百姓齐心合力,终于消灭了蝗虫。

无独有偶,李世民对于很多迷信说法也不以为然。就在魏徵灭蝗救灾时,京师长安所在的关中地区也发生了大规模的蝗灾。当时有蝗虫飞到了皇宫里面,李世民抓起一只蝗虫,说道:"人以谷为命,而汝食之,是害于百姓。百姓有过,在予一人,尔其有灵,但当蚀我心,无害百姓。"[1]意思就是,百姓把粮食当作身家性命,而你吃了它,让百姓蒙受了巨大损失。如果百姓有罪,那些罪过全部在我一人,你如果真的有灵,你就吃我的心吧,不要再害百姓了。李世民说完就要把蝗虫吃了。

此时旁边的人立刻劝阻道:"蝗虫是神虫,不可以吃,吃了要生大病!"李世民说:"所冀移灾朕躬,何疾之避?"——我是真的希望它们把灾难转移给我,我有什么好逃避的呢?李世民说完就把蝗虫吃了。最终在自上而下的有效领导下,这一场大规模自然灾害很快就被战胜了,百姓重新恢复了安定的生活。

贞观初年并不是一个好年份。政治上,因为玄武门之变,当时的唐朝存在着众多的不安定因素;经济上,这几年自然灾害频发;在外部,突厥对于唐朝构成巨大的威胁。就在这种内忧外患交织的情况下,在魏徵等人的辅佐下,李世民采取了轻徭薄赋、休养生息的总体方略,使隋末饱受战乱之苦的人民恢复了正常的生产和生活,许多荒地重新得到了开垦和开发,社会生产取得了

---

[1] 骈宇骞译注:《贞观政要》,中华书局2011年版,第522页。

长足的发展,社会逐渐恢复了稳定和安宁。

第二节 明德慎罚

"明德慎罚,惟刑之恤",是魏徵的另一个观点,也是贞观时期的一大特点。所谓的"明德慎罚,惟刑之恤",意思就是提倡德治,刑罚适中,量刑的时候要带着悯恤之心,这是儒家的重要思想,这一思想认为治理国家的根本在于德、礼、诚、信,即一个圣明的君主,为了移风易俗,不能靠严刑峻法,而在于行仁由义,光凭法律来规范天下人的行为是不行的。作为儒家思想的忠实信徒,魏徵自然也一直坚持这一点。

对于刑罚的目的,在贞观中期的一封奏疏之中,魏徵指出:"夫刑赏之本,在乎劝善而惩恶,帝王之所以与天下为画一,不以贵贱亲疏而轻重者也。今之刑赏,未必尽然。或屈伸在乎好恶,或轻重由乎喜怒;遇喜则矜其情于法中,逢怒则求其罪于事外。……刑滥则小人道长,赏谬则君子道消。小人之恶不惩,君子之善不劝,而望治安刑措,非所闻也。"①

在魏徵看来,刑罚赏赐的根本目的,在于劝善而惩恶,国家的赏罚标准一定要统一。但是现在的情况,却并不是这样。有的人用自己的好恶来决定赏罚,有的人用自己的喜怒来决定赏罚,

---

① 骈宇骞译注:《贞观政要》,中华书局2011年版,第538页。

他们高兴的时候就法外开恩，他们不高兴的时候就加重刑罚。这样滥用刑罚会导致一些小人得势而君子难当，地方官员如此执法却希望国家安宁、刑罚减少，这怎么可能呢？

魏徵的意思很明确，刑罚只是一种引导的手段，而不是最终的目的，所以必须要明德慎罚。那么，为什么必须要明德慎罚，而不是严刑峻法呢？魏徵在同时期的另一封奏疏中有过详细的论述。

魏徵指出："不择善任能，而委之俗吏，既无远度，必失大体。惟奉三尺之律，以绳四海之人，欲求垂拱无为，不可得也。故圣哲君临，移风易俗，不资严刑峻法，在仁义而已。故非仁无以广施，非义无以正身。"①

实行严刑峻法的话，如果不能选拔有才能的官员，而把政务委托给一些没有眼光和能力的庸官，那么他们丝毫不懂得变通，只会拿法律条文来苛待百姓，这就必然会严重危害国家社稷，也必然会生出无数事端，到时候要想无为而治，是根本不可能的。所以圣贤的国君治理天下，主要是通过移风易俗，推行仁义，而不用严刑峻法。所以如果没有仁就无法广施恩德，没有义就无法端正自身。

魏徵进一步指出："上圣无不务治民心，故曰：'听讼，吾犹人也，必也使无讼乎？'道之以礼，务厚其性而明其情。民相爱，则无相伤害之意；动思义，则无畜奸邪之心。若此，非律令之所理也，此乃教化之所致也。圣人甚尊德礼而卑刑罚。""凡

---

① 骈宇骞译注：《贞观政要》，中华书局2011年版，第365页。

立法者，非以司民短而诛过误也，乃以防奸恶而救祸患，检淫邪而内正道。"

魏徵主张用"礼"来引导百姓，才能使民风淳朴。百姓相亲相爱，自然就不会互相伤害；百姓的举动符合道义，自然不会有奸邪之心，这都不是单单用法律条文能实现的，必须用道德进行教化。所以圣人都重视道德礼仪而轻视刑罚。大凡制定法律，都不是为了纠察和惩治百姓，只是为了防范奸邪、避免祸患、彰显正道而已。

在明确指出了刑罚应当作为辅助社会向善的一种手段，要以德礼治国之后，对于如何在司法实践中更好地贯彻这一思想，魏徵也提出了自己的具体意见：

第一，在司法中要参之人情。

魏徵提出，"凡听讼理狱，必原父子之亲，立君臣之义，权轻重之序，测浅深之量。悉其聪明，致其忠爱，疑则与众共之。疑则从轻者，所以重之也……又复加之以三讯，众所善，然后断之。是以为法，参之人情。"

在诉讼断案的过程中，必须要讲究父子之情，树立君臣大义，在此基础上权衡罪行和惩罚的轻重。主持司法的官员要发扬忠厚仁爱的作风，如果有疑问就应当群策群力。如果始终有疑惑就应该从轻处罚，以示慎重。此外还要向大臣、群吏和百姓多方询问，征求众人的意见，然后才能断案。所以魏徵认为在司法过程中，必须体现出人情。

第二，在司法中必须实事求是。

魏徵认为，"凡理狱之情，必本所犯之事以为主，不严讯，不旁求，不贵多端，以见聪明。故律正其举劾之法，参伍其辞，所以求实也，非所以饰实也，但当参伍明听之耳，不使狱吏锻炼饰理成辞于手……故析言以破律，任案以成法，执左道以必加也。"

在审理案件的时候，一定要把犯罪事实作为主要的审查内容，绝对不能严刑逼供，不能节外生枝，有些人在办案的时候，喜欢广为株连，滥抓无辜，绝对不能认为这些人是有本事。必须根据法律规定的举证、审讯等制度，反复检验供词，从而查出事情的真相，而不能掩饰事实。必须多方调查，听取各方面的意见，而不能让司法官员徇私枉法、掩盖事实真相。如果官员可以独断专行，那么审理案件往往会出错，不再遵循法律，而是想方设法加罪于人。

由此魏徵提出了系统的司法观念，总结一下就是：明德慎罚，以德治国，宽仁执法，严格司法。这其中的很多内容，即使是放到当今社会，依然具有很重要的借鉴意义。

武德元年（618年），李渊废除了隋炀帝的《大业律》，命裴寂、刘文静等人依照隋文帝的《开皇律》，修订了一部新律令，并于武德七年（624年）正式颁行，是为《武德律》。《武德律》虽然对《开皇律》有所损益，但基本上一仍旧贯，没有太大的发展。

李世民即位后，立即着手对《武德律》进行完善。他采纳了魏徵"专尚仁义，慎刑恤典"的建议，依据儒家的仁政思想，进一步加强"德主刑辅"的立法原则，于贞观元年（627年）命长孙无忌、房玄龄等人重新修订法律，积十年之功，于贞观十一年（637年）正式颁行了一部新的法典——《贞观律》。

《贞观律》较之《武德律》有非常明显的进步，主要体现在以下几个方面：第一，增设加役流作为死罪的减刑，将腰斩、车裂、五马分尸等酷刑剔除；第二，区分两类反逆罪，缩小连坐处死的范围，将谋反满门抄斩改成只处死直系亲属；第三，确立了五刑、十恶、八议、请、减、赎、当、免及化外人有犯、类推、死刑复奏等司法原则和制度。

在这种宽仁治国的指导思想之下，贞观年间的社会治安迅速改善，刑狱案件大为减少，史称"东至于海，南至于岭，皆外户不闭，行旅不赍粮焉"。

虽然贞观年间的法治情况用今人的视角看依然存在很多问题，但是放在封建时代已经算是极为难得了，这其中魏徵的作用是不容忽视的。魏徵"明德慎罚、以德治国"的观念，对贞观年间的司法实践有着深刻的影响。贞观年间，涌现出了许多不徇私情、不阿权贵的官员，出现了"制驭王公、妃主之家，大姓豪猾之伍，皆畏威屏迹，无敢侵欺细人"的良好社会风貌。

第三节 抑制贪腐

唐朝初年，百废待兴，民生艰难，社会经济亟待恢复，如果再出现贪腐现象，那么于朝廷、于百姓都是一场灾难，所以魏徵特别重视抑制官员的特权和腐败现象。

贞观初年,李世民曾对臣下说:"人有明珠,莫不贵重。若以弹雀,岂非可惜?况人之性命甚于明珠,见金钱财帛不惧刑网,径即受纳,乃是不惜性命。明珠是身外之物,尚不可弹雀,何况性命之重,乃以博财物耶?群臣若能备尽忠直,益国利人,则官爵立至。皆不能以此道求荣,遂妄受财物,赃贿既露,其身亦殒,实可为笑。"①

人如果有一颗明珠,那么就会十分珍惜,如果拿这颗明珠去弹射鸟雀,岂不是十分可惜?人的性命比明珠要贵重得多,如果见到金银财宝就不惧刑法,敢直接接受贿赂,这就是不爱惜生命。明珠是身外之物,尚且不能拿来弹射鸟雀,生命如此贵重,怎么能拿来换取财物呢?群臣如果竭尽忠诚,为公为国,那么完全不用担心财富和官爵。如果不用正道来追求财富,而是想着贪污受贿,那么罪行一旦败露,必将会为天下人所耻笑。

魏徵深以为然,为了进一步强调贪腐对于国家的巨大危害,魏徵还给李世民讲了两个历史故事:

第一个是古蜀国"五丁开山"的故事。相传当年秦惠文王想攻灭古蜀国,但是古蜀国地势险要,"一夫当关,万夫莫开",军队难以通行。于是秦惠文王想出来一个计策,他叫人制造了五头石牛,每天在石牛屁股后面摆上一堆金子,谎称石牛是金牛,每天都能产出一堆金子。蜀王知道后,就想把这五头石牛带回蜀

---

① 骈宇骞译注:《贞观政要》,中华书局 2011 年版,第 462 页。

国,他让五个大力士去凿山开路,把石牛拉回来。结果道路开凿出来之后,秦国大军立刻沿着这条道路对蜀国发起进攻,很快就灭掉了蜀国。

第二个是西汉时期田延年的故事。西汉昭帝时期,田延年得到了当时的权臣霍光的重用,后来在汉宣帝继位的过程中,田延年立下大功,被任命为大司农,掌管国家财政,并被封为阳成侯。但是后来田延年借着修建汉昭帝陵墓的机会,贪污三千万钱,结果事情败露,田广明等大臣为他说情,认为"春秋之义,以功覆过",结果汉宣帝没有同意。听闻此事后,田延年感叹道:"幸县官①宽我耳,何面目入牢狱,使众人指笑我,卒徒唾吾背乎!"随后自刎而死。

通过这两个故事,魏徵向李世民说明了一个道理,那就是不管是皇帝还是大臣,都切不可存贪财之心,皇帝贪财则国亡,大臣贪财则身死。

对于魏徵的这一意见,李世民非常赞同和重视。在一次朝会上,李世民对众大臣说道:"卿等若能小心奉法,常如朕畏天地,非但百姓安宁,自身常得欢乐。古人云:'贤者多财损其志,愚者多财生其过。'此言可为深诫。若徇私贪浊,非止坏公法,损百姓,纵事未发闻,中心岂不常惧?恐惧既多,亦有因而致死。大丈夫岂得苟贪财物,以害及身命,使子孙每怀愧耻耶?卿等宜深思此言。"②

---

① 西汉时期,臣民称呼皇帝为"县官"。
② 骈宇骞译注:《贞观政要》,中华书局2011年版,第465页。

他告诫大臣说:"你们若能小心谨慎,奉公守法,不但能够使百姓安宁,你们自己也会得善终。古人云,'贤明的人财产多了,就会损害他们的志向;愚蠢的人财产多了,就容易出过错。'这话你们应该引以为戒。如果你们贪污腐败,那么不仅坏了国法,还伤害了百姓,即使事情没有败露,你们心里就不会羞愧恐惧吗?心怀恐惧,就容易郁郁而终。所以,大丈夫怎么能够为了钱财损害自己的生命,让子孙后代蒙羞呢?你们要深思我说的话啊!"

在实际的执行过程中,李世民对于贪污腐败的行为,处罚非常严厉,这其中最著名的是党仁弘案。

党仁弘,原是隋朝的一名武将,隋朝末年李渊起兵反隋后,他率属下两千多人投降李渊,后来为唐朝的建立做出了重要贡献。唐朝建立后,他先后担任过南宁、戎、广等州都督,很有才略,所到之处颇有政绩和声望,所以李世民很器重他。但是党仁弘为人非常贪婪,他在离任广州都督之后,被人告发贪赃一百多万钱,按照律法应当处以死刑。

党仁弘是开国元勋,此时年纪已经很大了,所以李世民想饶他一命,于是就对大臣们说:"吾昨见大理五奏诛仁弘,哀其白首就戮,方晡食,遂命撤案;然为之求生理,终不可得。今欲曲法就公等乞之。"①他不无惋惜地对大臣们说:"昨天收到大理寺的奏报,要诛杀党仁弘,朕为老臣之死感到难过,想到此事连

---

① 司马光:《资治通鉴》卷第一百九十四,中华书局2011年版,第9311页。

饭都吃不下去；朕想为他求一条活路，但是始终没有找到令人信服的理由。现在我想向你们请求，能否饶他一死？"群臣缄默。

几天后，李世民在太极殿前召集所有大臣，说道："法者，人君所受于天，不可以私而失信。今朕私党仁弘而欲赦之，是乱其法，上负于天。欲席藁于南郊，日一进蔬食，以谢罪于天三日。"李世民惭愧地向大家反思，法律拥有至高无上的权威，绝不可以因为私情而被打破。今天他想赦免党仁弘，这是破坏法律，有负上天，所以他要在南郊铺草而跪，每天只吃一餐素食，向上天谢罪三日。

对于李世民的决定，房玄龄等大臣纷纷劝阻，表示陛下想赦免党仁弘，这是君主仁义的表现，没必要让自己受苦。大臣们都跪倒在地，坚持请求李世民放弃这一打算。李世民从早上一直跪到太阳偏西，才降手诏，表示尊重大家的意见，不再举行谢罪的仪式，但仍下了罪己诏，称："朕有三罪：知人不明，一也；以私乱法，二也；善善未赏，恶恶未诛，三也。"知人不明是其一，以私乱法是其二，赏罚不公是其三。最终李世民下令将党仁弘贬为庶人，流放钦州。

后世经常有人以此事为例，抨击李世民徇私枉法，包庇贪污，但是要知道，在皇权至上的时代，皇帝的一句话就可以决定一场事件的走向，所以此事恰好可以证明李世民对于贪污的处罚力度。此次为了让自己十分看重的党仁弘免于一死，李世民又是召集大臣朝会，又是恳求大臣，还表示要斋戒向天谢罪，作为九五之尊的皇帝，姿态已经放得非常低了。李世民此举向所有官员表明了一点，他确实是赦免了党仁弘，但是那是因为党仁弘的地位特殊，同时皇帝付出的代价也是巨大的，如果有人再想犯贪污罪，那就要扪心自问，他们在皇帝心中的地位，能不能够让皇帝斋戒谢罪？如果自觉不能，那就不要以身试法，别再贪赃枉法，党仁弘只是个特例，罪己而赦免这种事情皇帝绝不会再做第二次了！

或许是因为明白了李世民的心理，所以在党仁弘一案中，魏徵并没有犯颜直谏，而是默认了李世民的做法。不过魏徵也暗下决心，这种事情是绝不能够有第二次的，所以在处理贪腐的问题上，魏徵一直保持着自己刚直的作风。

贞观三年（629年），濮州刺史庞相寿被人告发贪污，被解除刺史职务，并且要求他立刻退还所有赃款。庞相寿向李世民求情，希望李世民能看在自己曾经是秦王府旧臣的份儿上，饶自己一次。李世民感念旧情，表示只要庞相寿能够退还所有赃款，这事就算结束了，依然可以官复原职。

听说此事后，魏徵立刻表示反对，他对李世民说："秦王左右，中外甚多，恐人人皆恃恩私，足使为善者惧。"意思就是，秦王府的旧臣，现在不管是在中央还是地方，为官秉政的人太多了，如果今日对庞相寿从轻发落，这个先例一开，那么恐怕秦王府的旧臣们就会皆恃恩私，肆意妄为，到时候就麻烦了。

李世民也明白了魏徵的意思，于是就对庞相寿说："我昔为秦王，乃一府之主；今居大位，乃四海之主，不得独私故人。大臣所执如是，朕何敢违！"——朕过去是秦王，只是秦王府一府之主；现在朕是皇帝，是四海之主，所以绝对不可以因私人感情而徇私枉法。朝中大臣坚持要对你依法处罚，朕又有什么办法呢？于是李世民赏赐了庞相寿一些绢帛，庞相寿流泪而去。

在坚决抑制腐败的同时，魏徵自己也以身作则，他的生活非常简朴。关于魏徵的个人生活，《贞观政要》中曾经记载："魏徵宅内，先无正堂，及遇疾，太宗时欲造小殿，而辍其材为徵营构，五日而就，遣中使赍素褥布被而赐之，以遂其所尚。"①

魏徵住的房子，竟然连正堂都没有，平时就住在简单的侧室之内。直到魏徵生病了，李世民前去探望的时候，才发现魏徵的住宅如此简陋。李世民实在看不下去了，当时他准备在宫里为自己建造一座小宫殿，于是李世民下令这座小宫殿就不要建了，用这些建筑材料为魏徵建造一座正堂。这座正堂五天时间就完工了，可见不会特别华丽，不然不会这么快就完工。李世民知道魏徵肯定不会接受金银珠宝、绫罗绸缎等赏赐，于是就命令赏赐魏徵素色被褥，以符合魏徵的志向和习惯。

这段记述，就是魏徵为官清廉的明证。家无长物，甚至连普通的正堂都没有，而且皇帝都赏赐他素色被褥，说明他生活简朴在当时尽人皆知，虽居高位，得恩宠，但不为自己谋求私财，不追求奢侈享受。魏徵这种简朴的生活作风与盛世大唐宰相的身份并不相符，但是从某种意义上说，正是因为魏徵身居高位，清正廉洁，以身作则，才使朝廷内有着很多像他一样的股肱之臣，这

---

① 骈宇骞译注：《贞观政要》，中华书局2011年版，第409页。

才换来了大唐的兴盛富强。

第四节 严防骄奢

隋朝末年,由于社会政治黑暗,隋炀帝的倒行逆施使百姓不堪忍受,最终爆发了声势浩大的农民起义,曾经强盛一时的隋朝就这样昙花一现。唐朝建立后,由于亲身经历了隋朝灭亡的全过程,因而魏徵向李世民提出"去奢省费""严防骄奢"的治国方针。

在魏徵看来,过去隋朝一统天下,兵强马壮,三十余年间声威远播万里,然而一朝丧尽,江山尽为他人所有,原因在哪呢?就是因为隋炀帝倚仗国家富强,穷尽天下的人力物力,来满足自己穷奢极欲的享受,装饰宫殿,构筑楼台,横征暴敛,兵戈不息。结果以四海之尊,竟然死于匹夫之手,子孙被赶尽杀绝,为天下人所耻笑,这个结果太让人痛心了!

李世民明白了魏徵的意思,他明确下诏指出:"自古帝王凡有兴造,必须贵顺物情。昔大禹凿九山,通九江,用人力极广,而无怨讟者,物情所欲,而众所共有故也。秦始皇营建宫室,而人多谤议者,为徇其私欲,不与众共故也。朕今欲造一殿,材木已具,远想秦皇之事,遂不复作也。固知见可欲,其心必乱矣。"[1]——自古以来凡是帝王要兴建工程,都必须注意顺应民

---

[1] 骈宇骞译注:《贞观政要》,中华书局2011年版,第399页。

心。从前,大禹凿九山,通九江,虽耗费人力极多,但是却没有人痛恨埋怨,这是因为人民希望他这么做,他的做法是利于民的,所以上下同欲。秦始皇修建宫殿,无数人指责批评,是因为他只是为了满足个人的私欲。我最近想建一座宫殿,材料都已经准备好了,但想起过去秦始皇的事情,就没有心思再建造了。李世民以古比今,以身作则,劝诫诸臣克制私欲,严防骄奢淫逸。

李世民下诏,所有雕镂器物、珠玉服玩之类的制造和进贡事务全部禁止,从王公以下,所有人的住宅府第、车服、婚嫁、丧葬规格都得遵守品级规范,凡是和品级不相称的,一律禁止,严防有人沉迷于奢侈享乐。

到贞观四年(630年),百姓生活逐渐安定,社会发展开始步入正轨,此时的李世民和魏徵依然还是保持着高度警惕的心理,严防奢华之风。

在这一年的一次朝会上,李世民说道:"崇饰宫宇,游赏池台,帝王之所欲,百姓之所不欲。帝王所欲者放逸,百姓所不欲者劳弊。劳弊之事,诚不可施于百姓。朕尊为帝王,富有四海,每事由己,诚能自节,若百姓不欲,必能顺其情也。"李世民知道,历代帝王喜欢奢华,而百姓往往为此付出巨大代价。他身为帝王,富有四海,虽然是一言九鼎之人,但是有魏徵这样的良臣在,他做事情需自我节制,绝不强加百姓劳弊之事。

对此魏徵深表赞同,他说:"陛下本怜百姓,每节己以顺人……隋炀帝志在无厌,惟好奢侈,所司每有供奉营造,小不称意,则有峻罚严刑。上之所好,下必有甚,竟为无限,遂至灭亡,此非书籍所传,亦陛下目所亲见。为其无道,故天命陛下代之。陛下若以为足,今日不啻足矣。若以为不足,更万倍过此亦不足。"[1]魏徵还告诉李世民这样的道理:上之所好,下必有甚,上下攀比,没有节制,最终导致国家灭亡。而且这些事情都是皇帝亲眼所见。正因为隋炀帝荒淫无道,所以上天才会让唐取而代之。他希望皇帝能够常怀知足之心,造福于民。

听了魏徵的话之后,李世民感慨道:"公所奏对甚善!非公,朕安得闻此言?"

李世民即位后,所住的宫殿还是隋朝时建的宫殿,经战火焚烧,早已破旧。按照惯例,新王朝国君都要大兴土木,另建新宫,至少也要将旧宫修缮,崇饰一新。李世民目睹隋朝奢侈亡国的教训,一直不许兴建新的宫殿。李世民一直患有"气疾"[2],所住的宫殿又潮湿,夏暑秋凉,容易引起旧病复发,所以很多大臣提议,在夏热未退又面临秋雨之时,营造一阁楼供他居住。

对此李世民明确表示拒绝,他说:"朕有气疾,岂宜下湿?若遂来请,糜费良多。昔汉文帝将起露台,而惜十家之产。朕德不逮于汉帝,而所费过之,岂为人父母之道也?"我患有气疾,确实不适宜住在地势低而且潮湿的地方。但是我若同意你们的请求,必然耗费很多财物。昔汉文帝起露台,因惜十家之产而停建,我的功德远远不及汉文帝,而耗费财物超过汉文帝,这不是君主应做的事。

---

[1] 骈宇骞译注:《贞观政要》,中华书局2011年版,第402页。
[2] 古代所说的"气疾",一般认为指的是现在所说的呼吸系统疾病。

虽然李世民严禁骄奢，但是依然有人顶风作案。贞观七年（633年），李世民巡幸蒲州，蒲州刺史赵元楷命令蒲州百姓都必须穿上黄纱单衣，站在道路两旁迎接，并修建了精美的房屋，还把城楼、街道装饰一新，赵元楷想以此来讨好皇帝。此外，赵元楷还饲养了一百多只羊、几千条鱼，准备以此来招待皇帝和随行的皇亲国戚、朝廷大员。

赵元楷满以为自己侍奉得如此周到，肯定能博得皇帝的欢心，结果李世民看到此景之后怒道："朕巡省河、洛，经历数州，凡有所须，皆资官物。卿为饲羊养鱼，雕饰院宇，此乃亡隋弊俗，今不可复行，当识臣心，改旧态也。"李世民严厉批评了赵元楷，并告诉他，他的所作所为都是隋朝时留下的坏风气，现在断不可如此，一定要戒除骄奢，改变旧的习惯。

李世民之所以怒斥赵元楷，并不单单是因为此事，更重要的是赵元楷一直心术不端，喜欢谄媚奉上。当年隋炀帝巡幸江都，赵元楷负责供应美酒饮食，他进献珍奇美味给隋炀帝，大得隋炀帝欢心。进入唐朝后，赵元楷担任司农少卿，司农卿窦静非常厌恶其为人，曾对赵元楷说道："隋炀帝骄奢淫逸、贪渎民财，所以司农寺非得有你不可。当今皇帝自身节俭，爱护民众，你又有何用呢？"

正是因为了解赵元楷的为人，李世民才会一点也不给他好脸色。这次因为谄媚触怒了李世民之后，赵元楷惊惧万分，连续几天都吃不下饭，很快就生病死掉了。

但是贞观十年（636年）之后，随着社会稳定，经济逐渐富庶起来，李世民也开始逐渐热衷于个人享受。李世民嫌京城闷热，便在临潼骊山顶上修筑了翠微宫，之后又指责宫室小气，辱没了大唐威仪，重修了玉华宫。位于东都洛阳的宫殿本是隋炀帝吃喝玩乐的地方，李世民接管过来后，"营造不已，公私劳费，殆不能堪"，洛阳的庞大建筑群，豪华气派，极尽奢靡。此外，李世民还非常热衷打猎，对朝政日益懈怠。

贞观十二年（638年），李世民东巡，在即将抵达洛阳时，居住在显仁宫，结果负责宫苑事务的官员多次因为供奉不周被李世民责备。

听闻此事后，魏徵立刻对此提出严厉批评："陛下今幸洛州，为是旧征行处，庶其安定，故欲加恩故老。城郭之民未蒙德惠，官司苑监多及罪辜，或以供奉之物不精，又以不为献食。此则不思止足，志在奢靡，既乖行幸本心，何以副百姓所望？"——陛下今日巡幸洛阳，是因为这里是往日陛下征战过的地方，陛下希望这里长久安定，所以才来到这里赏赐百姓父老。如今城里的百姓还没有享受到陛下的恩惠，各级官员却因供奉不周而屡受责罚，陛下如此行为是不知足，是一心追求享受，忘记了此行的本意，这样子怎么能让百姓满意呢？

接下来魏徵联系历史，进一步说道："隋主先命在下多作献食，献食不多，则有威罚。上之所好，下必有甚，竟为无限，遂至灭亡。此非载籍所闻，陛下目所亲见。为其无道，故天命陛下代之。当战战栗栗，每事省约，参踪前列，昭训子孙，奈何今日欲在人之下？陛下若以为足，今日不啻足矣；若以为不足，万倍于此，亦不足也。"①

魏徵告诉皇帝，当年隋炀帝巡幸的时候，官员也经常因为供奉不足而被责罚。上之所好，下必有甚，上下攀比，没有节制，最终导致国家灭亡，这些都是陛下亲眼所见。正因为隋炀帝荒淫无道，所以上天才会让陛下取而代之。因此陛下更应该小心谨慎，勤俭节约，以史为鉴，教训子孙，但是今天陛下怎么和当年的隋炀帝一样？陛下要懂得知足的道理啊！

李世民听后大吃一惊，说道："非公，朕不闻此言。自今已后，庶几无如此事。"这话也就是你魏徵敢说啊，以后朕绝对不会再犯这样的错误了！

此后李世民大兴土木的行为有所收敛，但是对于游猎的兴趣依然不减。贞观十四年（640年），李世民巡幸同州沙苑，他亲自格杀猛兽，并且沉迷于打猎，经常早出晚归，导致大量政务被拖延。

眼见皇帝如此做事，魏徵意识到此风绝不可长，在终于有机会见到李世民之后，魏徵并没有直接犯颜直谏，而是给李世民讲了几个历史故事：

魏徵首先说到的人是西汉时期的袁盎。当年汉文帝从霸陵上山，打算从西边的陡坡飞车而下。袁盎立刻挽住缰绳制止，文帝问道："怎么，难道将军怕了吗？"袁盎回答："臣闻千金之子坐不垂堂，百金之子不骑衡，圣主不乘危而徼幸。今陛下驾着快

---

① 骈宇骞译注：《贞观政要》，中华书局2011年版，第623页。

车,飞驰着奔下高山,如果出现意外,陛下纵然不爱惜自己,但又怎么对得起高祖和太后呢?"

魏徵又说到薛广德。东汉时期,汉元帝外出祭祀天神,祭祀完毕后就想留下来打猎,于是薛广德劝谏道:"窃见关东困极,百姓离灾。今日撞亡秦之钟,歌郑、卫之乐,士卒暴露,从官劳倦,欲安宗庙社稷,何凭河暴虎,未之戒也?"如今关东一带非常贫困,百姓流离失所。陛下如果沉迷于狩猎,是在撞使秦国灭亡的丧钟,歌唱郑卫两国的靡靡之音,这样士兵和官员必然苦于应付,疲惫不堪,耗费无数,到时候陛下还想安宗庙社稷,无异于空手打虎、徒步过河,这怎么可能呢?

魏徵通过这两个故事说明了一个道理,那就是沉迷于游猎危害甚大,既不利于君主自身的人身安全,甚至会有损于百姓生活和社会安定。所以最后**魏徵**提出:"臣伏闻车驾近出,亲格猛兽,晨往夜还。以万乘之尊,暗行荒野,践深林,涉丰草,甚非万全之计。愿陛下割私情之娱,罢格兽之乐,上为宗庙社稷,下慰群寮兆庶。"①大概意思是,陛下以万乘之尊,暗行荒野,这其中危险甚大,非帝王该做的事情。希望陛下能够克制自己的私欲,这样上可安宗庙社稷,下可慰百姓、官员之心。

李世民听后,惭愧地说道:"昨日之事偶属尘昏,非故然也,自今深用为诫。"昨天的事是朕偶然糊涂,绝非有意,朕以后一定引以为戒。

---

① 骈宇骞译注:《贞观政要》,中华书局2011年版,第631页。

"严防骄奢"这一思想贯穿了魏徵的整个从政生涯,从贞观初年步入朝堂,到人生的最后时刻,魏徵始终劝谏李世民严防骄奢、勤俭治国,绝不可纸醉金迷、耽于享乐。贞观十六年(642年),此时的魏徵已经63岁了,这一年已经是魏徵人生的倒数第二年,但是他依然不忘时时进谏。

这年的某一天,李世民问魏徵:"观近古帝王有传位十代者,有一代两代者,亦有身得身失者。朕所以常怀忧惧,或恐抚养生民不得其所,或恐心生骄逸,喜怒过度。然不自知,卿可为朕言之,当以为楷则。"

李世民通过观察自古以来的帝王,心中有些疑惑,为什么这些皇帝有传位十代的,也有仅传位一两代的,还有取得天下后又失去的。所以李世民经常担心,有时担心自己对人民的关心不够,有时担心自己骄傲放纵、喜怒无常。但是很多时候他自己根本察觉不到,所以他请魏徵要记得经常提醒他。

听到此话,魏徵不禁感到悲伤,自己的身体状况自己最清楚,他明白自己不是长寿的人,等到自己死了,谁能够劝谏陛下呢?沉思良久,魏徵给出了自己的答案:"嗜欲喜怒之情,贤愚皆同。贤者能节之,不使过度,愚者纵之,多至失所。陛下圣德玄远,居安思危,伏愿陛下常能自制,以保克终之美,则万代永赖。"[①]他衷心地劝勉皇帝:喜怒的情绪,人生而有之,无论贤者、愚者都在所难免。只是贤者能够有所控制,凡事不过度,愚者却恣意放纵,甚至达到不可收拾的地步。陛下圣德高远,能够

---

① 骈宇骞译注:《贞观政要》,中华书局2011年版,第669页。

居安思危，希望陛下能抑制私欲，善始善终，成就万世的功业，造福千秋万代。

随后魏徵接着说道："若昏暴于上，忠谏不从，虽百里奚、伍子胥之在虞、吴，不救其祸，败亡亦继。"如果君主昏庸，不听从臣下的劝谏，那么即使是有百里奚、伍子胥这样的贤臣，也无法挽救国家的命运。

此时李世民问道："必如此，齐文宣昏暴，杨遵彦以正道扶之得治，何也？"杨遵彦，指的是北齐名臣杨愔。北齐文宣帝高洋在位时期，性情暴虐，动辄杀戮大臣，以致朝野人心惶惶。高洋将政事委托给尚书令杨愔，杨愔处理政务能力非常强，保证了国家的有序运行。时人都认为，君主虽然昏庸，但政事却还算清明有序。为什么当时的北齐凭杨愔一人就能得以延续呢？

魏徵回答道："遵彦弥缝暴主，救治苍生，才得免乱，亦甚危苦。与人主严明，臣下畏法，直言正谏，皆见信用，不可同年而语也。"杨愔虽弥补了君王的过失，挽救了百姓，使北齐免于祸乱。但是这个过程非常艰苦，北齐最终依然难逃灭亡的命运。而且当时北齐的这一情况，和今日我大唐的君主圣明、大臣守法、上下一心是不可同日而语的。

为了辅佐李世民励精图治，使国家繁荣富强，魏徵常常以各种方式劝谏李世民以史为鉴，特别是以隋朝为借鉴。严防骄奢，善始善终地保持谦恭的心态和风范，并不断自省，自觉纠正谬误。魏徵的进谏和李世民的从谏，使君臣二人相互成就，也为贞观之治奠定了良好的基础。

第八章 大唐风华,贞观长歌

第一节 编纂《隋书》

在经济发展稳定、人民生活安乐的情况下,有感于此等盛世局面的李世民有了一个新的想法——编修史书。

中国历来有重视编修史书的优良传统,并且多是后朝为前朝编修史书。例如西汉灭亡后,东汉班固编修《汉书》;三国时代结束后,西晋陈寿编修《三国志》;北魏灭亡后,北齐魏收编修《魏书》;等等。这已经形成了一个惯例。之所以后朝要为前朝修史,主要原因有以下三点:第一,保存前代的历史和文化;第二，总结前代灭亡的经验教训，以供本朝借鉴；第三，宣扬本朝的合法性和正统性。

两晋南北朝时期是一个空前的乱世，其间兵戈四起、文化凋零，导致修史的传统被打断。两晋南北朝三百年真正编纂出来，得到社会认可并普遍流传的史书只有南朝宋范晔编撰的《后汉书》、南朝梁沈约编纂的《宋书》，以及北齐魏收编纂的《魏书》，记载其他朝代的权威史书并没有被编纂出来。其后，隋文帝杨坚、隋炀帝杨广都没有继续编修史书。武德五年（622年），唐朝的开国之君李渊颁发了《命萧瑀等修六代史诏》，当时计划编撰的六代史为：北魏史、北周史、隋史、梁史、北齐史、陈史。由于当时诸事草创，又缺乏组织编撰大规模史书的经验，武德年间的编撰计划无果而终。

由此可见，早在武德年间，李渊就已经有了编修史书的想法，但是因为种种原因并没有来得及实行，所以修史的责任就落到了李世民的肩上。在李世民看来，修史可以警戒君主、求鉴致治、表彰本朝。前史所载嘉言懿行、灿然政绩足可垂法于后人。贞观元年他就指出："既见王成事，足是元龟。"后他又多次和臣下谈起读史体会："昨观《尚书》，帝王之道坦然可见。""朕每庶几唐虞，欲卿等齐肩稷契耳。"李世民虽不是史家，但是他的高度重视和大力提倡、扶植，对贞观史学的兴盛起到了积极的作用。

想要编修一部精良的史书，其难度是很大的，主要体现在以下几个方面：

首先，编修史书需要安定的工作环境和社会环境。在没有外敌的威胁、内部矛盾也比较少的情况下才可展开，若想做好，还需设置专门修史的部门。

其次，编修史书需要巨大的财力支持。两晋南北朝三百余年乱世，相关文献残缺不全，大量的图书散佚民间，想要把这些资料收集起来，需要进行全国范围的征集，这个过程中无疑需要花费大量的人力物力。在编修史书的过程中，史书的前几版草稿因为未定稿，无法刻版刊印，所以只能手写，而一部史书最少几十万字，所以单单是书稿的抄写就需要几百上千人，这又是一笔巨大的开支。

再次，编修史书需要最富学识和历史眼光的文士。中国历史上著名的史家，无不是文采盖世的一时俊杰，例如《史记》的作者司马迁、《汉书》的作者班固、《三国志》的作者陈寿等。若无此等高级的学士，史书的质量肯定得不到保证，到时候即使史书编纂出来，也得不到普遍认可，自然就无法传之后世。

李世民觉得，在贞观年间，这些编修史书的条件都已经具备了：社会安定，国库充裕，最重要的是自己手下还有一批顶级的文人，代表人物之一就是魏徵。

李世民雄心勃勃，他决心把两晋之后缺失的史书全部补上，于是他一口气下达了编纂六部史书的任务，分别是《晋书》《周书》《梁书》《陈书》《北齐书》与《隋书》。在这六部史书中，除了《晋书》由房玄龄、褚遂良、许敬宗三人主持编写之外，其他五部史书的编纂任务，李世民全部交由魏徵主持，史载

"徵总知其务，多所损益，务存简正"。

李世民之所以把这么重要的任务交给魏徵，除了魏徵确有文采实学之外，还因为魏家一直有着修史的传统。

魏家最著名的史学家就是我们前文提到的《魏书》的作者魏收。他是南北朝时期北齐大臣，主持编纂了二十四史之一的《魏书》，详尽记载了北魏的历史。此后魏徵的祖父魏彦和父亲魏长贤都曾经想编纂《晋书》，只不过因为种种原因未能完成。所以魏家在修史方面一直是有着悠久的传统的，李世民相信这种浓厚的家学渊源，一定可以保证魏徵能够优秀地完成这份工作。

当听到自己要主持这五部史书的编纂工作后，魏徵非常惊喜。因为到唐代为止，真正得到社会普遍认可并传之后世的史书并不多，如今幸有机会主持五本史书的编纂工作，这五本史书如果都能够顺利完成，那么自己的名字也将会被镌刻在这五本史书上，传之后世，这对于家族世修儒业的魏徵来讲，绝对是比加官进爵还要重大的荣誉。于是魏徵开始全力投身到这五部史书的编纂工作之中。

想要完成这五部史书，首先就是要给这五本书各选一个合适的主编，毕竟魏徵当时身居高位，精力有限，不可能一人兼任五本史书的主编。经过仔细斟酌，魏徵向李世民给出了其中四本史书的主编名单：

（一）《周书》主编令狐德棻

令狐德棻，生于公元583年，宜州华原县人。令狐德棻的家族原先居住在敦煌，世为河西豪族，以博涉文史知名，后迁居关中。武德初年，令狐德棻担任起居舍人，参与撰写《起居注》。武德五年（622年），令狐德棻升任秘书丞，与侍中陈叔达等人受诏撰《艺文类聚》。当时战乱之后，书籍散佚，他向李渊上奏，请以重金购求天下遗书，置书吏修缮补录，此后数年间群书大备，这为李世民编修史书提供了重要条件。

（二）《北齐书》主编李百药

李百药，生于公元564年，博陵安平人。李百药出身当时的著名士族博陵李氏，自幼受到家庭影响，好学博闻，富有独立见解，七岁就能做文章。开皇年间，李百药奉诏参与修《五礼》，定律令，撰写《阴阳书》，文采誉满天下。贞观初年，李百药担任礼部侍郎，继续参与修撰《五礼》及律令。

（三）《梁书》《陈书》主编姚思廉

姚思廉，生于公元557年，雍州万年人。姚思廉的父亲姚察在陈朝做官时，就开始撰梁、陈二朝的历史，但是没有成功，临终之前他告诫儿子思廉一定要"续成其志"。姚思廉自幼勤奋好学，当时姚家藏书万余卷，这让姚思廉有着优越的学习条件，他的文采广为传扬。武德年间，姚思廉进入秦王李世民设置的文学府，成为当时著名的文学府"十八学士"之一。

魏徵选择的三位主编，全部都是世传儒业、博通经史的饱学之士，在当时负有盛名，魏徵相信他们一定可以承担好主编的重任。

魏徵将三位主编人选告诉李世民之后，李世民连连点头，称赞他选人选得好，可是又不禁疑惑地问道："爱卿，这《隋书》

的主编是谁呢？"

魏徵答道："臣不才，自请为《隋书》主编。"

魏徵为什么要请缨担任《隋书》主编呢？这是因为在这五本史书中，《隋书》是最特殊的，它的编纂既容易，又困难。

说《隋书》编纂容易，是因为此时距离隋朝灭亡刚刚过去了十几年，文字记录很多，而且当时的朝中大员，除了魏徵等极少数家庭贫寒之人外，几乎全部都有在隋朝任职的经历。所以不管是文字材料还是当事人的回忆，隋朝的资料都是极为丰富的，所以编纂难度自然要小得多。

说《隋书》编纂困难，是因为涉及历史人物的评价问题。北齐、北周、梁、陈四个朝代，即使是距离贞观朝最近的陈朝，此时灭亡也已经四十年了，这些朝代的主要人物也基本去世了，他们的后代在贞观朝也没什么太大的影响力，所以对于他们的盖棺定论，自然要容易得多。

但是隋朝的情况则复杂得多。隋朝和唐朝的联系实在是太紧密了，两个朝代的核心人员高度重合，其核心都是关陇贵族集团，再加上集团内部互相通婚，这就导致隋唐两朝人物之间的关系错综复杂。例如，唐高祖李渊和隋炀帝杨广是表兄弟的关系，唐朝名将李靖的舅舅是隋朝名将韩擒虎，唐朝名将薛万均、薛万彻的父亲是隋朝名将薛世雄，曾任中书令的宇文士及是杀死隋炀帝的宇文化及的亲弟弟，类似的情况不胜枚举。

这种复杂的关系就注定了在对隋朝人物进行评价的时候，会非常困难，因为很有可能触及相关人员。因此，主编《隋书》注定是一个得罪人的活。魏徵主动请缨，担下了这份重任，毕竟自己深受帝王信任，如遇左右为难之事，也可灵活行事。

编修《隋书》的难度，李世民也是清楚的，所以他也很好奇魏徵会让谁来担任《隋书》的主编。听到魏徵的回答之后，李世民先是一怔，接下来明白了魏徵的用心，同意了魏徵的用人方案。

贞观三年（629年），魏徵正式开始了《隋书》的编纂工作。根据史学家的考证，《隋书》的主编为魏徵，该书的本纪和列传部分主要由他负责，虽然参与撰写的还有颜师古、孔颖达、许敬宗等人，但是各本纪、列传的绪论和结尾处的"史臣曰"等评论性文字，基本都是出自魏徵之手。也就是说，《隋书》的具体文稿可能不是魏徵所写，但是全书所有的历史性结论，都是由魏徵主笔，前文已提到，这是编纂《隋书》最难下笔的部分。

魏徵对于隋朝所有历史人物的评价，都贯穿着一个核心思想，那就是"以史为鉴"。魏徵借着编纂《隋书》的机会，对于隋朝的历史进行了一番深入的探索和研究，从而全面深入地总结出了隋朝盛极而衰的历史过程和原因，这也成了贞观朝君臣讨论隋朝问题的纲领性文件。现在阅读这些文字，依然可以感受到魏徵深厚的文学功底和史学修养，更可以从中了解到魏徵非凡的历史见识和政治眼光，这是魏徵留给后人的最重要的政治和思想文献。

在对隋文帝杨坚的评价中，魏徵先是歌颂了他统一中国的丰功伟绩，肯定了他即位之后开创"开皇之治"的伟大历史功绩，指出"二十年间，天下无事，区宇之内晏如也，考之前王，足以参踪盛烈"。但是魏徵对于隋文帝的缺点也毫不讳言："素无术学,不能尽下,无宽仁之度,有刻薄之资,暨乎暮年,此风逾扇。又雅好符瑞,暗于大道,建彼维城,权侔京室,皆同帝制,靡所适从。听哲妇之言,惑邪臣之说,溺宠废嫡,托付失所。灭父子之道,开昆弟之隙,纵其寻斧,剪伐本枝。坟土未干,子孙继踵屠戮,松槚才列,天下已非隋有。惜哉!"①

魏徵对于隋文帝猜忌臣下,大兴土木,听信皇后之言,错废太子,导致兄弟相屠等历史教训,提出了严肃批评。最后魏徵指出:"迹其衰怠之源,稽其乱亡之兆,起自高祖,成于炀帝,所由来远矣,非一朝一夕。"也就是说,隋朝灭亡的祸根,其实早在隋文帝时期就已经埋下了。

对于隋炀帝的评价,魏徵就更加不客气了,他将隋炀帝好大喜功、荒淫无度、大兴土木、赏罚不公、屡起刀兵等行为一一进行了批评。最后魏徵指出:"《书》曰:'天作孽,犹可违,自作孽,不可逭。'《传》曰:'吉凶由人,袄不妄作。'又曰:'兵犹火也,不戢将自焚。'观隋室之存亡,斯言信而有征矣!"可以想象,魏徵在对隋炀帝进行这番批评时,神态严肃、落笔铿锵。

魏徵在编写《隋书》的过程中,总是秉笔直书,丝毫不顾忌是否会得罪人。例如虞世南是李世民的宠臣,但是在记载、评价他的哥哥虞世基在隋朝时的所作所为时,魏徵毫不避讳。在《虞世基传》中,魏徵记下了虞世基"知帝恶数闻之,后有告败者,

---

① 魏徵等撰:《隋书》卷一,中华书局1973年版,第21页。

乃抑损表状，不以实闻。是后外间有变，帝弗之知也"。对于隋炀帝国破身死过程中，虞世基应负的责任，魏徵写得清清楚楚。此外，尽管裴矩、何稠等人已成为大唐的臣子，但对他们在隋朝的错误行为，魏徵下笔时也不加任何掩饰。

在内容上，《隋书》保存了南北朝以来大量的典章制度，为后世研究保留了丰富的资料。南北朝时期留下来的典章制度方面的史料极少，而《隋书》的史志部分，多达三十卷，包括礼仪、音乐、律历、天文、五行、食货、刑法、百官、地理、经籍十志。这十志不仅叙述了隋朝的典章制度，而且概括了梁、陈、北齐、北周的政治、经济情况，有的甚至追溯到汉魏。例如关于祖冲之圆周率的详细记录，就保存在《隋书》中。

《隋书·经籍志》是继《汉书·艺文志》后的一部十分重要的目录书，叙述了自汉至隋凡六百年我国书籍之存亡、学术之演变，是对我国古代书籍和学术史的第二次总结，也是对我国学术文化史的一大贡献。《隋书·经籍志》还有一个重要贡献，就是为我国以后的四部图书分类奠定了基础，书中正式将各类书籍标出经、史、子、集四大类，这种图书分类法为后世沿用达一千余年。

第二节　安抚四夷

李世民统治时期，是中华民族历史上武德最为充沛的时期之一，在李世民的领导下，唐军在对外战争中所向披靡，威震四方。

贞观四年（630年），李世民令李靖出师塞北。唐军在李靖的指挥下，灭亡东突厥，俘虏颉利可汗，李世民因此被西域诸国尊为"天可汗"。

贞观八年（634年），吐谷浑寇边，李世民派李靖、侯君集、李道宗等率军出击，次年吐谷浑可汗慕容伏允逃入沙漠，兵败自杀。

贞观十三年（639年），李世民以高昌王麴文泰阻绝西域诸国朝贡为由，命侯君集等率兵伐高昌。次年，麴文泰病死，其子麴智盛继位，投降唐朝。

经过这几次对外战争，周边各国再也不敢与唐朝作对。但是如果单单凭武力，那么做到的只能是威服，难以使他国彻底臣服。当年汉武帝征讨匈奴，虽然屡战屡胜，但是匈奴人始终不愿屈服，即使退居漠北也要和汉朝死磕到底，结果战争旷日持久，大大消耗了汉朝的国力，也给汉朝百姓带来了巨大的负担。所以战争只是手段，持久的和平才是真正的目的，在让周边各国威服的同时，还要让他们恩服，只有恩威相济，才能让各国心服口服，从而实现持久的和平。

如何做到这一点，让四夷宾服，魏徵再次给唐太宗作出了谋划。

贞观四年（630年），李靖率军消灭东突厥，唐军战果极为丰厚，单单是俘虏的突厥民众就有十几万人。数量如此庞大的俘虏，如果处置不当，必出大乱。对于如何处理这些俘虏，朝中大臣展开了激烈的争论。

当时朝中很多大臣认为:"北狄自古为中国患,今幸而破亡,宜悉徙之河南兖、豫之间,分其种落,散居州县,教之耕织,可以化胡虏为农民,永空塞北之地。"这部分人认为,应该把这些俘虏全部迁徙到河南、山东一带,让他们的势力分散,然后教他们种地织布,这样时间长了,他们也就被中原文化同化了,边境自然就不会有威胁了。

中书侍郎颜师古认为:"突厥、铁勒皆上古所不能臣,陛下既得而臣之,请皆置之河北。分立酋长,领其部落,则永永无患矣。"他摆出史实,告诉李世民,突厥、铁勒人自古以来就很难让他们真正臣服,如今既已被俘,就应该把他们安置在河北地区,设立酋长管理,这样可以永绝后患。

温彦博也表示同意,他说:"请准汉建武故事,置降匈奴于塞下,全其部落,顺其土俗,以实空虚之地。"温彦博觉得,不如像东汉光武帝那样,让他们居住在黄河以南地区,让他们做大唐北部国防的屏障,充实当地的人口。

对于这些观点,熟读经史的魏徵立刻嗅到了其中的危险,他说:"匈奴自古至今,未有如斯之破败,此是上天剿绝,宗庙神武。且其世寇中国,万姓冤仇,陛下以其为降,不能诛灭,即宜遣发河北,居其旧土。匈奴人面兽心,非我族类,强必寇盗,弱则卑伏,不顾恩义,其天性也。秦、汉患之者若是,故时发猛将以击之,收其河南以为郡县。陛下奈何以内地居之,且今降者几至十万,数年之后,滋息过倍,居我肘腋,甫迩王畿,心腹之疾，将为后患，尤不可处以河南也。"①

魏徵认为，唐朝和突厥长年交战，积怨已久，非短时间可化解。所以应该让他们回到黄河以北故地，不可以让他们过于接近中原。如果让他们居住在内地，那么等他们经过几代的繁衍生息，实力强大，仍然是心腹大患。

对于魏徵的顾虑，温彦博不以为意，他说："天子之于万物也，天覆地载，有归我者则必养之。今突厥破除，余落归附，陛下不加怜愍，弃而不纳，非天地之道，阻四夷之意，臣愚甚为不可，宜处之河南。所谓死而生之，亡而存之，怀我厚恩，终无叛逆。"他摆出了"天道"的理论，认为如果皇帝不接纳这些俘虏，便不是仁君的做法，绝对不可以隔绝外族归附的诚意。所以应该把他们安置在黄河以南，他们对陛下感恩戴德，必然不会反叛。

魏徵驳斥道："陛下断不可行此策，这会遗患无穷！"随后，魏徵给出了自己的理由，"晋代有魏时，胡部落分居近郡，江统劝逐出塞外，武帝不用其言，数年之后，遂倾瀍、洛。前代覆车，殷鉴不远。陛下必用彦博言，遣居河南，所谓养兽自遗患也。"②

魏徵在这里提到了一段三百多年前的历史故事。东汉末年，天下大乱，战争频仍，中原地区人口剧减，所以到魏晋时，不断招抚游牧民族内迁，以补充中原人力。同时草原地区天灾不断，

---

① 骈宇骞译注：《贞观政要》，中华书局2011年版，第603页。
② 骈宇骞译注：《贞观政要》，中华书局2011年版，第603页。

这也促使游牧民族大规模内迁。以匈奴、羯、鲜卑、氐、羌为代表的少数民族纷纷进入中原，在很大程度上改变了中原地区的民族构成，史称"西北诸郡，皆为戎居"，"关中之人百余万口，率其少多，戎狄居半"。郭钦、江统等大臣劝说晋武帝司马炎，趁着西晋灭亡吴国、威震天下之机，把这些游牧民族迁出中原，永绝后患，但是司马炎不听。

结果司马炎死后，他的儿子晋惠帝司马衷继位，后来发生了"八王之乱"，晋室分裂，国力空虚，民生凋敝，晋朝的军事力量迅速衰退。内迁各游牧民族趁机纷纷揭竿而起，建立了数十个强弱不等、大小各异的政权。中原地区自此陷入了长达三百年动荡分裂的黑暗时期。

魏徵认为，殷鉴不远，绝不能让历史的惨剧再次上演！

魏徵的话说完，温彦博依然不服气，他说："臣闻圣人之道，无所不通。突厥余魂，以命归我，收居内地，教以礼法，选其酋首，遣居宿卫，畏威怀德，何患之有？且光武居河南单于于内郡，以为汉藩翰，终于一代，不有叛逆。"他仍坚持认为，用中原的文化来教导感化他们，重用他们的首领，他们肯定会感恩戴德，这没有什么不好——当年光武帝让南匈奴居住在内地州郡，作为中原的屏障，南匈奴始终没有反叛，这就是历史的明证。

李世民最终采用了温彦博的计策，让突厥人居住在黄河以南地区，设立顺州、祐州、长州等都督府来管理突厥部众。

但是李世民的这一做法很快就招致了严重的后果。贞观十三年（639年），李世民前往九成宫，结果原东突厥突利可汗的儿子贺罗鹘和弟弟阿史那结社暗中集结部众，准备袭击李世民的车驾，结果阴谋败露，相关人员全部被处死。李世民从此再也不信任突厥人，并非常后悔将他们安置在黄河以南，于是下令让突厥旧部全部迁回塞北故地，同时在定襄建立官署，管理突厥人。李世民后悔地说："初不纳魏徵言，遂觉劳费日甚，几失久安之道。"

如果乍听魏徵和温彦博的辩论，那么很多人都会觉得温彦博说得有道理，因为他的话里面充满了道德和温情，而魏徵的话里面充满了对突厥人的歧视和警惕，但是事实真的如此吗？远远没有这么简单。之所以魏徵反对让突厥人进入黄河以南地区生活，主要原因有两个：

第一，从北齐北周时期开始，数十年间突厥人不断南侵，每次都大量杀伤中原人民，少则几千人，多则几万人，河北、山西、陕西民众深受其苦。后来隋唐崛起，多次大败突厥，斩首无数，在累累白骨之上，何谈信任？结果温彦博主张把突厥人迁徙到之前遭他们反复踩躏的山西、陕西地区，那里的汉人非常敌视突厥人，双方生活在一起，必出祸事。

第二，突厥人的生活习性难以改变。黄河以南的山西、陕西地区是重要的农业区，突厥人来到了这里必然要逐渐适应农业生活。让这些在马背上纵横了几百年的突厥人扔掉手里的马鞭，拿起锄头种地，谈何容易！

因此魏徵才会主张让突厥人返回塞北故地，大家互不相见，则自然两不生厌,在此基础上对突厥人设官管辖,同时对其施加潜移默化的影响,时间长了同样可以收到教化突厥人的效果。

至于温彦博的主张,则过于理想主义,只顾道德上的周全,而这完全脱离实际。魏徵和温彦博之间关于突厥人安置问题的争论,充分证明了一个道理,那就是要从实际出发决定对策,而不能想当然地去"以古为鉴"。

此后历史的发展充分证明了魏徵的远见。后来唐朝设置定襄都督府和云中都督府管理突厥人,在突厥人中间选出酋长,让他们各管各部,在潜移默化中让突厥人接受唐朝的政治领导和文化同化。此后突厥人再未发生变乱。

在处理与周边各民族之间关系的时候,魏徵还充分践行了一个原则,那就是对各民族保持充分的尊重。

贞观十五年(641年),西突厥首领派遣使者来到长安朝贡,李世民命令左领军将军张大师作为使节前往西突厥,册封其首领为可汗。在张大师出发前,李世民让他多带些钱,对他说:"朕听说西域地区盛产良马,爱卿可为朝廷带回些许。"

魏徵听说之后劝谏道:"可汗位未定而先市马,彼必以为陛下志在市马,以立可汗为名耳。使可汗得立,荷德必浅;若不得立,为怨实深。诸国闻之,亦轻中国。市或不得,得亦非美。苟能使彼安宁,则诸国之马,不求自至矣。"①

在魏徵看来,使者出使,当以使命为重,西突厥的可汗还没

---

① 骈宇骞译注:《贞观政要》,中华书局2011年版,第126页。

有册封，却去忙着购买良马，西突厥的人就会认为，唐朝的使者主要任务是册封呢，还是买马呢？这样一来西突厥首领必然会认为大唐轻视自己，不利于大事。再有，若其他国家听说此事，也会觉得我们此举无礼。况且只要诸国归顺了，什么样的良马我们得不到呢？

随后魏徵还举了历史上的两个例子。

第一个例子是关于西汉时期汉文帝的。曾经有人向汉文帝进献千里马，汉文帝说："我外出巡幸时日行三十里，带兵打仗时日行五十里，前面有人开路，后面有人保卫。在这种条件下，我要千里马有什么用呢？难不成我还能一个人骑着马出去游玩吗？"于是给了献马之人一些路费，就把他打发了。

第二个例子是关于曹魏时期魏文帝的。魏文帝曾经想买西域的大珍珠，大臣苏则劝谏道："如果陛下的恩惠遍及天下，那么这些宝物不求自来，用钱买到的东西，有什么好珍贵的呢？"于是魏文帝就放弃了这个想法。

听到魏徵的话之后，李世民立即下令，张大师不必再去买马，全心应对册封之事。

在倡导与周边各民族互相尊重的同时，魏徵最重视的，还是与周边各民族的和平共处，毕竟只有和平，才能进行正常的经济文化交流，才能增进了解、增强互信，这才是长治久安之道。魏徵经常用隋朝的兴亡规劝太宗珍视和平，他告诉太宗，隋炀帝之失，主要在于即对内过度榨取百姓，对外穷兵黩武，兵戈不息。所以魏徵对太宗提出："隋氏以富强而丧败，动之也；我以贫寡而安宁,静之也。"这便是"静之则安,动之则乱"的观点,魏徵认为皇帝不可因为面子问题,就随意对外发动战争,要充分考虑天时地利人和。大唐作为大国,多些包容便可换来百姓的安宁、国运的持久。太宗深以为然。

贞观四年(630年),有官员上奏称:"林邑蛮国,表疏不顺,请发兵讨击之。"林邑国,是位于中南半岛东部之古国,又作临邑国,其核心区域约在今越南南部顺化一带。东晋末年林邑屡屡侵扰中国,刘宋永初元年(420年),宋武帝遣交州刺史杜慧度南征林邑国,林邑请降,向刘宋称臣纳贡。隋朝大业年间,隋军将领刘方征服林邑,设置林邑郡。隋朝末年,林邑再度获得独立。贞观初年,林邑使者来到长安向唐朝朝贡时,言语不恭,所以有大臣建议征讨林邑。

得知有人提出这一建议之后,李世民立刻表示反对,他说:"兵者凶器,不得已而用之。故汉光武云:'每一发兵,不觉头须为白。'自古以来穷兵极武,未有不亡者也。"他告诫大臣,战争,历来就是最凶险的事情,只有在不得已的时候才进行,所以必须对开战慎之又慎。自古以来穷兵黩武的人,没有不灭亡的。

他想起魏徵经常提到的历史上的三个反面案例:前秦君主苻坚,自恃兵强马壮,率领百万大军进攻东晋,结果兵败于淝水,最终身死国灭;隋炀帝杨广三征高句丽,耗费无数,最终无功而返,隋朝也随之覆灭;东突厥颉利可汗,往年多次入侵大唐,各部落疲于征战,最终天怒人怨,落得个兵败被俘的下场。

李世民接着指出："经历山险，土多瘴疠，若我兵士疾疫，虽克剪此蛮，亦何所补？言语之间，何足介意！"林邑所在的地方，道路险远，山川纵横，地形复杂，瘴气弥漫，难以征讨。如果以大量士兵牺牲为代价，即使是最终灭掉了林邑，又能获得什么好处呢？对方言语之间的不恭敬，又有什么好介意的呢？

李世民的主张是非常清醒的，这里面少不了魏徵的影响。他之所以不建议攻打林邑国，主要原因有两点：第一，成本与收入完全不呈正比，林邑蛮荒之地，不仅进攻难度大，占领之后驻军设防也是一笔巨大的开支；第二，使者言语不恭，归根到底是使者的个人修养问题，完全没有必要因此而发兵，发兵了反倒显得唐朝气度太小。

最为难得的是，此时的大唐刚刚消灭了东突厥，兵威正盛，唐朝上下都充满了胜利者的自信，所以自然不可能把小小的林邑放在眼里，如此小国，岂不弹指可灭？就在这种气氛下，魏徵平日的劝勉让太宗保持了难得的清醒，用自己的力量阻止了一场兵戈之灾，为国家的和平安宁做出了巨大的贡献。

终其一生，魏徵一直是和平的坚定维护者，他用自己的力量维护着大唐周边的和平安定局面，在这个过程中，通过和平的政治、经济和文化交流，四夷宾服，大唐国威远播四方。所以当贞观十九年（645年）李世民远征高句丽无功而返之后，他想起了魏徵，不禁感叹："魏徵若在，吾有此行邪！"

第三节　千古君臣，国泰民安

李世民作为政治家，有几个显著的优点：第一是虚怀纳谏、从善如流；第二是明于识人、选贤任能；第三是以史为鉴、以明兴替；第四是务在宽简、轻徭薄赋。这四大优点几乎都与魏徵的建议和督促密切相关。其中，魏徵对君主如何看待君臣关系，君臣如何相处，作为臣子应当恪守怎样的"臣道"，提出了一系列卓越的见解，这对于李世民能够做到"明于识人、选贤任能"，实现上下一心、君臣和谐，起到了重要的作用。

魏徵对君臣关系的理解，集中体现在他贞观十四年（640年）的一封奏疏中。

在这封奏疏中，魏徵首先明确了君臣之间互相倚重、密不可分的关系："臣闻君为元首，臣作股肱，齐契同心，合而成体，体或不备，未有成人。然则首虽尊高，必资手足以成体；君虽明哲，必借股肱以致治。"①他给李世民打比方：君主就是人的头脑，臣子就是人的四肢，头脑和四肢协调一致，才能组成一个完整的人体，头脑虽然贵重，但是也必须借助四肢的配合。君主虽然英明，但是也必须借助大臣才能达到治国理政的目的。

随后，魏徵批评了李世民在处理君臣关系方面的两个缺点。

第一，对朝廷重臣的信任不够。魏徵指出："任之虽重，

---

① 骈宇骞译注：《贞观政要》，中华书局2011年版，第167页。

信之未笃,则人或自疑。人或自疑,则心怀苟且。心怀苟且,则节义不立。节义不立,则名教不兴。名教不兴,而可与固太平之基,保七百之祚,未之有也。"魏征的意思是,李世民对大臣委以重任,却对他们没有绝对的信任,这会让人心生疑虑,时间长了大臣就会得过且过、敷衍塞责。长此以往,则节义不立,名教不兴,国家的基础也会动摇。

第二,对功臣处罚不公。魏徵指出:"然但宽于大事,急于小罪,临时喜怒,未免爱憎之心,不可以为政。君严其禁,臣或犯之,况上启其源,下必有甚,川壅而溃,其伤必多,欲使凡百黎元,何所措其手足?此则君开一源,下生百端之变,无不乱者也。"①他指责李世民,对于一些功臣在大事上轻易宽恕,小事上反倒是进行苛责,喜怒无常,这是不符为政之道的。君主当严明法令,如果有大臣敢触犯,君主若是处罚不公,则必然会生出大乱,到时候必将掀起变动,悔之晚矣。

那么作为君主应该如何处理君臣关系呢?对此魏徵也提出了自己的主张,归纳起来主要有两点:

第一,处理好"大臣"和"小臣"的关系。魏徵认为:"夫委大臣以大体,责小臣以小事,为国之常也,为治之道也。今委之以职,则重大臣而轻小臣;至于有事,则信小臣而疑大臣。信其所轻,疑其所重,将求至治,岂可得乎?又政贵有恒,不求屡易。今或责小臣以大体,或责大臣以小事,小臣乘非所据,大臣

---

① 骈宇骞译注:《贞观政要》,中华书局2011年版,第173页。

失其所守，大臣或以小过获罪，小臣或以大体受罚。职非其位，罚非其辜，欲其无私，求其尽力，不亦难乎？小臣不可委以大事，大臣不可责以小罪。"①

　　魏徵的主要观点是，君主对于大臣和小臣的任用要与其官职相适应。在委任官职的时候，皇帝往往重视大臣而轻视小臣；而在真正做事的时候，皇帝却信任小臣而猜疑大臣。皇帝有时候责成小臣去办大事，有时又让大臣去办小事，这导致大臣因小错而获罪，小臣因大事而受罚。长此以往，就会导致职非其位，罚非其罪，不管是大臣还是小臣，都不会尽力办事了。所以魏徵得出一个结论，小臣不可委以大事，大臣不可责以小罪。

　　第二，君主要对臣下保持充分的信任。魏徵指出，委任大臣，则希望他们尽全力。"待之不尽诚信，何以责其忠恕哉！臣虽或有失之，君亦未为得也。夫上之不信于下，必以为下无可信矣。若必下无可信，则上亦有可疑矣。夫以一介庸夫结为交友，以身相许，死且不渝，况君臣契合，寄同鱼水。若君为尧、舜，臣为稷、契，岂有遇小事则变志，见小利则易心哉！"②

　　在魏徵的眼里，委任大臣，就是要让他们尽心为国，君主如果不对大臣以诚相待，大臣怎么可能会对君主忠诚呢？臣下即使有一些小的过失，君主也应当宽容，如果君臣之间失去互信，那么就会互生嫌隙。平民百姓交朋友还能以身相许，死且不渝，君臣之间做到这样应当不是难事。

---

① 骈宇骞译注：《贞观政要》，中华书局 2011 年版，第 175 页。
② 骈宇骞译注：《贞观政要》，中华书局 2011 年版，第 177 页。

关于君臣之间的关系，魏徵的主张总的来说就是：君有君之道，臣有臣之道，君臣一体，相互信任，国家才能稳定运行。他的这一观点也得到了李世民的高度赞同，并坚持执行。正是因为君臣二人都秉持着这一观点，所以魏徵总是能够在必要的时候给李世民以劝谏，而李世民也多能够欣然采纳。

贞观十二年（638年），此时的唐朝社会经济快速发展，已经展现出了盛世气象。所以这一年的某天，李世民问魏徵："近年来的朝政得失、政治教化，比起以前来怎么样？"

魏徵回答："若恩威所加，远夷朝贡，比于贞观之始，不可等级而言。若德义潜通，民心悦服，比于贞观之初，相去又甚远。"如果从"恩威所加，远夷朝贡"这点看，确实比贞观初年强多了，但是若是说起道德教化和民心悦服，则比起贞观初年差得还很远。

李世民疑惑地问："爱卿何出此言？"

魏徵回答："昔者四方未定，常以德义为心。旋以海内无虞，渐加骄奢自溢。所以功业虽盛，终不如往初。"——过去陛下经常把道德仁义挂在心上，后来四方平定，陛下开始骄傲自满，所以现在虽然功业壮盛，但是道德教化依然不如当初。

李世民追问道："朕的所作所为和当年相比有什么不同？"

魏徵回答："贞观之初，恐人不言，导之使谏。三年已后，见人谏，悦而从之。一二年来，不悦人谏，虽勉强听受，而意终不平，谅有难色。"①——贞观初年，陛下唯恐别人不肯直言，所以闻过则喜。三年后，见人进谏，陛下都能够高兴地接受。近一二年来，陛下已经不喜欢臣下提意见了。虽然也能勉强听取，但是脸色越来越难看，心里终究是不以为然。

李世民问："朕在哪些事情上是这样的？"

接下来魏徵举了三个例子。

第一个例子是孙伏伽。孙伏伽在武德五年（622年）科举考试中高中状元，贞观元年（627年）拜大理少卿，负责司法事务。当时李世民要将一名叫元律师的罪犯处以死刑，孙伏伽据理力争，指出按照律法，元律师罪不至死。李世民赞赏孙伏伽敢于直言，于是将一座价值百万的园林赏赐给了他。有人认为孙伏伽劝谏的只是寻常小事，皇上的赏赐太过于优厚，李世民表示："我即位来，未有谏者，所以赏之。"

第二个例子是戴胄。徐州司户柳雄虚报在隋朝时的品级，李世民要判处柳雄死刑。时任大理少卿戴胄反对，他认为依照律法柳雄罪不至死。李世民却坚持要将柳雄处死。戴胄说："陛下既然不同意我的意见，就请陛下将臣问罪。臣坚持认为柳雄罪不当死，不可滥施酷刑。"结果双方争执了很久，李世民最终同意免除柳雄死刑，然后表示："但能为我如此守法，岂畏滥有诛夷？"

魏徵举孙伏伽的例子，是称赞当年李世民积极引导大臣进谏；举戴胄的例子，是赞赏李世民勇于接受大臣的谏言。但是这

---

① 骈宇骞译注：《贞观政要》，中华书局2011年版，第156页。

些都是贞观初年的事情,现在是什么样呢?魏徵接着举了第三个例子,就是陕县县丞皇甫德参进谏触怒皇帝一事,此事我们前文已经讲述过,所以在这里不作过多赘述。之所以举皇甫德参的例子,是因为李世民最终听取了魏徵的意见,饶恕了皇甫德参,但是依然怒气难消,这是李世民越来越难以接受谏言的表现之一。

听了魏徵的话之后,李世民说:"诚如公言,非公无能道此者。人皆苦不自觉,公向未道时,都自谓所行不变。及见公论说,过失堪惊。公但存此心,朕终不违公语。"①听了魏徵的一番话之后,李世民才意识到原来自己有这么严重的过错。李世民也向魏徵"保证",只要魏徵保持这颗公忠体国之心,自己一定听从他的谏言。

贞观十四年(640年),唐军完成了万里远征,平定了高昌,李世民龙颜大悦,在两仪殿赐宴群臣。在宴会上,志得意满的李世民说道:"高昌若不失臣礼,岂至灭亡?朕平此一国,甚怀危惧,惟当戒骄逸以自防,纳忠謇以自正。黜邪佞,用贤良,不以小人之言而议君子,以此慎守,庶几于获安也。"②李世民认为,虽然平灭一国,但是当下仍应严防骄奢,广纳忠言,黜邪佞,用贤良,保证国家长治久安。

皇帝此番话说得是没有什么问题的,只是对战争的总结和对大臣们的劝勉。此时作为大臣,向皇帝俯首参拜,附和一句:"陛下圣明!"这事儿也就结束了,但是魏徵偏偏觉得皇帝的话

---

① 骈宇骞译注:《贞观政要》,中华书局2011年版,第156页。
② 骈宇骞译注:《贞观政要》,中华书局2011年版,第165页。

说得还不够。熟读经史的魏徵明白，再圣明的君主也会懈怠，也会耽于享乐，所以魏徵进言道："臣观古来帝王拨乱创业，必自戒惧，采刍荛之议，从忠谠之言。天下既安，则恣情肆欲，甘乐谄谀，恶闻正谏。"他反驳李世民道，自古以来君王刚开创基业的时候后，都能做到警戒谨慎，广纳忠言，但是等天下安定了，就会肆意享乐，爱听阿谀奉承，厌恶忠言逆耳。随后魏徵给李世民讲了历史上的两个故事。

第一个故事是关于张良的。张良，是汉高祖刘邦最重要的谋士之一，刘邦对他非常信任，曾经称赞张良可以"运筹帷幄之中，决胜千里之外"。但是随着刘邦年老，他越来越宠爱戚夫人，所以欲废吕后所生的太子刘盈，改立戚夫人所生的赵王刘如意为太子。朝野大臣，群起谏争，但丝毫不能更改刘邦的想法。当刘邦向张良征求意见的时候，张良说："今日之事，非口舌所能争。"意思就是，废嫡立幼，这是绝对的取乱之道，根本没必要讨论，这事绝对不行。后来在张良的建议下，太子刘盈请出了当时最著名的隐士"商山四皓"帮助自己，最终坐稳了太子之位。

第二个故事是关于鲍叔牙的。鲍叔牙是齐桓公最信任的大臣之一，早年两人曾一起逃亡莒国，后来齐桓公回国，成为齐国国君。有一次，齐桓公、管仲、鲍叔牙、宁戚四人一起饮酒，饮到高兴时，齐桓公对鲍叔牙说："你为什么不给寡人敬酒呢？"鲍叔牙起身举起酒杯说道："使公毋忘出如莒时也，使管子毋忘束缚在鲁也，使宁戚毋忘饭牛车下也。"——希望主公不要忘了当年流亡莒国时的落魄，希望管仲不要忘了在鲁国被囚禁时的情景，希望宁戚不要忘了当年喂牛时的穷困。听了鲍叔牙的话，齐桓公立刻站起来答谢道："寡人与二大夫能无忘夫子之言，则国之社稷必不危矣。"

魏徵这一席话，主要是想表达一个意思：不管现在的局面有多好、皇帝的成就有多大，也不要忘了来时的路。当年隋末大乱之时，李世民征战四方，经历了无数的尸山血海和艰难险阻，这天下得来得实在是太不容易了，所以对于这苦心得来的成果，必须珍惜！

听了魏徵的话之后，李世民说道："朕必不敢忘布衣时，公不得忘叔牙之为人也。"李世民把魏徵的话听了进去，他希望魏徵能像鲍叔牙一样时时提醒他，必会于他于国大有裨益。

自古以来，君臣关系就是一个十分敏感的话题。作为至高无上的皇帝，自然希望自己手下的大臣能忠心为国，但很多时候并非如此简单，对大臣的各类进谏，有时皇帝也会心烦意乱，尤其当皇帝的意见和大臣的意见发生冲突时，怎样抉择就成了一个很重要的问题。君臣之间的关系就犹如一个天平，任何一方的倾斜都会造成另一方的失衡。如果给大臣太多的权力，全凭其言做决断，那么皇帝的威严和皇权的至高无上又何在？所以君臣关系自古以来都是一个复杂的政治问题。

但是李世民和魏徵完美解决了这个问题。从武德九年（626年）玄武门之变后魏徵归附李世民，到贞观十七年（643年）魏徵去世，李世民与魏徵这种君臣和谐的局面维持了很久，不仅成就了锦绣盛唐，而且留下了千古明君和忠臣良相的佳话。

李世民曾经评价魏徵："贞观以来，尽心于我，进献忠言，安国利民，犯颜直谏，纠正我之过失者，唯魏徵而已。"从这句话中我们可以看出李世民给了魏徵很高的评价，尤其是最后一句，说自从自己改元贞观后，只有魏徵敢触犯他的威严，敢当面纠正他的过错。

在李世民和魏徵等治世能臣的共同努力下，中国历史上著名的盛世——贞观之治出现了，社会繁荣发展，生机勃勃。君臣遇合，君明相贤，维护了整个统治集团的团结和社会的安定，成为后代治国平天下最为可贵的范本。

在民生方面，史载：即使是在大灾之年，百姓也并无怨言，也没有深感不安，他们相信这些灾祸只是暂时的，国家很快就会恢复繁荣安定。

在政治方面，史载：当时豪门官宦之家不敢肆意妄为，社会安定，法治严明，公平和正义得到贯彻。

在经济方面，史载：四海之内，夜不闭户，路不拾遗，经济蓬勃发展，社会欣欣向荣，自古以来，从未有过如此盛世之景。

贞观长歌，大唐盛世，在李世民、魏徵等人的努力之下，终于得以实现，并传之千古，至今依然令人神往……

第九章 鞠躬尽瘁，至死不渝

第一节　储位之争

常言道，千古帝王家，最难身后事。皇位继承是封建制度的核心问题之一，它关系到皇权的延续和封建王朝的稳定。封建王朝的皇位继承，多秉持"父死子继"，一般为嫡长子继承制，即由皇后所生的长子继承皇位的制度。然而在皇权的巨大诱惑面前，这些秩序往往会被无视，皇权的交接往往伴随着巨大的风险，酿出一幕幕储位之争，李世民虽为一代明君，但其获得皇位的过程也充满了血腥。李世民的继承人也未能逃脱这一魔咒。晚年时,这位纵横一生的皇帝也陷入了立储的困局。

其实这个问题本来是不存在的,因为李世民有一个"标准"的嫡长子——李承乾。李承乾,生于武德二年(619年),为皇后长孙氏所生,既是嫡子又是长子,所以在皇位继承上具有正统性。唐高祖李渊为其取名李承乾,是因为他的这位皇孙生于太极宫承乾殿。承乾,有"承继皇业,总领乾坤"之意。

武德九年(626年),李世民继承皇位之后,年仅八岁的李承乾被册立为太子。贞观四年(630年),李世民下诏,令李承乾"宜令听讼",还说"自今以后,诉人惟尚书省有不伏者,于东宫上启,令承乾断决"。虽然只是"听讼",但是仍可以看出,李世民已经在有意识地锻炼和培养李承乾身为储君的政治能力了,而这时候的李承乾不过十二岁。贞观六年(632年),李世民驾幸岐州,李承乾身为太子留京监国。贞观九年(635年),太上皇李渊病逝,居丧期间,李世民下诏令太子监国,权知军国大事,此时的李承乾刚刚十七岁。

通过以上事实可以看出,李世民对于李承乾是非常重视的,一直在寻找机会,锻炼李承乾的能力,而李承乾也没有让李世民失望,至少在贞观朝前期是这样的。

史书记载李承乾"性聪敏""特敏惠"而且"丰姿峻嶷、仁孝纯深",是一位德才兼备的俊才。太子太师李纲因为脚疾只能乘着轿子进宫,于是李承乾亲自将自己的老师引上殿并恭恭敬敬地行礼后,才向其虚心请教,对待师长极为礼敬。李承乾处理政务的能力也相当强,在监国期间,李承乾"颇识大体、颇能听断",能妥善处理与朝臣的关系,做事也很周全,颇得认可。有一次李世民让他试着写一写治国的策略,结果他很快便写下了一番远见卓识,李世民看了后非常得意,他向侍臣们称赞李承乾的文章:"先论刑狱为重,深得经邦之要。"

所以在贞观初期,皇帝与太子颇有一番父慈子孝的美好画面。有一次,李承乾生病,不信教的李世民却请了道士秦英来为儿子祈福。等李承乾病愈后,李世民又下诏度三千人出家,并特地修建了西华观和普光寺。后来,李承乾再次生病,李世民下旨请天竺高僧波颇为儿子祈福。李承乾病愈后,李世民大喜之下,赐了绫帛等六十段和及时服十具给波颇。由此可见李世民对太子的宠爱。

贞观八年(634年)二月,太子李承乾加元服。元服,指冠、帽等头部所用的饰物。加元服,是男子成年的标志,意味着太子李承乾可以正式参与国家政务,行使自己作为储君的权力。

不过问题在于李世民是个博爱的人,他并不单单喜欢李承乾,他还特别宠爱另一个儿子——皇四子李泰。

李泰,武德三年(620年)出生,为李世民与长孙皇后的次子,后来受封魏王。因李泰自幼"聪敏绝伦",所以李世民对他也十分宠爱。李泰才华横溢,文采极为出众,史载"少好学,善属文,工草隶,待贤礼士",所以李世民特令在魏王府置文学馆,任其引召学士。

李泰拥有如此才气,李世民对他极为宠爱,宠爱到了什么程度呢?下面这两个例子可以作为明证。李泰曾经在洛阳居住,李世民养了一只名为"将军"的白鹘去洛阳送信，一日之内往返数次。根据史书的记载，李泰"腰腹洪大"，行动不便，所以李世民特别准许李泰乘着小轿子上朝。

贞观初期，李世民对皇子们先后加官封爵，三子李恪被任命为益州大都督，四子李泰被任命为左武候大将军、雍州牧，五子李佑被任命为幽州都督，六子李愔被任命为襄州刺史，七子李恽被任命为洺州刺史，八子李贞被任命为徐州都督，九子李治被任命为并州都督，十子李慎被任命为秦州都督。

这其中，李泰受到了特别的礼遇。除李泰外，众皇子被任命的官职，都是都督或者刺史，都督是军事长官，刺史是行政长官，唯独李泰被封为雍州牧。州牧掌管州内的政务和军务，权力很大。且雍州还是京师长安所在，自然地位更高，权力更大。虽然皇子们担任的这些官职只是挂名，并不需要真正去任职，但是依然可以看出皇子们在李世民心中的地位。同时，李泰还被任命为左武候大将军，这是正三品的高级武官，掌管禁卫军。

在李世民的宠爱之下，李泰的文学才华得到了充分发挥，他最大的贡献是编纂了《括地志》，全书按贞观十道排比各州，再以州为单位，分述辖境各县的沿革、地望、得名、山川、城池、古迹、神话传说、重大历史事件等。《括地志》征引广博，保存了许多珍贵资料，对后世影响甚深。

李世民听说《括地志》编纂完成后非常高兴，如获至宝，不仅将这部著作收藏进了皇家的藏书阁秘府中，还因此接二连三地大肆赏赐李泰，先是赐"物万段"，紧接着又每月赏赐大量的财物，数量之多其至超过了太子的规格。

李世民给李泰如此之高的礼遇，是很不合礼数的。在已经有太子的情况下，皇帝最正确的做法是对其他皇子一视同仁，不显现出对任何一个皇子有偏爱，以防止受宠爱的皇子对皇位有觊觎之心。李世民独宠李泰，这实际上激发了李泰争储的念头，埋下了巨大的隐患。

李世民曾经想让李泰移居武德殿，魏徵得知后上书劝谏："此殿在内，处所宽闲，参奉往来，极为便近。但魏王既是爱子，陛下常欲安全，每事抑其骄奢，不处嫌疑之地。今移此殿，便在东宫之西，海陵昔居，时人以为不可，虽时异事异，犹恐人之多言。又王之本心，亦不宁息。既能以宠为惧，伏愿成人之美。"①

魏徵之所以会对于李泰移居武德殿之事如此敏感，是因为武德殿位居东宫的西侧，临近皇帝居住处，与皇帝往来极为方便，李元吉就曾经居住在这里。如果李泰移居武德殿，那么本就受宠的李泰气焰将会更盛，众人也会怀疑李世民是不是真的有废太子之心。

所以魏徵才会在奏疏中说，陛下如果想让魏王（李泰）处境安全，并抑其骄奢，那么就不能让他处于武德殿这样的生嫌之地，以防止朝中大臣议论。此外，如果居住在武德殿，魏王自己的心里也不会踏实，如果他能意识到在盛宠之下应当保持一颗谨

---

① 苏士梅注说.《贞观政要》，河南大学出版社，2016。

慎畏惧之心，那么陛下就应该成全魏王的美德。

李世民听后说："我几不思量，甚大错误。"于是李世民打消了让李泰移居武德殿的念头。

当时朝中和魏徵一样担心再现储位之争的人很多，其中一个代表人物就是因魏徵推荐得以进入中枢的褚遂良。

《括地志》编纂完成后，针对李世民对李泰的超规格赏赐，褚遂良上疏劝谏道："昔圣人制礼，尊嫡卑庶。谓之储君，道亚霄极，甚为崇重，用物不计，泉货财帛，与王者共之。庶子体卑，不得为例，所以塞嫌疑之渐，除祸乱之源。而先王必本于人情，然后制法，知有国家，必有嫡庶。然庶子虽爱，不得超越嫡子，正礼特须尊崇。如不能明立定分，遂使当亲者疏，当尊者卑，则佞巧之徒，乘机而动，私恩害公，惑志乱国。"①

在褚遂良看来，尊嫡卑庶，这是自古以来的规矩。皇太子作为储君，其地位仅次于国君，可以享有极为优厚的待遇，而其他皇子地位较低，在待遇上不可以比拟皇太子，这样可以减少猜忌，除去祸乱之源。必须有嫡庶之分，国家才能安宁，君主即使是再喜欢其他皇子，也不可以让他的地位超过皇太子，必须要确立皇太子的独尊地位。如果做不到这一点，那么那些奸佞之徒就会乘机而起，惑乱人心，引发大乱。

储位之争历来是极为敏感的事情，大臣贸然参与，可能会有杀身之祸，褚遂良不避艰险，仗义执言，这种作风让魏徵非常赞

---

① 骈宇骞译注：《贞观政要》，中华书局 2011 年版，第 237 页。

叹，同时他也感到自己当初推荐褚遂良是多么的正确，自己果然没有看错人。为了打消李世民心中可能存在的废黜太子的想法，褚遂良引用历史教训，进一步向李世民阐述了嫡长子继位制度的重要性。

他讲的例子是西汉梁孝王刘武。刘武是汉文帝刘恒的嫡次子，汉景帝刘启的亲弟弟，两人都是窦太后所生，汉景帝即位后刘武被封为梁王。窦太后和汉景帝对于刘武都非常喜欢，汉景帝刚即位时还没有立太子，有一次汉景帝与刘武宴饮，酒酣之时汉景帝说："千秋万岁后传于王。"刘武虽然知道这不是真心话，但心中依然暗喜。公元前154年，吴楚七国之乱爆发，刘武率军据守睢阳，吴、楚叛军受阻于梁国，始终不敢越过梁国向西进兵，刘武立下大功。

战后，窦太后和汉景帝给刘武的赏赐不计其数，史称"府库金钱且百巨万，珠玉宝器多于京师"，刘武"得赐天子旌旗，出从千乘万骑，东西驰猎，拟于天子"。公元前151年，汉景帝废黜太子刘荣，窦太后想要让刘武作为继承人，但是遭到袁盎等大臣的极力反对。刘武对袁盎等人非常怨恨，就暗中派人刺杀袁盎等十多位大臣。虽然看在窦太后的面子上，汉景帝最终没有处罚刘武，但是自此汉景帝渐渐疏远刘武，两人的关系不复当初。刘武回到封国之后，郁郁而终。

通过刘武的例子，他向李世民进言道："魏王既新出阁，伏愿恒存礼训，妙择师傅，示其成败；既敦之以节俭，又劝之以文学。惟忠惟孝，因而奖之道德齐礼，乃为良器。"他告诉李世民，此时魏王李泰还年轻，陛下应该为他选择良师，好好地教导他，让他深明道德礼仪，成为对国家有用的人。魏徵的言下之意是，要让李泰安分守己，千万不要生出夺嫡之心。

对于褚遂良的劝谏，李世民还是听从了的，他对于李泰的极度宠爱有所收敛，还为李泰选择了一位老师——时任礼部尚书王珪。

有一天，李泰问王珪什么是忠孝之道，王珪回答："陛下，王之君也，事君应当尽忠；陛下，王之父也，事父应当尽孝。谨慎侍奉君主，就是最好的忠孝之道，可以立身，可以成名，可以传之万世。"李泰又问："忠孝的道理我知道，那么我应当怎么学习和注意呢？"王珪回答："东汉时的东平王刘苍曾说，做善事，行善道，是最快乐的，愿魏王牢记。"

听说此事之后，李世民大喜，非常高兴地说："儿可以无过矣！"

或许是因为没有魏徵那种直言敢谏的气度，出于明哲保身的考量，王珪并没有把忠孝之道讲得十分具体。王珪说事君应当尽忠，那么太子是储君，是未来的君主，李泰也需要像侍奉皇帝那样侍奉太子。而古人常讲"孝悌之道"，"孝"指报答父母的养育之恩，"悌"指兄弟姐妹之间的友爱，"父慈子孝，兄友弟恭"是古人最向往的家庭氛围。王珪只讲了"孝"之道，为什么不再讲讲"悌"之道，讲讲兄弟之间如何相处呢？

没有讲"事储君"之道，没有讲"兄友弟恭"之道，这不得不说是王珪的失职，也可能是他并不想卷入这场纷争，刻意规避。而李世民对此也毫无察觉,他沉浸在"父慈子孝"的美好幻境中无法自拔,殊不知一场因缺失"兄友弟恭"而引发的巨大危机正在向他袭来……

第二节 太子太师

李世民本以为,在王珪的教导之下,魏王李泰肯定不会有什么问题,但是让他没想到的是,太子李承乾先出事了。

李承乾虽然也颇有能力,但是他有一个巨大的身体缺陷,那就是足疾。李承乾小的时候因为体弱多病,脚上落下残疾,成年之后行走非常艰难。而他的父皇李世民天生孔武有力,能够上马杀敌,他自然会对自己的缺陷非常在意。再加上李世民对李泰极为宠爱,李承乾感受到了巨大的威胁,他感到自己无力和李泰竞争,前途渺茫,长此以往,他的内心开始崩溃,逐渐自暴自弃,甚至胡作非为。

从贞观中期开始,李承乾越来越不遵守礼法制度,生活日益骄纵奢侈,并且还喜欢上了打猎,荒废学业。贞观十三年(639年),当时担任太子右庶子的张玄素看到李承乾行事不端,遂上疏李承乾道:"夫为人上者,未有不求其善,但以性不胜情,耽惑成乱。耽惑既甚,忠言尽塞,所以臣下苟顺,君道渐亏。古人有言:'勿以小恶而不去,小善而不为。'故知祸福之来,皆起于渐。殿下地居储贰,当须广树嘉猷。既有好畋之淫,何以主斯比邕？慎终如始，犹恐渐衰，始尚不慎，终将安保！"①

张玄素的意思很简单，太子作为储君，如果不能够克制自己的欲望，那么就会沉溺其中，无法自拔，久而久之就会听不进忠言，君之道也就无从谈起。古人有言，勿以小恶而不改，小善而不为，所有祸福的发生，都是从小事开始的。殿下既然是储君，就更应该养成良好的品行，从开始就坚持谨慎行事，尚且担心这股劲头会懈怠，现在殿下沉迷于游猎，开始时就如此不慎重，那么将来怎么能得以善终呢？

看到张玄素的奏疏，丧失大志的李承乾非常生气，怒斥道："庶子患风狂耶？"

贞观十四年（640年）的一天，李承乾在宫中击鼓作乐，声音很大，在宫外都听得见，于是张玄素求见太子，犯颜直谏。看到张玄素如此，李承乾并没有当面发作，反倒是把鼓拿出来，当着张玄素的面毁掉，暂时把张玄素打发了回去。然而第二天清晨，在张玄素上早朝的路上，李承乾派家奴在路上截住张玄素，用马鞭将他痛打一顿，差点把张玄素打死。

后因为李承乾广造宫室，奢侈无度，另一名东宫官员太子詹事于志宁对李承乾提出劝谏，李承乾不听。之后，李承乾又在农忙之时召集大量士兵服役，引得百姓怨声载道。对此，于志宁再次劝谏李承乾，结果李承乾大怒，派遣刺客张师政、纥干承基去刺杀于志宁。当时于志宁正因为母亲去世而为母亲服丧，两人潜

---

① 骈宇骞译注：《贞观政要》，中华书局2011年版，第299页。

入于志宁的家里,看到于志宁睡的是草床,枕的是泥土块,恪尽孝道,他们实在是不忍心下手,最终放弃了刺杀。

李承乾的所作所为李世民自然不可能毫无察觉,他对于李承乾也是越来越不满。虽然不满意李承乾,虽然有更为优秀的李泰,但是真的要废黜李承乾,立李泰为太子,李世民又难下此决心。因为一旦重新立储,势必会引起朝局动荡,朝中势力必然会发生一次新的洗牌,同时李承乾的行为也还没到必须废黜他的程度。思虑再三,最终李世民决定再给李承乾一次机会,他认为李承乾之所以会出问题,很重要的原因是身边缺乏德高望重的老师,既然自己已经选择了王珪做李泰的老师,那么不如也为李承乾在朝中选择一位德高望重的大臣做老师。

经过慎重选择,李世民最终决定任命魏徵为李承乾的老师,他说:"当今朝臣忠謇,无逾魏徵,我遣傅皇太子,用绝天下之望。"李世民此举的意图简单明了,因为魏徵是当时最受皇帝器重倚赖的重臣,而命这等心腹之臣为太子太师,就是在强调李承乾的储君地位,向天下人宣告,李承乾的太子地位牢不可破,自己没有废太子之心,李世民想以此堵住天下人的悠悠之口,也断了其他皇子争储的念头。

但是,魏徵却上疏李世民,表示自己年老多病,难以担当此任。关于魏徵为什么要拒绝这一任命,结合魏徵的性格特点和经历,不难分析出主要原因有以下两点:

第一,魏徵对李承乾的未来并不看好。

李承乾的恶行,早就已经传得人尽皆知,作为朝中重臣的魏徵不可能不知道。魏徵受儒学影响极深,对太子的种种行为深恶痛绝。而且如果李承乾只是喜好享乐、沉迷打猎,那么这都是行为上的小事,尚且还可以寄望于李承乾改过,可是最令魏徵反感的是,李承乾对待劝谏他的大臣的态度——以马鞭鞭笞张玄素,险些使这位魏徵认为有"回天之力"的大臣丧命;对于于志宁,李承乾竟然派刺客去行刺,如果不是刺客不忍心痛下杀手,那么于志宁这样的正人君子就要枉死于刀下了。

魏徵作为李世民的谏官,他遇到主上犯错,往往会不留情面地驳斥、反对,辅佐太子这样不善听取建议的主上,对魏徵来说实在是有力难出。而且如果李承乾没有被教导好,仍然我行我素地纨绔下去,这笔账势必要算到自己头上。

第二,魏徵不想参与储位之争。

作为李建成曾经的部下、玄武门之变的亲历者,魏徵对于储位之争的残酷血腥再清楚不过。储位之争是一场你死我活的零和博弈,胜者全盘通吃,败者丧失一切,自己当年只不过是因为当今皇帝的宽容和重视,才能侥幸逃过一死。这一次若担任太子太师,就是太子党名义上的最高领袖,就再次陷入了储位之争的泥淖。如果更有才能的魏王李泰或者其他皇子发动政变,那么到时候自己还能像当年一样幸运吗?恐怕很难。身为人臣,如果卷入储位之争,一旦失败,就将陷入万劫不复的境地。

而且,因为前几年的一件事,魏徵可能已经对自己在李世民心中的地位感到怀疑。

贞观十一年(637年)六月,为了更好地表彰功臣们的功绩，李世民任命14名功臣为刺史，这一职务可以世袭，今后没有犯重大错误的话不能罢免，并且将这些功臣的封国名称也都进行了改动。具体情况分别是：

齐国公长孙无忌为赵州刺史，改封赵国公；

魏国公房玄龄为宋州刺史，改封梁国公；

蔡国公杜如晦为密州刺史，改封莱国公；

代国公李靖为濮州刺史，改封卫国公；

许国公高士廉为申州刺史，改封申国公；

潞国公侯君集为陈州刺史，改封陈国公；

任城郡王李道宗为鄂州刺史，改封江夏郡王；

吴国公尉迟敬德为宣州刺史，改封鄂国公；

曹国公李勣为蕲州刺史，改封英国公；

楚国公段志玄为金州刺史，改封褒国公；

宿国公程知节为普州刺史，改封卢国公；

任国公刘弘基为朗州刺史，改封夔国公；

郧国公张亮为澧州刺史，改封郧国公。

这份名单里面并没有魏徵。

虽然这次分封最终不了了之，并没有实行，但是此事依然给了魏徵极大的触动：他知道，在皇帝的心里，最在乎的依然是秦王府旧臣，即使过去了十几年依然如此，他在皇帝的心里可能只是一个治国理政的工具。如果将来太子真的不堪大用，那么将来太子被废之时，也就是他仕途甚至生命的终结之时。

怀着这样的想法，魏徵来到李世民面前，对李世民说："微臣学识浅陋，实难当此重任，还请陛下另择贤人。"

李世民有些出乎意料，继承皇位之人的培养，事关重大，能够教育李承乾成器的人，非魏徵莫属。他思索了一会，对魏徵说："爱卿，管教太子之事，是关系国家兴衰的大计，朕考虑再三，只有你能堪此重任，请爱卿莫要推辞。"

看到皇帝如此情真意切，魏徵本来坚定的心有所犹豫，毕竟这么多年来，很少见到李世民如此请求臣下。可是，当他想到太子李承乾的所作所为时，心中依旧充满了担忧，只怕是这位太子不听管教，将来误国误民。想到这些，魏徵郑重地对李世民说："启奏陛下，太子乃未来的皇位继承人，太师一职责任重大，臣怕是难以胜任，不如另选他人为好。"

"另选何人？"李世民反问魏徵，"你认为何人可当此任？"

"这……"魏徵难以回答，他被李世民问得有些发慌。

"爱卿，刚才朕已经向你讲明，朝野上下，其他人都难当此任，爱卿就不要推辞了。"李世民有些坚决地对魏徵说。

魏徵见李世民主意已定，没有任何商量的余地，只好答应下来。不过他对管教李承乾成才仍旧缺乏信心，既然皇帝如此信任自己，自然应该尽力而为，可是仅靠自己一人，确实难以完成此重任，而且自己年事已高，精力有限，不如再找几个能够"镇住"太子的老臣，共同完成教诲太子的任务。于是他对李世民说："陛下既然看重微臣，微臣自然应当尽力而为。不过微臣认为，太子位尊，当多请几位得力之臣来担任太子太师，不知陛下意下如何?"

李世民问道:"依爱卿之见,哪几位大臣可堪此任?"

魏徵本来想推荐长孙无忌和房玄龄,这两人都是李世民最信任的秦王府旧臣,德高望重,太子必会有所忌惮。但是眼下李承乾就是块烫手的山芋,谁都不愿意接,推荐谁就等于是得罪谁,况且李世民也未必会答应,因为自己与这些老臣,在皇帝心中孰轻孰重魏徵还是掂量得清的,到时候推荐不成还得罪人。所以魏徵想了半天,也说不出话来。

"爱卿,依朕之见,这项重任就由你一人来承担,朕将此等重任托付于你,希望你能把他当寻常子弟一样,严加管教,多方引导,督促其成才,以保国家社稷长治久安。"李世民怀着无限希望对魏徵说。

皇帝的话都说到这份上了,魏徵也不好再多说什么,他直言不讳地对李世民说:"谢陛下,微臣当不遗余力担此重任,请陛下放心。而今太子已染歪风邪气,微臣在管教之时,恐礼数上难以周全,还请陛下能够明察见谅。"对于李承乾,魏徵自然是了解的,要完成这等重任,必须对皇帝事先点明此事,让皇帝给出承诺,不至于在管教时因太子位尊而掣肘。

李世民听了魏徵的话,自然明白他的顾虑,于是对魏徵说:"爱卿不必担心,只要是该管教之事,你只管依理而行,太子若有不规之处,不听管教之行为,爱卿可以自行处置,事后禀告于朕。朕绝不横加干预,绝不因君臣之礼而见责于你,爱卿大可放心。"

第九章 鞠躬尽瘁，至死不渝

贞观十六年（642年），李世民正式下诏，任命魏徵为太子太师。

教导太子，应该从哪里做起呢？魏徵思虑再三，觉得还是应该以史为鉴，从历代王朝的成败教训中汲取经验和教训，让太子从中领悟主政、参政之道。于是，魏徵专门收集古来帝王子弟的成败事迹，编成《自古诸侯王善恶录》，作为教材，送给诸王。

在魏徵为《自古诸侯王善恶录》所作的序言中写道："考其隆替，察其兴灭，功成名立，咸资始封之君；国丧身亡，多因继体之后。其故何哉？始封之君，时逢草昧，见王业之艰阻，知父兄之忧勤，是以在上不骄，夙夜匪懈，或设醴以求贤，或吐餐而接士。故甘忠言之逆耳，得百姓之欢心。树至德于生前，流遗爱于身后。暨夫子孙继体，多属隆平，生自深宫之中，长居妇人之手，不以高危为忧惧，岂知稼穑之艰难？昵近小人，疏远君子，绸缪哲妇，傲狠明德，犯义悖礼，淫荒无度，不遵典宪，僭差越等。恃一顾之权宠，便怀匹嫡之心；矜一事之微劳，遂有无厌之望。弃忠贞之正路，蹈奸宄之迷途。愎谏违卜，往而不返。虽梁孝、齐同之勋庸，淮南、东阿之才俊，摧摩霄之逸翮，成穷辙之涸鳞，弃桓、文之大功，就梁、董显戮，垂为炯戒，可不惜乎？"①

魏徵的这段话很长，但是意思很简单，也很直接：每个王朝的建立都经过了多年艰苦卓绝的经营。在王朝初期，君臣无不上

---

① 《贞观政要》卷四，诸王善恶录序，上海古籍出版社，1978年版。

下一心，积极进取，国家不断发展壮大。此时的皇子们都知道父辈开创基业的艰难，所以也有着励精图治、奋发进取的精神。但是随着江山的稳固，后世子孙生自深宫之中，不知创立基业之艰难，逐渐耽于享乐，亲近小人，疏远君子，淫荒无度，最终身死国灭，留下万世遗憾。

因此，魏徵最后得出结论，凡诸侯君王有国有家者，他们的兴盛是从不断做善事开始，他们的衰亡也是因不断的作恶所致。虽然不作恶，也不至于招来毁灭，但是缺乏善行，就没有良好的声名。祸与福是没有定数的，一个人吉凶的关键在于自己，是自己或善或恶的行为所造成的，这并非空话！

《自古诸侯王善恶录》一书编成后，得到了李世民的认可，他对诸位王子说："此宜置于座右，用为立身之本。"

关于魏徵在担任太子太师期间的其他作为，历史上并无记载，根据此后事情的发展看，魏徵虽然对李承乾竭力辅佐，但是收效甚微。李承乾后来越来越放肆，最终酿成悲剧，这也确实不是魏徵一人之力所能改变的了。

第三节　最后岁月

为了在自己百年之后，仍能保持如今的礼义秩序，魏徵经过冥思苦想，想出了一个办法，那就是用礼法的形式，将各种公序良俗确定下来，以此完善人伦秩序，保全大唐江山持久。

贞观十四年，太宗对众臣说："和你们生活在一起的人死去，你们为其披麻戴孝，但是嫂子、叔叔去世，你们却不服丧。舅舅与姨母同样是亲属，礼仪却不一样，这是不合乎礼的，应当讨论，作出修正。"

不久后，魏徵等人给太宗回复道："臣窃闻之，礼所以决嫌疑、定犹豫、别同异、明是非者也，非从天下，非从地出，人情而已矣。人道所先，在乎敦睦九族。九族敦睦，由乎亲亲，以近及远。亲属有等差，故丧纪有隆杀，随恩之薄厚，皆称情以立文。"[1]

这里先讲解了礼的作用：决嫌疑、定犹豫、别同异、明是非。礼是决定日常生活的规范。那礼从何而来呢？从人情中来。在各种礼法中，最重要的亲族和睦，这要先从亲近的人开始，然后由近及远。亲属关系有差别，因此丧事的礼数也有所差别，这就应该根据远近亲疏的关系，制定具体的礼法条文。

随后又谈到了社会上对于舅舅和姨母服丧期的差别。舅舅和姨母都是母亲的兄弟姐妹，从血缘关系上看是一样的，但是实际上有所差别。因为舅舅是母亲家的本宗，而姨母则是外姓的亲戚，因此从母族上看，姨母是不在其中的。所以魏徵和礼官等臣子认为舅舅要比姨母的分量更重一些。但是当时唐朝社会中，为舅舅服丧只有三个月，为姨母服丧却是五个月，这种事情"徇名丧实，逐末弃本"，应该予以修正。

听了这番话之后，李世民才意识到原来还有这样的问题，他也觉得这种情况于情于理必须改变，于是说："既然如此，就当组织饱学之士，研究制定出合理的礼法制度来。"

于是，魏徵开始组织相关人员开始研究古代礼法，然后制定

---

[1] 骈宇骞译注：《贞观政要》，中华书局2011年版，第509页。

了符合唐代社会现实的礼法制度。他上奏李世民道:"今陛下以为尊卑之叙,虽焕乎已备,丧纪之制,或情理未安,爰命秩宗,详议损益。臣等奉遵明旨,触类傍求,采摭群经,讨论传记,或抑或引,兼名兼实,损其有余,益其不足,使无文之礼咸秩,敦睦之情毕举,变薄俗于既往,垂笃义于将来,信六籍所不能谈,超百王而独得者也。"①

他告诉皇帝,如今尊卑之序都制定完备,但丧礼制度还不合情理,于是遵照陛下圣旨,进行了修改增删,使没有明文规定的礼仪变成确定的条款,希望这些规定能够使人伦敦厚和睦,使日渐轻薄的民俗变得淳朴,改变过去浅薄的风俗,给后世留下榜样,这是陛下超越其他帝王之处。

随后,魏徵列举了改进后的丧礼礼法:

曾祖父母去世,以前的服丧制度为本人服齐衰三个月②,现在改为服齐衰五个月;本人嫡子的妻子,旧服大功③九个月,现在请求增加为大功一年;其他儿子的妻子,原来是服小功④五个月,现在改为服大功九个月;嫂子、小叔过去不服丧,现在请改为服小功五个月。舅舅去世,过去为服缌麻⑤,现在增加为和姨母一样,服小功五个月。

为什么魏徵在自己生命的最后几年里,要在丧礼的礼法制度

---

① 骈宇骞译注:《贞观政要》,中华书局2011年版,第511页。
② 齐衰,指的是粗麻布制作的孝服,衣裳分制,缘边部分缝缉整齐,故名齐衰。齐衰三月,指的是穿齐衰服丧三个月。
③ 大功,指的是用熟麻布制作的衣服,丝线较齐衰略细,较小功略粗,所以叫大功。
④ 小功,指的是用熟麻布制作的衣服,丝线比较细,所以被称为小功。
⑤ 缌麻,古代丧服名。五服中之最轻者,孝服用细麻布制成。

上做文章呢？这和治国安邦又有什么关系呢？其实这其中是存在很重大的关系的。完善丧礼制度，实际上是国家礼法制度建设很重要的组成部分。国家礼法制度完善了，社会的人伦秩序和公序良俗就逐渐形成了。底层民众有了良好的社会风尚，作为君主如果肆意妄为、践踏礼法，那就是不容于天下人，君主自然就需要谨言慎行，行为就会受到礼法的约束。

在魏徵晚年，还有一件和魏徵有关，同时在历史上也很有名的事情。

贞观十四年（640年），李世民对监修国史的房玄龄说："朕每观前代史书，彰善瘅恶，足为将来规诫。不知自古当代国史，何因不令帝王亲见之？"李世民可称历史上最能吸取古代经验教训的皇帝，他向房玄龄提出，为什么当代的国史，却始终不能让皇帝看呢？

对此房玄龄回答："国史既善恶必书，庶几人主不为非法。止应畏有忤旨，故不得见也。"[①]他告诉皇帝，史官所写内容往往十分客观，其中的一些内容必会触怒皇帝，所以不能让皇帝看。

李世民说道："朕意殊不同古人。今欲自看国史者，盖有善事，固不须论；若有不善，亦欲以为鉴戒，使得自修改耳。卿可撰录进来。"李世民解释道，自己和以前的帝王不一样，他之所以会想看国史，是因为想了解自己的过错，从而改正。

谏议大夫朱子奢告诉李世民："陛下坚持要翻阅国史，这对史官记事当然无所损失，但是假如开了这个先例，以后如果有昏

---

① 骈宇骞译注：《贞观政要》，中华书局2011年版，第490页。

庸的君主，为了掩饰自己的过错，想要修改史书，那么到时候史官将遭受祸患。"

但是李世民依然不听，坚持要看。房玄龄等人只得将写成的《高祖实录》和《今上实录》交给李世民。李世民看了编修的国史之后表示并不满意，他觉得房玄龄等人对于玄武门之变的记述过于隐讳，于是对房玄龄说："昔周公诛管、蔡而周室安，季友鸩叔牙而鲁国宁。朕之所为，义同此类，盖所以安社稷，利万人耳。史官执笔，何烦有隐？宜即改削浮词，直书其事。"①

李世民在这里提到了历史上的两件事情。

第一件事是周公东征。周武王灭商之后，为了统治商朝遗民，将原殷都朝歌一带封给纣王的儿子武庚掌管，同时把自己的三个弟弟管叔、蔡叔、霍叔分封在武庚附近，监视武庚，史称"三监"。周武王去世后，周成王继位，成王年幼，周武王的弟弟周公辅政。管叔、蔡叔、霍叔对于由周公来辅政非常不满，武庚趁机加以挑唆，各方联合，发起叛乱。周公不得已率军东征，经过三年的艰苦作战，最终平定叛乱，杀武庚，诛管叔，放逐蔡叔，贬霍叔为庶人。

第二件事是季友鸩叔牙。庆父、叔牙、季友都是鲁庄公的兄弟，庆父最为专横，并拉拢叔牙为党，一直蓄谋争夺君位。鲁桓公病重之时，非常担心庆父会篡夺自己儿子的王位，季友也有这样的担心。于是为了除掉祸患，季友毒死了弟弟叔牙，除去了庆父的臂膀。

李世民讲这两个故事是想表明，自己当初诛杀李建成和李

---

① 骈宇骞译注：《贞观政要》，中华书局2011年版，第490页。

元吉，和当年的周公和季友一样，都是为国除害，是为了社稷安稳，是有利于江山的事情，所以没什么好隐瞒的，史官记录这件事情的时候，大可以秉笔直书。

对于此事，魏徵对李世民此举给予了高度的评价，他说："臣闻人主位居尊极，无所忌惮。惟有国史，用为惩恶劝善，书不以实，后嗣何观？陛下今遣史官正其辞，雅合至公之道。"①皇帝处于天下至尊的地位，能够约束和威慑皇帝的东西很少，国史算是其一，可以惩恶劝善，如果不能秉笔直书，那么国史又有什么用呢？皇帝今天命令史官改正文辞的做法非常正确。

贞观十五年（641年）的一天，李世民问道："守天下是难呢，还是容易呢？"

魏徵回答："非常难。"

对于这个回答，李世民并不同意，他说："守天下只要能够任用贤能、接受谏言，就足够了，这有什么难的呢？"

对此魏徵回答道："观自古帝王，在于忧危之间，则任贤受谏。及至安乐，心怀宽怠，言事者惟令兢惧，日陵月替，以至危亡。圣人所以居安思危，正为此也。安而能惧，岂不为难？"②他再次告诉皇帝，自古以来，帝王只有处在忧患危难之中的时候，才会任用贤能、虚怀若谷。可是等到局势安定的时候，君主就开始纵情享乐，松弛懈怠，而大臣也会小心谨慎、畏首畏尾，这样下去国家必然会走向衰落和灭亡。正因如此，圣人才要居安思危。国家太平，却要国君心怀忧惧，怎么能说不难呢？

---

① 骈宇骞译注：《贞观政要》，中华书局2011年版，第491页。
② 骈宇骞译注：《贞观政要》，中华书局2011年版，第24页。

魏徵的话，针对性非常明显。李世民年轻的时候从尸山血海中杀出了一片天下，所以刚刚即位的时候励精图治，奋发图强，现在国家安定日久，就开始纵情享乐，周围的大臣也不复当年那样勤于劝谏，如此下去肯定会出问题，他希望李世民能继续做一位明君，不要懈怠。对于魏徵的话，李世民内心有所警醒。

　　贞观十六年（642年），李世民与魏徵论自己为政的得失。他问道："朕克己为政，仰企前烈。至于积德、累仁、丰功、厚利，四者常以为称首，朕皆庶几自勉。人苦不能自见，不知朕之所行，何等优劣？"他认为自己一直克己奉公，一心一意处理政事，就是希望能够达到前人的功业。而且他认为积德、累仁、丰功、厚利四条功绩最重要，可是人往往看不到自己的过失，他也不知道自己是否已经完成了这些功绩。

　　魏徵回答："德、仁、功、利，陛下兼而行之。然则内平祸乱，外除戎狄，是陛下之功。安诸黎元，各有生业，是陛下之利。由此言之，功利居多，惟德与仁，愿陛下自强不息，必可致也。"[①]在魏徵看来，德、仁、功、利，李世民都已经做到了一些。但是在李世民所做的事情中，外除戎狄是功，安抚黎民是利，功利两项已经做得足够多，而德和仁两项依然有待加强。

　　在担任太子太师的同时，魏徵的生命已经快要走到尽头。对于自己的身体情况，魏徵是非常清楚的，他明白自己时日无多，他抓住这最后的时间，希望能够为大唐江山再尽一份力。

　　魏徵最担心的，依然还是皇帝李世民。虽然在自己的劝谏之下，李世民的行为有所收敛，但是他的很多观念并未根本转变，

---

① 骈宇骞译注：《贞观政要》，中华书局2011年版，第179页。

所以魏徵非常担心在自己死后，朝中再无人敢犯颜直谏，到时候失去了管束的皇帝不知道又会做出些什么来。所以在最后的岁月里，魏徵对李世民的劝谏从未松懈。

第四节　溘然长逝

从武德九年（626年）玄武门之变，到贞观十六年（642年），魏徵已效忠李世民近十七年。这十七年里，魏徵兢兢业业，鞠躬尽瘁，为了大唐的繁荣富强耗尽了自己的心力。因为过度的劳累和消耗，在魏徵接受太子太师职务时，就已经重病在身，并以此为由婉拒过这个职务。从贞观十六年（642年）下半年开始，魏徵的身体状况越来越差，疾病缠身，几乎已经无法再参与政务。

李世民非常关心魏徵的身体状况，看到魏徵的健康每况愈下，他焦急万分。李世民频繁派出官员到魏徵的府上探望他，随时奏报他的病情。其间赏赐的药食不计其数，前来问候的官员也每日不断。到了贞观十七年（643年），根据宫中御医的诊断，李世民不得不接受一个现实——魏徵恐怕真的是时日无多了。

但是即便如此，李世民依然不愿意放弃，他想抓住最后一点希望来改善魏徵的病情：既然外在的医药食物已经很难让魏徵的病情有起色了，他准备给魏徵一个天大的喜事——给魏徵的儿子和皇室公主赐婚，与魏徵结为亲家，希望魏徵的精神为之一振，说不定身体就能够好一些。

对于大臣来讲，尚公主，与皇家联姻，这在任何一个朝代都是一件天大的喜事和无上的荣光，在贞观年间自然也是如此。大名鼎鼎的"凌烟阁二十四功臣"中，能够尚公主的大臣家并不多，包括：

赵国公长孙无忌之子长孙冲尚李世民嫡长女长乐公主；

莱国公杜如晦之子杜荷尚城阳公主；

梁国公房玄龄之子房遗爱尚高阳公主；

申国公高士廉之子高履行尚东阳公主；

谯国公柴绍之子柴令武尚巴陵公主；

卢国公程知节之子程怀亮尚清河公主。

可以看出，以上六位能与皇帝结为亲家的人，都是原来秦王府的股肱之臣，是李世民最信赖、最倚仗的亲信。李世民相信，能够与皇家联姻，可以给魏徵精神上巨大的鼓舞。为了让这份惊喜更有分量，李世民特意在众公主中为魏徵挑选了一位儿媳妇——衡山公主。

衡山公主，生于贞观八年（634年），到贞观十七年（643年）时刚满十岁。衡山公主有两个很特殊的身份：第一，她是李世民和长孙皇后所生，是嫡女，身份较之庶出的公主更为尊贵；第二，她是李世民最小的女儿，再加上衡山公主出生后仅仅两年长孙皇后就去世了，年幼丧母，李世民在衡山公主身上倾注了无限的疼爱。李世民准备将这样一位身份特殊的公主嫁给魏徵的嫡长子魏叔玉。

将爱女嫁到魏家，足见李世民对魏徵的重视。

在使者到魏徵处，传达了皇帝要让衡山公主和魏叔玉定下婚约的消息之后，魏徵惊喜万分，他拖着病体爬下床榻，跪地叩谢皇恩，此时此刻他不禁泪流满面，因为这意味着，他终于不再仅仅是陛下的臣子，不再是居于"秦府老臣"之下的外人，皇帝对魏徵一生的努力给予了最大的认可！

但是此时行将就木的魏徵的心里依然有一个巨大的担忧，那就是太子的教育问题。作为太子太师，魏徵在太子的教育问题上花费了很大的心力，但是结果依然不甚理想，太子仍未能达到魏徵心中可以继任皇帝的标准。但是即便如此，就可以建议皇帝废掉太子吗？魏徵摇了摇头。一旦太子被废，那么将会引起朝局的大动荡，让魏徵和李世民之前的努力全部付诸东流。到时候属于李承乾势力的大臣必将会被打入地狱，而属于新太子势力的大臣必将鸡犬升天，朝局将会开始一轮新的洗牌，到那时不知道会有多少人丢官罢职，更不知会有多少人人头落地。作为经历过玄武门之变的人，这种可怕的场景魏徵想想都觉得脊背发凉，这种情况绝对不能发生。

虽然李承乾有很多的问题，但是能力还是有的，他日如果能有一批德才兼备的良臣辅佐，魏徵相信李承乾身上的问题依然可以得到及时匡正，国家不会发生大的问题。所以魏徵觉得李承乾的太子之位依然还是要力保的，于是他上疏李世民，陈述"废长立幼，自古就是取乱之道"的道理，太子绝不可废。

对于李承乾殴打甚至暗杀大臣的行为，李世民虽然没有掌握确凿的证据，但是以他的聪明，应该可以猜得出此事八成和太子有关，所以此时的李世民对太子的不满与日俱增。但是在看到魏徵的肺腑之言后，李世民也深受触动，他也意识到储君问题是国之根本，只要有可能，就应该对太子尽力匡救。于是贞观十七年（643年）正月，李世民在朝会上向群臣宣布："闻外间士人以太子有足疾，魏王颖悟，多从游幸，遽生异议，徼幸之徒已有附会者。太子虽病足，不废步履。且礼，嫡子死，立嫡孙。太子男已五岁，朕终不以孽代宗，启窥窬之源也！"皇帝义正词严地对坊间的传闻——太子有足疾，而魏王李泰更聪慧，皇帝将会废掉太子李承乾，改立魏王，进行了驳斥。他告诉众臣和天下百姓，太子虽然有足疾，但是并无大碍。况且按照礼法，如果太子不当立，其位将传于皇帝嫡孙，自己绝对不会废礼法而开启祸端，酿成大乱，希望那些对皇位图谋不轨之人有所收敛。

虽然李世民希望通过"尚公主"来从精神上振奋魏徵，进而挽救这位国家柱石的生命，但是很可惜天不遂人愿，魏徵的身体越来越差。皇室结婚礼仪烦琐而复杂，李世民估计魏徵已经难以坚持到衡山公主和魏叔玉成婚的那一天了，于是李世民带着太子李承乾和衡山公主来到魏徵家中探望魏徵，他想让魏徵在临死前看看自己的儿媳妇，了却魏徵心中的这桩大事。

听闻皇帝、太子和公主一起驾临，魏徵不胜悼恐，他强撑病体，穿上朝服玉带，躺在床上等候皇帝驾临。李世民见此状后悲伤不已，一边流泪一边握住魏徵的手，问他有什么要求，有什么想说的，自己一定照办。魏徵拼尽最后一丝力气说："嫠不恤纬，而忧宗周之亡！"这句话出自《左传·昭公二十四年》，"嫠"指的是孀妇，"纬"指的是织布用的丝线，"宗周"指周王国，整句话的字面意思是：孀妇不怕织得少，而怕亡国之祸。此时已经气若游丝的魏徵，还在告诉皇帝，自己不担心家事，不担心后代的荣华富贵，担心的仍然是大唐的社稷，牵挂的依然是皇帝的万世之功。听了魏徵的临终之言，李世民再次热泪盈眶，在场的太子、公主、魏徵的家人，也都恸哭落泪。李世民将衡山公主拉到魏徵病榻前，指着她对魏徵说："魏公，睁开眼睛看看你的儿媳吧！"魏徵的身体已经衰弱到无法叩拜谢恩了，他看到风华正茂的衡山公主，一向严肃的脸上露出了难得的笑容。

数日后，李世民忽然在夜里梦见魏徵，梦中的魏徵依旧精神矍铄，指点江山，对他直言相劝，正气凛然。第二天早晨醒来，李世民心里越想越不对劲，他刚要派使者去探望魏徵，只见一名太监慌慌张张地跑进来说："启禀陛下，朝中传来消息，魏大人去世了！"

听到这一消息，李世民差点瘫坐在地。

贞观十七年正月戊辰日，公元643年2月11日，一代名臣魏徵溘然长逝……

对于魏徵的去世，李世民悲痛万分，他亲临魏徵的葬礼，痛哭流涕，并为魏徵废朝五日，令内外百官与在长安的各国使者一同前来参加丧礼，太子李承乾在西华堂为魏徵举哀。随后，李世民下诏追赠魏徵为司空、相州都督，赐谥号"文贞"。同时，李世民赐羽葆、鼓吹，加班剑四十人，赠绢布一千段、米粟一千石，并且让魏徵陪葬昭陵。

"加班剑四十人"，就是说在魏徵的葬礼上将有四十名侍卫担任仪仗工作。"羽葆"是古代的一种仪仗用具，以鸟羽在柄头连缀成伞盖状，而后再装饰而成，类似华盖。"鼓吹"指的是演奏鼓吹乐的乐队。鼓吹本来只有在重大宫廷场合才会使用，但是后来也被皇帝赏赐给有功的大臣作为重大的礼遇。

李世民最终给魏徵的谥号是"文贞"。"文"是古代赐予文官的常用谥号，是一个绝对的美谥，一般赐予为国家做出重大贡献的文臣，少数情况下赐予有巨大文化贡献的文人。至于"贞"，按照中国古代谥法，"大虑克就曰贞，外内用情曰贞，清白守节曰贞，图国忘死曰贞，内外无怀曰贞，直道不挠曰贞。"李世民赐予魏徵"文贞"作为谥号，可谓再恰当不过，也是对魏徵一生极大的肯定和最好的总结。

不过对于如此盛大的葬礼，魏徵的家人却表示拒绝。魏徵的妻子裴氏说："徵素俭约，今假一品礼，仪物褒大，非徵志。"魏徵平生节俭，现在按一品官的礼节安葬，所需仪仗、器物太多，不符合魏徵的夙愿。于是裴氏对朝廷供给的一切仪仗和物品都推辞不受，仅用白布、帷幕装饰承载灵柩的素车，不用花纹、色彩和刍灵。

魏徵出殡的时候，李世民亲自登上御苑的西楼，望着魏徵灵柩的方向痛哭，竭尽哀思，并命百官送灵柩出长安郊外，晋王李治奉诏致祭。李世民亲自为魏徵撰写碑文，并将它篆刻在墓碑上，还为其创作挽词十首，以表哀思。李世民知道魏徵生平节俭，家无余财，为了让魏徵的家人今后能够有优渥的生活，李世民赐其家封户九百户，这意味着魏徵的家人可以享受这九百户人的赋税收入，一直衣食无忧。

在魏徵去世后，李世民曾经派人到魏徵的家里抚慰，得到他的一页遗书，遗书才刚起草，但是因为魏徵当时已经油尽灯枯，所以字迹已经难以辨识，只有前面几行稍微可以辨认，上面写道:"天下之事,有善有恶,任善人则国安,用恶人则国乱。公卿之内,情有爱憎,憎者唯见其恶,爱者唯见其善。爱憎之间,所宜详慎,若爱而知其恶,憎而知其善,去邪勿疑,任贤勿贰,可以兴矣。"在最后的遗书里,魏徵依然在劝李世民要近贤良、远小人,他依然牵挂着大唐的江山社稷,牵挂着亿万民生。

随后,李世民说出了那句千古名言:"夫以铜为镜,可以正衣冠;以古为镜,可以知兴替;以人为镜,可以明得失。朕常保此三镜,以防己过。今魏徵殂逝,遂亡一镜矣!"

第五节 身后风云

贞观十七年(643年)二月,李世民怀念往事,追想当年金戈铁马气吞万里的战斗岁月,命令著名画家阎立本为与他一同打天下和治天下的二十四名功臣绘制画像,然后将画像藏于宫内的凌烟阁,以为人臣荣耀之最,这就是著名的"凌烟阁二十四功臣"。以下是二十四功臣的姓名和当时的职务及爵位:

司徒、赵国公长孙无忌;

扬州大都督、河间郡王李孝恭;

尚书右仆射、莱国公杜如晦;

侍中、郑国公魏徵;

司空、梁国公房玄龄;

尚书右仆射、申国公高士廉;

右武候大将军、鄂国公尉迟敬德；

尚书右仆射、卫国公李靖；

岐州刺史、宋国公萧瑀；

左骁卫大将军、褒国公段志玄；

右骁卫大将军、夔国公刘弘基；

兵部尚书、蒋国公屈突通；

陕东道大行台吏部尚书、郧国公殷开山；

右骁卫大将军、谯国公柴绍；

左骁卫大将军、薛国公长孙顺德；

工部尚书、郧国公张亮；

吏部尚书、潞国公侯君集；

代州都督、邹国公张公谨；

幽州刺史、卢国公程知节；

秘书监、永兴县公虞世南；

刑部尚书、邢国公刘政会；

户部尚书、莒国公唐俭；

兵部尚书、英国公李勣；

左武卫大将军、翼国公秦琼。

此后凌烟阁功臣便成为唐代豪杰从军报国功成名就的标志，也成为历朝历代人臣功勋卓著、流芳千古的象征。唐代诗人李贺《南园十三首》有诗云："男儿何不带吴钩，收取关山五十州。请君暂上凌烟阁，若个书生万户侯！"

但是凌烟阁二十四功臣绘像刚刚结束不久，朝廷就发生了一场中枢巨变，争储危机最终全面爆发。

魏徵的去世，标志着李承乾失去了最后一条管束的锁链，他开始更加肆意妄为。李承乾宠幸一名"美姿容，善歌舞"的太常乐人，称他为"称心"。优伶历来就处于三教九流的最低端，社会地位是非常低贱的，李承乾贵为太子，竟然宠幸乐人，李世民闻之大怒，他将称心杀死，又处死了与此事相关的其他几个人。李承乾非常伤心，在东宫中为自己死去的男宠塑像，让宫里的人日夜祭奠。李承乾还在宫中为称心树冢立碑，并赠予官职，连续几个月称病不去上朝。自此，李承乾与李世民之间的隔阂越来越深。

李承乾认为此事是李泰告密，更加痛恨李泰。他召集了几个刺客暗杀李泰，但是没有成功。同时，李承乾也在朝内不断发展自己的势力，他找到了一个人——侯君集。

李承乾之所以要勾结侯君集，是因为侯君集此时过得也不开心。贞观十四年（640年），侯君集率军远征西域，征战虽进展顺利，但是战后侯君集在未奏请李世民的情况下，将一些没有罪的人发配，又侵吞了一些财物。上行而下效，手下将士们后也开始盗取战利品，侯君集害怕事情败露，并没有对他们的行为治罪。班师回朝后，有人告发了此事，李世民大怒，下令将侯君集下狱治罪，经过岑文本的劝说，李世民才释放了侯君集，但是侯君集对此耿耿于怀，认为这是对自己莫大的侮辱。

在接到太子李承乾投来的橄榄枝后，侯君集立刻积极回应。侯君集多次到东宫与太子商议，他觉得李承乾实力弱小，想要在公开竞争中保住太子之位，目前看可能性已经不大了，所以不如孤注一掷，铤而走险，发动政变，凭借自己在军队中的影响力，这是有可能成功的，李承乾接受了这一建议。贞观十七年（643

年)四月,李世民第五子齐王李佑谋反,被迅速平定。说来也是李承乾倒霉,此时李承乾的部下纥干承基打算勾结齐王作为外援,此时正好在齐王府,结果很不幸被抓住了。本来没人想到齐王谋反会和太子有关,但是纥干承基为了保命,就主动将李承乾要谋反的事情一五一十地全部说了出来。李世民震惊之下,只得将李承乾幽禁,又命令长孙无忌、房玄龄、萧瑀、李勣、岑文本等人调查审理此事。

事发之后,侯君集很快被抓,谋反大罪,按律当诛,并牵连相近之人。李世民觉得侯君集有安定国家的大功,不想治侯君集的死罪,但群臣进谏说,侯君集的罪天理难容,必须处死,否则不足以正国法。李世民无奈地对侯君集说:"与公长诀矣,而今而后,但见公遗像耳!"说完不禁落泪。临死前,侯君集说:"君集岂反者乎,蹉跌至此!然尝为将,破灭二国,颇有微功。为言于陛下,乞令一子以守祭祀。"李世民同意,将其妻子和一个儿子流放岭南。

除了侯君集之外,李承乾谋反事件牵连的人很多,左屯卫中郎将李安俨、杜如晦的儿子杜荷都被斩首,皇上的弟弟、著名书法家和画家李元昌被赐死。这场风波无疑让原本稳定的大唐动荡不已。

在李承乾谋反事件中,杜正伦也受到了牵连,因为他接受了一条来自李承乾的金带。

贞观十年(636年),杜正伦出任中书侍郎,兼太子左庶子,李世民曾嘱咐杜正伦:"我儿疾病,乃可事也。但全无令誉,不闻爱贤好善,私所引接,多是小人,卿可察之。若教示不得,须来告我。"李世民曾把管教太子的重任交给杜正伦,可见他对杜正伦的能力和品德也是认可的。

后来，杜正伦数次劝谏太子李承乾，都未被接受，便以李世民的话警告、压制他。李承乾遂上表抗辩。按照当时的规定，皇帝与大臣之间的谈话，大臣是不能泄露给别人的，所以李世民质问杜正伦道："你为何把我的话告诉太子？"杜正伦答道："导不入，故以陛下语吓之，冀其有惧，或当反善。"李世民大怒，将杜正伦外放为谷州刺史，后又贬为交州都督。结果在李承乾谋反事件中，有人告发李承乾曾命侯君集赠送金带给杜正伦。李世民于是将杜正伦流放驩州。

侯君集和杜正伦都是当年魏徵推荐的，并且魏徵还盛赞此二人有宰相之才，结果两个人都卷入太子谋反案，这让李世民非常愤怒。此时李世民不禁产生了联想，魏徵是太子太师，力主保太子李承乾，而侯君集和杜正伦都与太子谋反有关联，魏徵是不是组建了一个以自己为中心，阿附太子的朋党呢？

就在此时，李世民又听说了另一件事情，有人举报魏徵曾经把自己的谏辞收集起来，拿给了当时负责国史编纂工作的起居郎褚遂良看。此事让李世民大为光火。为什么李世民对此很生气呢？首先，根据唐朝律法，大臣给皇帝的奏章和谏言属于"禁中语"，在未经允许的情况下不得向包括亲人在内的无关人员泄露。其次，此事让李世民忽然觉得魏徵一直在粉饰自己：长期以来，魏徵给人的印象是一心为国、不计名节，更不会在乎荣誉、地位和财富。但是魏徵却私底下偷偷把自己的谏辞拿给修史的褚遂良看，这不就是让褚遂良在史书中为自己多多美言，将自己犯颜直谏的名臣风骨大大地褒扬一番吗？更重要的是褚遂良也是当年魏徵推荐的人,他怎么可能会拒绝魏徵呢?同时此事也加重了李世民对魏徵组织朋党的怀疑。

此时李世民感觉到自己仿佛刚刚真正认识到了魏徵是什么样的人:所谓的不附朋党、一心为国、不计名节全部都是假的,这一切都是魏徵的伪装!李世民越想越生气,于是他下令:取消衡山公主与魏叔玉的婚约,同时下令将魏徵的墓碑推倒,这意味着之前给魏徵写的悼词和墓志铭全部被推翻了。

魏徵到底有没有组织朋党、粉饰自己呢?这只是李世民的皇权受到威胁后偏激的理解,其实只要稍微思考一下,就可以知道这是绝对不可能的。

魏徵推荐杜正伦的时候,杜正伦还默默无闻;魏徵推荐侯君集的时候,侯君集只不过是一个后起之秀。因为魏徵的推荐,两人在李世民心中的分量大为提高,得到了重用。此后两人也确实表现出了很强的能力,侯君集先后参与灭掉吐谷浑和高昌两场战斗,战功赫赫,而杜正伦在自己的职位上也是兢兢业业。在太子谋反案中,杜正伦接受金带一事可大可小,既可以理解为这是杜正伦参与太子谋反的凭证,也可以理解为李承乾给杜正伦的一件普通的馈赠,所以杜正伦在太子谋反案中的罪,是有待商榷的。侯君集主动卷入谋反案,纯属他个人肆意妄为,咎由自取,也怨不得魏徵。所以,杜正伦和侯君集卷入太子谋反案,不应该由魏徵负责。

至于魏徵组织朋党,依附太子,应该说狭义上的朋党是肯定不存在的。太子李承乾行事不端,尽人皆知,魏徵知道能够改变李承乾的可能性很小,所以他是断然不会在自己的风烛残年的时候,赌上自己清明的一生来支持太子的,否则很容易身败名裂。

但是广义上的太子党应该是存在的，因为魏徵既是太子太师，又在朝中威望甚高，依附于太子的官员自然会或有意或无意聚集在魏徵身边，奉魏徵为首，这是难免的。

至于魏徵把自己的谏文拿给褚遂良看，此事确实有待商榷。李世民臆想的情况确实是有可能存在的，但是会不会有以下两种可能呢？

首先，魏徵并不是想让自己千古留名，他这样做的目的是想让自己和皇帝之间的这种劝谏之风长期流传，魏徵相信自己的敢言直谏和皇帝的虚怀若谷，只要能够流传下去，必然可以给后世君臣树立榜样，这岂不是对李家的江山也有好处？

其次，就是此事纯粹是一次个人行为，魏徵只是想编写自己的净谏文集，所以才把相关资料拿给同样学识广博的褚遂良看看，让他提提意见，或者请精于书法的褚遂良提笔赐字，这都是合理的，因为现在确实有《魏郑公谏录》流传了下来。

既然李世民对魏徵的猜忌基本都是子虚乌有，完全经不起推敲，那么以"开明之君"流传千古的李世民为什么还要如此严厉地对待已经死去的魏徵呢？最根本的原因是，封建皇权的专制性以及人性中对"逆耳忠言"的本能排斥。

魏徵是以直谏著称的，上至军国大事，下至生活起居，他针对李世民的各种错误、失误，都提出了尖锐但是合理的建议。就其工作角度来说，确实尽心尽责。而李世民也对魏徵表示了高度的肯定。但年复一年、日复一日，试想总有个臣子在耳边提意见，即使李世民确实有海般的肚量，也难免心生不满。封建社会皇权本来就是至高无上的，皇帝也都以天子自居，唯我独尊，又有多少人能容忍一介臣子这样三天两头当面给自己提意见呢？所以李世民对于魏徵的不满应该也是积蓄良久，最终借着太子谋反一事彻底发泄了出来。

那魏徵的名誉又是什么时候恢复的呢？这要等到两年之后李世民东征高句丽之战。

贞观十八年（644年）十月，李世民到达东都洛阳，他命令房玄龄留守长安，总理军国大事，随后御驾亲征。贞观十九年（645年）三月初六，李世民率军在幽州誓师出征。

战斗初期，唐军进展顺利。四月一日，李勣率军出其不意地从通定渡过辽水，进至玄菟，高句丽大惊，沿途城池皆闭门自守。四月五日，李道宗领兵进逼新城，城中守军惊恐，不敢出战。张俭率军渡辽水趋建安城，大败高句丽军，斩数千人。李勣、李道宗会师后攻克盖牟城，俘虏两万余人，获粮十余万石。

海路方面，五月二日张亮等率水师渡海袭占卑沙城，俘虏八千余人。张亮又派遣丘孝忠等率军指向鸭绿水，威胁高句丽前线诸军的侧背。

六月二十日，李世民率军抵达安市城。高句丽起倾国之兵十五万人，由高延寿率领救援安市城，李世民决定趁机歼灭高句丽军主力。两军展开激战，高句丽军大败，战死两万余人。高延寿等收集余众，依山固守，进退不能，遂率残部投降。

在击败援军之后，唐军开始围攻安市城，但是久攻不下。众将都建议越过安市城，直入高句丽腹地，进攻平壤，但是长孙无忌认为，天子亲征，不可冒险侥幸，应先破安市，再继续进攻，才是万全之策。李世民接受了长孙无忌的意见，继续进攻，但是依然无法攻破安市城。战至九月,李世民见天气日益寒冷,粮食将尽,不宜再攻,遂下令撤军,征高句丽之战结束。

征讨高句丽无功而返之后,李世民感慨道:"魏徵若在,吾有此行邪!"意识到魏徵的重要性之后,李世民立即把魏徵的家人招到行营,慰问了魏徵的妻子和孩子,然后下令为魏徵重新立起墓碑,并用少牢①之礼祭祀魏徵。

魏徵有四子,分别是魏叔玉、魏叔琬、魏叔璘、魏叔瑜。

魏叔玉,生于公元623年,在其父魏徵死后,继承郑国公爵位,后官至光禄少卿,705年去世。

魏叔璘,生卒年不详,官至礼部侍郎,武则天时期为酷吏所杀。

魏叔瑜,生于公元633年,起家太子千牛备身,转洛州司兵参军、兵部职方郎中、太子洗马,迁怀州长史,先后担任庆、慈、仪、豫四州刺史。魏叔瑜是当时著名的书法家,善于写草书和隶书,当时人称"善书者前有虞、褚,后有薛、魏",683年去世。

至于魏叔琬,史书中没有留下可靠记载。

魏徵的后代中,最有作为的是他的五世孙魏谟。

魏谟,生于公元793年。唐文宗太和七年(833年),魏谟高中进士。太和九年(835年)十月,唐文宗读《贞观政要》,感念魏徵贤明,下诏访求其后人,魏谟获得推荐出任右拾遗,唐文宗感于他是魏徵之后,待他异于旁人。右拾遗是当时的谏官,和魏徵曾经担任的谏议大夫差不多,在这一职位上,魏谟充分发扬了其先祖魏徵的作风,他丝毫不惧怕朝中权贵,敢言直谏,成

---

① 少牢是古代诸侯、卿大夫祭祀宗庙时所用的牲畜,包括羊和猪两种。

为当时正人君子的榜样,很得唐文宗赏识。

大中五年(851年)十月,唐宣宗授魏谟同中书门下平章事,拜为宰相。在宰相任上,魏谟依然作风不改,其他宰相在唐宣宗面前议政时,为了不引起皇帝不悦,都委曲进言,只有魏谟敢直言。唐宣宗曾说:"谟名臣孙,有祖风,朕心惮之。"

魏徵的故事,到此就讲完了。

魏徵的一生,从死囚做到千古名臣,凭一腔正义之血,在君子贤臣满朝堂的太宗朝,成为群星中光芒最为独特的一个。他忠心辅国,敢言直谏,一心为国为民,对于唐朝的制度建设和政治稳定立下了汗马功劳。所以后世把魏徵称作一代名相、万古金鉴,魏徵能够获此殊荣,可谓当之无愧。

清朝著名史学家赵翼在他的著作《廿二史札记》中对魏徵评价道:"贞观中直谏者,首推魏徵。至今所传十思、十渐等疏,皆人所不敢言,而帝悉听纳之,此贞观君臣间直可追郇俞吁咈之盛也。"魏徵之所以时隔千余年仍然能够得到后世的巨大推崇,是因为魏徵的成就代表了中国古代读书人最高的政治追求。古语有言,文死谏,武死战,文臣的职能就是辅助、劝导君王,所以谏言就是文臣最主要的政治武器。而魏徵则将这一点做到了极致,他不但充分表达了自己的政治主张,更重要的是他永远站在理、礼、义的角度,让自己的政治主张为皇帝所接受,并得以实行,这无疑令后世无数读书人心向往之。

魏徵的成功,为后世读书人树立了榜样,"修身齐家治国平天下"这一最高政治理想在魏徵的身上得以实现。相信即使再过千余年,魏徵的事迹仍然会为后世所铭记。